"中观经济学"系列教材

陈云贤　主编

QUYU SAN LEI ZIYUAN

区域三类资源

陈云贤　顾浩东　编著

中山大学出版社

·广州·

版权所有　翻印必究

图书在版编目（CIP）数据

区域三类资源/陈云贤，顾浩东编著．—广州：中山大学出版社，2022.7

"中观经济学"系列教材/陈云贤主编

ISBN 978-7-306-07577-2

Ⅰ.①区…　Ⅱ.①陈…②顾…　Ⅲ.①区域经济—经济资源—中国—教材　Ⅳ.①F127

中国版本图书馆 CIP 数据核字（2022）第 110635 号

出 版 人：	王天琪
策划编辑：	嵇春霞
责任编辑：	高　洵
封面设计：	曾　斌
责任校对：	邱紫妍
责任技编：	靳晓虹
出版发行：	中山大学出版社
电　　话：	编辑部 020-84110283，84113349，84111997，84110779，84110776
	发行部 020-84111998，84111981，84111160
地　　址：	广州市新港西路 135 号
邮　　编：	510275　传　真：020-84036565
网　　址：	http://www.zsup.com.cn　E-mail: zdcbs@mail.sysu.edu.cn
印 刷 者：	佛山市浩文彩色印刷有限公司
规　　格：	787mm×1092mm　1/16　15.5 印张　266 千字
版次印次：	2022 年 7 月第 1 版　2022 年 7 月第 1 次印刷
定　　价：	66.00 元

如发现本书因印装质量影响阅读，请与出版社发行部联系调换

"中观经济学"系列教材
编委会

主　编　陈云贤

副主编　李善民　徐现祥　鲁晓东

编　委　（按姓氏笔画排序）

　　　　　才国伟　王贤彬　王顺龙　刘　楼

　　　　　李建平　李粤麟　陈思含　顾文静

　　　　　顾浩东　徐　雷　徐现祥　黄秋诗

"中观经济学"系列教材

总　序

1955年，威廉·阿瑟·刘易斯（William Arthur Lewis）面对世界各国的经济发展情况，指出了一个矛盾的现象，即著名的"刘易斯悖论"——"政府的失败既可能是由于它们做得太少，也可能是由于它们做得太多"①。如今，面对中国经济改革开放的成功，新制度经济学者运用产权理论、交易费用理论、制度变迁理论和县际竞争理论等进行了解释；新古典经济学者做出了政府有针对性地选择新古典的"药方"，并采取渐进的实施方式等的解释；发展经济学者做出了对外开放论、后发优势论、"二元经济"发展论和经济发展阶段论等的解释；转轨经济学者做出了由易到难推进、通过利益补偿化解改革阻力、通过"价格双轨制"演绎市场关系、通过分权转移改革成本和由局部制度创新带动全局制度创新等的解释。② 笔者认为，关于政府与市场的关系，或政府在中国经济改革开放进程中的作用，经济学同人做出了积极的探讨和贡献，但不管是刘易斯还是各主流经济学者，他们的研究仍然存在碎片化和外在性问题。③ 纵观经济学说发展的历程，不难发现以下三点：第一，19世纪及以前的经济学基本上把市场作为配置资源的唯一力量，认为政府只是维护市场自由竞争的政府，是在经济生活中无所作为的政府；第二，20世纪以来的经济学对市场配置资源的唯一性提出了质疑，并开始探讨政府在市场失灵时的相关作用，以及应当采取的措施和策略；第三，在世界各国经济得到发展尤其

---

① Lewis W A. "Reflections on Unlimited Labour". in Marco L E (ed.). *International Economics and Development*. New York: Academic Press, 1972, p.75.

② 黄剑辉：《主要经济学流派如何阐释中国改革开放》，载《中国经济时报》2018年6月14日第A05版。

③ 陈云贤：《市场竞争双重主体论——兼谈中观经济学的创立与发展》，北京大学出版社2020年版，第16～31页。

是在中国经济改革开放取得显著成效的今天，经济学理论的研究仍然远远滞后于或外在于经济实践的发展。现实经济运行中反馈出来的多种问题，并没有完全表明"市场失灵"或"政府失灵"，而是更多地反映了传统经济学体系或传统市场理论的缺陷。当然，也可以这样认为，深化探讨政府与市场的关系，将开启现代经济学体系的构建或拓展现代市场理论的空间。中观经济学学科也由此产生。

中国经济改革开放的全过程，始终贯穿着如何处理好政府与市场的关系问题。20世纪50年代，中国实施高度集中的计划经济体制，把政府作为配置资源的唯一主体。1978年开始，中国实施从农村到城市的经济体制改革：一方面，扩大企业自主权，承接发达国家和新兴工业化国家及地区的产业转移，开展"三来一补"外资企业投资，等等；另一方面，开始建立股份制企业和现代企业制度，它既厘清了政府与（国有）企业的产权关系，又界定了政府与企业在资源调配中各自的作用。中国经济在继20世纪80年代劳动密集型轻纺工业迅速发展，以及90年代资本密集型的原材料、能源等基础工业和交通、市政、水利等基础设施建设迅速发展之后，21世纪开始，中国东部地区地方政府作为市场竞争主体的现象屡屡出现。战略性新兴产业在前10年也得以起步腾飞。中国经济改革开放的实践进程存在四个方面的现象。第一，其焦点集聚在使市场在资源配置中起决定性作用和更好地发挥政府作用的问题上。第二，中国经济的发展，企业是市场竞争主体，但区域政府作为市场竞争主体的现象也屡见不鲜。第三，区域政府在经济领域发挥着扶植产业发展、参与城市建设、保障社会民生的重要作用。第四，区域政府承担了三大经济角色：一是通过掌控资本，以国有企业的股东方式参与项目和市场竞争；二是通过财政政策、货币政策和法律等政策手段，调控产业发展、城市建设和社会民生；三是监督管理市场，维护市场秩序。因此，中国在实践中逐渐成长的市场经济呈现出有为政府与有效市场相融合的效果。作为有为政府，其不仅在有效保障社会民生方面促成了社会稳定、优化了经济发展环境，而且在引领、扶持和监管产业发展方面推进了市场"三公"（公开、公平、公正）原则的落实、提高了社会整体生产效率，还通过直接参与城市建设推动了经济社会的全面可持续发展。有为政府结合有效市场体现出的市场充分竞争、法制监管有序、社会信用健全的客观要求，表现出中国政府在尊重市场规律、维护经济秩序、参与市场竞争的进程中，正逐步沿着中国特色社会主义市场经济方向演进。因此，深化认识现代市场理论、破解政府与市场关系的难题以及探讨经济学体系改革,应该更加注重对系统性和内在性问题的研究。

一、现代市场经济具有纵横之分

(一)现代市场经济横向体系

传统的市场理论主要聚焦于产业经济。亚当·斯密(Adam Smith)在批判了重商主义和重农学派之后,其《国富论》[①]重点着笔于产业经济来研究商品、价格、供求、竞争与市场。约翰·梅纳德·凯恩斯(John Maynard Keynes),试图通过政府撬动城市基础设施投资建设来解决工人失业和有效需求的问题,但又囿于用产业经济的市场理论去解释城市化进程中的政府行为作用而难以自圆其说。[②] 对此,有关理论提出,应重视对生成性资源领域的研究。在世界各国城镇化进程中,城市经济的形成与发展就是一个例子。它可以解释作为公共物品提供者的政府为什么既是市场规则的维护者,又可以成为城市基础设施投资的参与者和项目的竞争者;也可以解释作为城市基础设施的公共物品,为什么有一部分能够转化为市场体系中的可经营性项目而不断地助推区域经济发展等一系列问题。[③]

生成性资源领域不仅涉及城市经济资源,而且涉及国际经济资源(如深海资源、太空资源、极地资源和深地资源等)的投资开发事宜。在这个高投资可能带来高回报率的领域,大国之间已经展开竞争。针对这种情况,"航天经济学"应该如何立意?如何发展?预估成效几何?可以说,在城镇化进程中以基础设施为主体的城市经济投资开发,以及深海经济、太空经济、极地经济和深地经济等的投资开发,同样面临此类问题。生成性资源具有动态性、经济性、生产性和高风险性四大特征,其投资开发受到前期投资额大、建设周期长、成本高、市场窄小以及可能面临失败或遭遇突发性事件等的影响。因此,在投资开发生成性资源的过程中,一方面需要不断地拓展市场领域,另一方面亟须有与产业经济不同的投资主体和

---

① [英]亚当·斯密:《国富论》,郭大力、王亚南译,商务印书馆1972年版。
② [英]凯恩斯:《就业、利息和货币通论:倡导减税、扩大政府财政支出》,房树人、黄海明编译,北京出版社2008年版。
③ 陈云贤:《市场竞争双重主体论——兼谈中观经济学的创立与发展》,北京大学出版社2020年版,第211~229页。

游戏规则用以解读。在现代市场经济横向体系（包括产业经济、城市经济、国际经济）中，不仅有产业经济中的市场主体——企业，而且有城市经济中的市场主体——区域政府，还有在国际经济中提供准公共物品的市场主体、在太空资源和深海资源等领域的投资开发者——政府或企业。这就是说，第一，市场不仅仅存在于产业经济中，而且存在于其他经济形态中；第二，在现代市场经济横向体系中，存在企业和区域政府双重竞争主体；第三，企业作为竞争主体，主要集中在产业经济领域，区域政府作为竞争主体主要集中在城市经济等领域；第四，产业经济是市场经济中的基础性领域，城市经济和国际经济等是市场经济中的生成性领域，二者既相互独立又相互联系，分属于现代市场经济中不同区间的竞争体系。由此可见，多区间的市场竞争体系构成了现代市场经济横向体系的内在性。

（二）现代市场经济纵向体系

与传统市场体系相比，现代市场经济纵向体系强调市场功能结构的系统性，其至少包括六个方面的内容。第一，市场要素体系。它既由各类市场（包括商品市场、要素市场和金融市场等）构成，又由各类市场的最基本元素，即价格、供求和竞争等构成。第二，市场组织体系。它由市场要素与市场活动的主体或管理机构构成，包括各种类型的市场主体、各类市场中介机构和市场管理组织。第三，市场法制体系。规范市场价值导向、交易行为、契约行为和产权行为等法律法规的整体构成了市场法制体系，它包括与市场相关的立法、执法、司法和法制教育等。第四，市场监管体系。它是建立在市场法制体系基础上的、符合市场经济需要的政策执行体系，包括对机构、业务、市场、政策法规执行等的监管。第五，市场环境体系。它主要包括实体经济基础、现代产权制度和社会信用体系三大方面。对这一体系而言，最重要的是建立健全市场信用体系和以完善市场信用保障机制为目标的社会信用治理机制。第六，市场基础设施。它是包含各类软硬件的完整的市场设施系统。其中，市场服务网络、配套设备及技术、各类市场支付清算体系、科技信息系统等都是成熟市场经济必备的基础设施。

现代市场经济纵向体系及其六个子体系具有五大特点。其一，现代市场经济纵向体系的形成是一个渐进的历史过程。其二，现代市场经济纵向体系的六个子体系是有机统一的。其三，现代市场经济纵向体系的六个子体系是有序的。其四，现代市场经济纵向体系的六个子体系的功能是脆弱的。其原因在于：首先是认识上的不完整，其次是政策上的不及时，最后是经济全球化的冲击。其五，现代市场经济纵向体系六个子体系的功能将全面作用于现代市场横向体系的各个领域。这就是说，在历史进程中逐渐完整的现代市场体系，不仅会在世界各国的产业经济中发挥作用，而且伴随着各类生成性资源的开发和利用也会逐渐在城市经济、国际经济（包括深海经济和太空经济等）中发挥作用。区域政府作为城市经济的参与主体，在资源生成领域的投资、开发、建设中首先成为第一投资主体，同企业作为产业经济的参与主体一样，必须同时受到现代市场经济纵向体系六个子体系功能的约束，并在现代市场经济不断提升与完善的过程中逐渐发挥作用。

二、成熟的有为政府需要超前引领

成熟的有为政府应该做好超前引领，即企业做企业该做的事，政府则做企业做不了、做不好的事。二者都不能缺位、虚位。政府的超前引领，就是遵循市场规则，依靠市场力量，做好产业经济的引导、调节、预警工作，做好城市经济的调配、参与、维序和民生经济的保障、托底、提升工作。这需要政府运用规划、投资、消费、价格、税收、利率、汇率、法律等政策手段，进行理念、制度、组织、技术等创新，有效推动供给侧或需求侧结构性改革，形成经济增长的领先优势，推动企业科学可持续发展。

在理论上，政府超前引领与凯恩斯主义的政府干预有着本质性区别：一是行为节点不同，二是调节侧重点和政策手段不同，三是政府的职能角色不同，四是运行模式不同，等等。

现实中，世界各国多数区域正处于经济转轨、社会转型或探索跨越"中等收入陷阱"的关键时期，中国政府通过超前引领促进产业转型、城市升级，已为世界各国区域发展探索出一条成功的路径。

每个国家或区域都存在非经营性、可经营性、准经营性三类资源，而如何配置这三类资源则界定了有为政府的类型。对于非经营性资源（民生经济），政府的配套政策应遵循"公平公正、基本托底、有效提升"原则；对于可经营性资源（产业经济），政府的配套政策应体现"规划、引导、扶持、调节、监督、管理"原则；对于准经营性资源（城市经济乃至太空经济、深海经济等），政府的配套政策应遵循"既是竞争参与者，又是调配、监督者"的原则。也就是说，国家或区域政府在配置上述三类资源的过程中，应根据各类资源的不同特点，配制与之相匹配的政策，以促进社会经济的均衡、高质量发展，而这类政策即政府行为就是有为政府的应有之义。中国改革开放40多年来，围绕着区域三类资源的有效配置，促进区域经济增添活力、环境优化、科学可持续发展，区域政府之间竞争与合作、超前引领、有所作为的事例比比皆是。

首先，它表现为区域政府之间开展项目竞争、产业链配套竞争和进出口竞争。这直接决定区域经济的发展水平。

第一，区域政府之间开展项目竞争。这主要包括三类：一是国家重大项目，包括国家科技重大专项、国家科技支撑计划重大项目、国家重大科技基础设施建设项目、国家财政资助的重大工程项目和产业化项目；二是社会投资项目，比如高技术产业、新兴产业、装备制造业、原材料产业以及金融、物流等服务业；三是外资引进项目，比如智能制造、云计算与大数据、物联网、智能城市建设等。区域政府之间展开项目的竞争，一则可以直接引进资金、人才和产业；二则可以凭借项目政策的合法性、公共服务的合理性来有效解决区域内筹资、融资和征地等问题；三则可以通过项目落地，引导开发区域土地、建设城市设施、扩大招商引资、带动产业发展、优化资源配置、提升政策能力，最终促进区域社会经济的可持续发展。因此，项目竞争成为我国区域政府的竞争重点和发展导向，项目意识、发展意识、效率意识、优势意识、条件意识、政策意识和风险意识成为我国区域政府竞争市场化的必然要求。

第二，区域政府之间开展产业链配套竞争。一般来说，每个区域都有自己的产业基础和特色——多数取决于本区域内的自然资源禀赋。如何保持和优化区域内的资源禀赋并汇聚区域外的高端资源，产业结构优化、产业链有效配置是其关键，向产业高端发展、形成产业集聚、引领产业集群是其突破点。我国区域政府的产业链配套竞争主要从两个方面展开：一是在生产要素方面。低端或初级生产要素无法形成稳定持久的竞争力，只有引进并投资于高端生产要素，如工业技术、现代信息技术、网络资源、交通设施、专业人才、研发智库等，才能建立起强大且具有竞争优势的产业。二是在产业集群、产业配套方面。区域竞争力理论告诉我们，以辖区内现有产业基础为主导的产业有效配套，能减少企业交易成本、提高企业盈利水平。产业微笑曲线告诉我们，价值最丰厚的地方集中在产业价值链的两端——研发和市场。培植优势产业，构建配套完整的产业链条，按照产业结构有的放矢地招商引资，是我国各区域可持续发展的重要路径。

"中观经济学"系列教材
总　序

第三，区域政府之间开展进出口竞争。在开放型的国际经济体系中，一个国家的区域进出口竞争成为影响各区域竞争力的重要环节之一。这主要体现在四个层面：一是在加工贸易与一般贸易的发展中，各个区域政府力图减少加工贸易占比、提高一般贸易比重，以增强区域商品和服务贸易的原动力；二是在对外投资上，各个区域政府力图推动企业布局海外，竞争海外项目，以促使本区域的利益布局和市场价值链条延伸至海外；三是在资本输出上，各个区域政府力图推进资本项目可兑换，即在国际经常项目投资便利化的情况下，采取各项措施以促进货币资本流通、货币自由兑换便利化等；四是在进口方面，尤其是对高科技产品、项目、产业的引进，各个区域政府全面采取优惠政策措施，予以吸引、扶持，甚至不惜重金辅助对其投入、布点和生产。进出口竞争的成效成为影响我国各个区域经济增长的重要因素之一。

其次，它表现为区域政府之间开展基础设施建设竞争，如人才、科技竞争和财政、金融竞争等。这由区域政府推动的经济政策措施决定。

第一，区域政府之间开展基础设施建设竞争。它包括城市基础设施的软硬件乃至现代化智能城市的开发运用等一系列项目建设。硬件基础设施包括高速公路、铁路、港口、航空等交通设施，电力、天然气等能源设施，光缆、网络等信息化平台设施，以及科技园区、工业园区、创业孵化园区、创意产业园区等工程性基础设施；软件基础设施包括教育、科技、医疗卫生、体育、文化、社会福利等社会性基础设施；现代化智能城市包括大数据、云计算、物联网等智能科技平台。一个区域的基础设施体系支撑着该区域社会经济的发展，其主要包括超前型、适应型和滞后型三种类型。区域基础设施的供给如能适度超前，将不仅增加区域自身的直接利益，而且会增强区域竞争力，创造优质的城市结构、设施规模、空间布局，提供优质服务，从而减少企业在市场竞争中的成本，提高其生产效益，进而促进产业发展。也就是说，我国各个区域基础设施的完善程度将直接影响该区域经济发展的现状和未来。

第二，区域政府之间开展人才、科技竞争。这一领域的竞争，最根本的是要树立人才资源是第一资源、科学技术是第一生产力的理念；最基础的是要完善本土人才培养体系，加大本土人才培养投入和科技创新投入；最关键的是要创造条件吸引人才，引进人才，培养人才，应用人才。衡量科技人才竞争力的主要指标包括该区域科技人才资源指数、每万人中从事科技活动的人数、每万人中科学家和工程师人数、每万人中普通高校在校学生人数、科技活动经营支出总额、科技经费支出占区域生产总值比重、人均科研经费、科技拨款占地方财政支出百分比、人均财政性教育经费支出、地方财政性教育支出总额、高校专任教师人数等。我国各个区域政府通过努力改善、提升相关指标来提高本土的人才和科技竞争力。

第三,区域政府之间开展财政、金融竞争。区域政府之间的财政竞争包括财政收入竞争和财政支出竞争。区域政府财政收入的增长主要依靠经济增长、税收和收费收入等的增加。财政支出是竞争的关键,包括社会消费性支出、转移性支出和投资性支出。其中,财政投资性支出是经济增长的重要驱动力。财政支出竞争发生在投资性支出领域,包括区域政府的基础设施投资、科技研发投资、政策性金融投资(支持亟须发展的产业)等。在财政收支总体规模有限的条件下,我国各个区域政府积极搭建各类投融资平台,最大限度地动员和吸引区域、国内乃至国际各类金融机构的资金、人才、信息等金融资源,为本区域的产业发展、城市建设、社会民生服务。各个区域政府在各种优惠政策上也积极开展竞争,如财政支出的侧重、吸纳资金的金融手段等。

最后,它表现为区域政府之间开展政策体系竞争、环境体系竞争和管理效率竞争。这由区域政府表现出来的经济管理效率所决定。

第一,区域政府之间开展政策体系竞争。它分为两个层次:一是各个区域政府对外的政策体系;二是各个区域政府对内出台的系列政策。由于政策本身是公共物品,具有非排他性和易效仿性的特点,因此,有竞争力的政策体系一般包含五大特征:一是求实性,即符合实际的,符合经济、社会发展要求的;二是先进性,即有预见性的、超前的、创新性的;三是可操作性,即政策是清晰的、有针对性的和可实施的;四是组织性,即由专门机构和人员负责与执行的;五是效果导向性,即有检查、监督、考核、评价机制的,包括发挥第三方作用,有效实现政策的目标。我国各个区域政府政策体系的完善程度对该区域的竞争力具有极大的影响。

第二,区域政府之间开展环境体系竞争。此处的环境主要指生态环境、人文环境、政策环境和社会信用体系等。发展投资与保护生态相和谐、吸引投资与政策服务相配套、追逐财富与回报社会相契合、法制监督与社会信用相支撑等,均是各个区域政府竞争所必需、必备的发展环境。良好的环境体系建设成为各个区域政府招商引资、开发项目、促进经济持续发展的成功秘诀，这已被我国一些区域的成功经验所证明。

第三，区域政府之间开展管理效率竞争。我国各个区域政府的管理效率是其行政管理活动、速度、质量、效能的总体反映。它包括宏观效率、微观效率、组织效率、个人效率四类。就行政的合规性而言，各个区域政府在管理效率竞争中应遵循合法性标准、利益标准和质量标准；就行政的效率性而言，各个区域政府应符合数量标准、时间标准、速度标准和预算标准。各个区域政府的管理效率竞争，本质上是组织制度、主体责任、服务意识、工作技能和技术平台的竞争。我国经济发达区域的政府运用"并联式""一体化"的服务模式，在实践中开创了管理效率竞争之先河。

在此，决定我国各个区域政府竞争的目标函数是各个区域的财政收入决定机制，决定我国各个区域政府竞争的指标函数是各个区域的竞争力决定机制。而影响各个区域政府竞争目标函数和指标函数的核心因素则是各个区域的经济发展水平，其包含三个要素——项目投资、产业链配套和进出口贸易；关键支持条件是各个区域的经济政策措施和经济管理效率，前者包括基础设施投资政策，人才、科技扶持政策和财政、金融支持政策，后者包括政策体系效率、环境体系效率和管理体系效率。笔者将其称为区域政府的"三类九要素竞争理论"①，如图1所示。

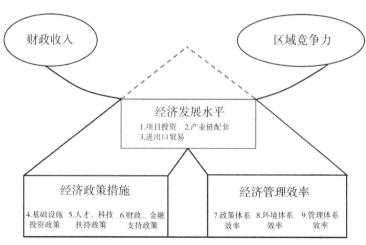

图1　各个区域政府的"三类九要素竞争理论"

---

①　陈云贤：《市场竞争双重主体论——兼谈中观经济学的创立与发展》，北京大学出版社2020年版，第108～115页。

从图 1 中可知，中国经济改革开放 40 多年的实践表明，区域政府也是现代市场经济的主体。一方面，它通过项目投资、产业链配套和进出口贸易等竞争提升区域经济发展水平，通过基础设施投资、人才科技争夺和财政金融扶持等政策措施提升区域竞争力，通过政策体系、环境体系和管理体系配套改善区域营商环境，从而推动区域的产业发展、城市建设和社会民生投入持续增长。另一方面，随着区域经济社会的发展，需要有为政府超前引领。政府超前引领是区域竞争与发展的关键。竞争需要创新，创新就是竞争力，持续的创新就是持续的竞争力，而政府超前引领则是中国乃至世界各国区域政府竞争的核心。其中，"理念超前引领"是区域经济发展处于要素驱动阶段时的重要竞争力，"管理超前引领"是区域经济发展处于投资驱动阶段时的竞争关键，"制度与技术超前引领"是区域经济发展处于创新驱动阶段时的竞争制胜点，"全面超前引领"是区域经济发展处于财富驱动阶段时的竞争必然选择。

三、市场经济存在双重主体

综上分析可知：第一，区域政府与企业都是资源调配的主体。如罗纳德·哈里·科斯（Ronald Harry Coase）所述，企业是一种可以和市场资源配置方式相互替代的资源配置机制，其对拥有的资源按照利润最大化原则进行调配。[①] 相应的，区域政府也拥有一定的公共资源，其运用规划引导、财政预算支出、组织管理和政策配套，形成区域资源调配的主体。第二，区域政府与企业都以利益最大化为初始目标。其中，区域政府作为独立的竞争主体，其主要行为目标是财政收入的最大化。区域政府通过开展理念、技术、管理和制度创新，并通过一系列政策和措施对项目投资、产业链配套和进出口贸易进行引导与调节，促使区域的投资、消费、出口等增长来发展地区生产总值和增加税收等，以达到提高区域内财政收入水平的目的。第三，区域政府竞争与企业竞争成为区域经济发展的双驱动力。企业竞争是产业经济发展的原动力，区域政府竞争则是区域经济发展的原动力。如前所述，区域政府通过项目投资、产业链配套、进出口贸易三要素的竞争来提升区域经济发展水平，通过对基础设施投资、人才科技争夺、财政金融扶持三措施的竞争来提升区域经济政策水平，通过政策、环境、

---

① Coase R H. "The Nature of the Firm". *Economica*, 1937, 4 (16), pp. 386–405.

管理三体系的配套竞争来提升区域经济管理效率，从而形成区域间"三类九要素"的竞争与合作，推动区域经济的可持续增长。第四，区域政府行为与企业行为都必须遵循市场规则。企业通过对市场规律的不断探索和对市场形势的准确判断来调配企业资源。区域政府对产业经济实施产业政策，在城市经济发展中充当投资者角色和对民生条件不断改善与提升的过程中，也要遵循市场规则，只有如此，才能促使该区域的经济社会不断发展，走在区域间的前沿。

为此，市场竞争"双重主体"的关系表现在三个方面。

（一）企业竞争主要在产业经济领域展开，区域政府竞争主要在以城市经济为主的资源生成领域展开

企业竞争在产业经济领域展开的过程中，任何政府都只能是企业竞争环境的营造者、协调者和监管者，从政策、制度和环境上维护企业开展公开、公平、公正的竞争，而没有权力对企业的微观经济事务进行直接干预。区域政府间"三类九要素"的竞争，是围绕着企业竞争生存的条件、环境、政策和效率等配套服务展开的。区域政府间的竞争以尊重企业竞争为前提，但不会将企业竞争纳入区域政府竞争层面。因此，在现代市场经济体系中，区域政府竞争源于现代市场体系的健全和完善过程中，政府对区域内重大项目落地、产业链完善、进出口便利和人才、科技、资金、政策、环境、效率等的配套所产生的功能。企业与区域政府共同构成市场经济双重竞争主体。企业竞争是基础，区域政府竞争以企业竞争为依托，并对企业竞争产生引导、促进、协调和监管作用，它们是两个不同层面既各自独立又相互联系的双环运作体系，如图2所示。

图2　市场竞争"双重主体"的关系

图2表明了区域政府竞争与企业竞争之间互不交叉，但二者相互支撑、紧密连接，是两个无缝衔接的独立竞争体系。区域政府竞争与企业竞

争的有效"边界划分",是我们处理好这两个竞争体系关系问题的关键。

(二)企业竞争的核心是在资源稀缺条件下的资源优化配置问题,区域政府竞争的核心是在资源生成基础上的资源优化配置问题

笔者认为,企业竞争行为及其效用研究是在微观经济运行中对资源稀缺条件下的资源优化配置的研究,其研究焦点是企业竞争中的主要经济变量即价格决定和价格形成机制问题,其研究的内容及其展开形成了供给、需求、均衡价格理论,消费者选择理论,完全竞争与不完全竞争市场理论,以及一般均衡、福利经济学、博弈、市场失灵和微观经济政策论,等等。而区域政府竞争行为及其效用研究是在中观经济运行中对资源生成基础上的资源优化配置的研究,其研究焦点是影响区域政府竞争的主要经济变量即区域财政收入决定与财政支出结构机制问题,其研究的内容及其展开形成了资源生成理论、政府双重属性理论、区域政府竞争理论、竞争型经济增长理论、政府超前引领理论、经济发展新引擎理论以及市场竞争双重主体理论和成熟市场经济"双强机制"理论等。它们与宏观经济主体——国家共同构筑成现代市场体系竞争的双重主体脉络图,如图3所示。①

现代市场经济的驱动力不仅有来自微观经济领域的企业竞争,而且有来自中观经济领域的区域政府竞争。它们是现代市场经济体系中的双重竞争体系,共同构成现代市场经济发展的双驱动力,推动着区域经济或一国经济的可持续发展。

(三)企业竞争与区域政府竞争的结果,都出现了"二八定律"现象

美国哈佛大学迈克尔·波特(Michael E. Porter)教授在其《国家竞争优势》一书中描绘了企业竞争发展的四阶段论,即要素驱动阶段、投资驱动阶段、创新驱动阶段和财富驱动阶段②;有关理论清晰地阐述了区域政府竞争的递进同样存在四阶段论,即产业经济竞争导向的增长阶段、城市经济竞争导向的增长阶段、创新经济竞争导向的增长阶段和竞争与合作经

---

① 陈云贤:《市场竞争双重主体论——兼谈中观经济学的创立与发展》,北京大学出版社2020年版,前言第Ⅳ页。

② [美]迈克尔·波特:《国家竞争优势》,李明轩、邱如美译,中信出版社2007年版,第63~68页。

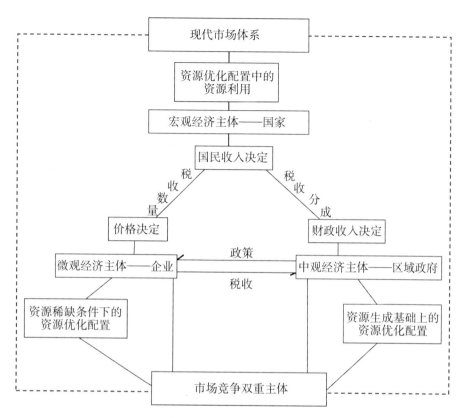

图 3　市场竞争双重主体理论结构体系

济导向的增长阶段。① 从经济学理论的分析和中国乃至世界各国经济发展实践的进程看，不管是企业竞争还是区域政府竞争，其实际结果都呈现梯度推移状态，并最终表现出"二八定律"现象。即两类竞争主体在其竞争进程中围绕目标函数，只有采取各种超前引领措施，以有效地推动企业或区域在理念、技术、管理和制度创新上发展并实现可持续增长，最终才能脱颖而出，成为此行业或此区域的"领头羊"，而那些滞于超前引领和改革创新的企业或区域将会处于落后状态。此时，在经济发展的梯度结构中，处于领先地位的 20% 的企业或区域将占有 80% 的市场和获得 80% 的盈利，而处于产业链发展中的 80% 的中下游企业和经济发展中的 80% 的

---

① 陈云贤：《市场竞争双重主体论——兼谈中观经济学的创立与发展》，北京大学出版社 2020 年版，第 128～152 页。

滞后区域将可能只占有20%的市场或获得20%的收益。"二八定律"现象会呈现在企业竞争或区域政府竞争的结果上，如图4所示。

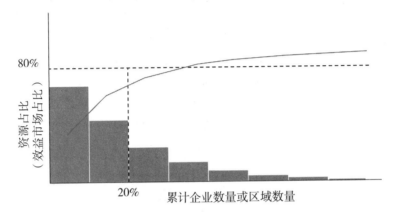

图4 "二八定律"现象

注：图中黑色方块表示资源占比份额，弯实线表示企业（区域）数量（这是一个动态的增长过程）。

当然，在现实经济发展中，随着企业竞争和区域政府竞争的双轮驱动，将在客观上历史地形成世界各国经济社会日益丰富的思想性公共产品、物质性公共产品、组织性公共产品和制度性公共产品，它们将为落后企业或区域带来更多的发展机会，并使企业或区域经济增长成果更多地体现出普惠性、共享性，即企业间发展或区域间发展都将从非均衡逐步走向均衡。但经济学理论和经济实践的发展清晰地告诉我们，此时的均衡应该是经济发展梯度结构的均衡，而非经济发展平面结构的均衡。

四、区域竞争呈现三大定律

在中国乃至世界各国，现代市场经济的双重竞争体系——企业竞争与区域政府竞争，成为一国推动产业发展、城市建设和社会民生的双驱动力。它们在实际经济运行中呈现出三大定律。

一是二八效应集聚律。二八效应集聚律是"二八定律"在区域政府竞争过程中的一个翻版。此定律表现出三大特征：第一，企业竞争与区域政府竞争同生共长。也就是说，微观经济在研究资源稀缺条件下的资源优化配置问题时企业是资源调配的主体，中观经济在研究资源生成基础上的资源优化配置问题时区域政府是资源调配的主体（宏观经济在研究资源优化配置前提下的资源利用问题时国家是资源利用的主体）；二者在现代市场经济纵横体系中，各自在产业经济和城市经济领域发挥着不同作用，在现代市场经济的竞争体系中同生共长。第二，企业竞争与区域政府竞争的发展轨迹不同。企业竞争在经济发展的要素驱动阶段、投资驱动阶段、创新驱动阶段和财富驱动阶段的运行轨迹，主要体现为企业完全竞争、垄断竞争、寡头垄断竞争和完全垄断竞争的演变与争夺过程，企业完全竞争的轨迹在区域经济发展各个阶段的递进过程中呈现出"由强渐弱"的迹象；而区域政府竞争从一开始就表现在产业经济竞争导向的增长阶段，而后逐渐进入城市经济竞争导向的增长阶段、创新经济竞争导向的增长阶段和竞争与合作经济导向的增长阶段，因此区域政府竞争的范围及其"三类九要素"竞争作用在区域经济发展各个阶段的递进过程中呈现的是"由弱渐强"的轨迹。第三，企业竞争与区域政府竞争最终形成"二八定律"现象。也就是说，在中国乃至世界各国区域经济的发展过程中，或者说在市场经济条件下，区域经济发展首先表现的是竞争型的经济增长，区域经济增长呈现出梯度发展趋势，产业链集聚、城市群集聚、民生福利提升等都主要集中在先行发展的区域中。二八效应集聚律表现为随着不同经济发展阶段的历史进程，中国和世界各国区域经济的发展在企业竞争和区域政府竞争的双轮驱动下，正逐渐出现先行发展区域或先行发达国家的产业集群、城市集群和民生福利越来越集中的现象，中国乃至世界经济发展的结果呈现出梯度格局。

二是梯度变格均衡律。此定律的作用表现在三个阶段：第一阶段，区域的资源配置领域出现资源稀缺与资源生成相配对阶段。资源稀缺是企业竞争的前提条件，资源生成是区域政府竞争的前提条件，当经济发展从企业竞争延伸到区域政府竞争、从微观经济延伸到中观经济、从产业资源延伸到城市资源，甚至逐步涉及太空资源、深海资源、极地资源的时候，世界各国区域经济均衡发展将迈出实质性的步伐。第二阶段，区域的资源生成领域出现正向性资源（原生性资源和次生性资源）与负向性资源（逆生性资源）相掣肘阶段。正向性资源领域的开发将为企业竞争和区域政府竞争提供新的平台，并助推区域经济发展和不断创造出新的区域经济增长点；而负向性资源领域的产生则给区域经济增长或人类社会的和谐带来诸多弊端。二者相互掣肘，促使区域经济均衡化发展。第三阶段，区域的经济增长目标由单一转向多元的阶段。此阶段也是实际经济运行中从要素驱动阶段、投资驱动阶段向创新驱动阶段和财富驱动阶段演进的过程。此时，经济增长的目标不仅仅是追求投资、消费和出口的均衡，而是更多地追求产业、生态、民生事业的均衡。产业发展、城市建设、社会进步的均衡和一国各区域宜居、宜业、宜游的全面均衡，对经济增长多元化目标的追求与有效配套相关政策措施的实施，将促进区域经济均衡化发展。梯度变格均衡律既表现为某一区域产业发展、城市建设和社会民生进步的均衡性趋势，又表现为区域间产业发展、城市建设和社会民生进步的均衡性趋势。区域间产业发展、城市建设和社会民生进步的均衡性趋势，在实践中表现出来的是梯度结构的均衡性，我们称之为梯度均衡，它是我们需要在经济学领域认真思考并采取有效分析方法去深化研究的课题。

　　三是竞争合作协同律。既然区域间（国家之间）经济发展的均衡性趋势呈现梯度结构的均衡状态，竞争合作协同律作为客观的必然性就将主要集中在区域间经济发展的三大协同上。第一，政策协同性。企业竞争对产业资源起调节作用；区域政府竞争对城市资源和其他生成性资源起调节作用；政府参与某一具体项目的竞争将由其载体——国有企业或国有合资企业或国有股份制企业介入其中。因此，企业竞争中的产业政策适度和竞争中性原则运用问题，区域政府竞争中的系列政策配套与措施推动问题，以及区域间（国家之间）新型工业化、新型城镇化、智能城市开发、科技项目投入、基础设施现代化和农业现代化等推进过程中的政策协同性问题，就显得特别重要。企业竞争和区域政府竞争的结果要求各竞争主体政策的协同性，是一种客观必然现象。第二，创新协同性。它表现在三个方面：一是科技重大项目的突破带来资金投入大、周期长、失败可能性高和风险大等一系列问题，需要各竞争主体的创新协同；二是科技新成果的突破需要综合运用人类智慧，需要各竞争主体的创新协同；三是跨区域、跨领域、跨国域的思想性、物质性、组织性和制度性公共产品不断出现和形成，需要各竞争主体的创新协同。在中国乃至世界各国区域经济发展模式转换和社会转型的深化阶段，区域间的创新协同性也是客观趋势所在。第三，规则协同性。区域间经济竞争规则（公平与效率）、区域间共同治理规则（合作与共赢）、区域间安全秩序规则（和平与稳定）等，也将随着区域经济发展阶段的深化而客观地出现在各竞争主体的议事日程中。竞争合作协同律，实质上就是在区域经济发展的不同阶段，各竞争主体为了共同的发展目标,依靠各种不同产业、投资、创新平台,汇聚人才、资本、信息、技术等要素,实现竞争政策的协同、创新驱动的协同和竞争规则的协同,从而突破竞争壁垒、有效合作、共同发展。该定律促进了中国和其他各国区域间的经济同生共长,发展合作共赢,并且这将成为一种客观必然趋势。

五、成熟市场经济是有为政府与有效市场相融合的经济

政府与市场的关系一直以来都是传统经济领域争论的核心问题之一,其焦点便是政府在市场经济资源配置中的作用及其对产业发展、城市建设、社会民生的影响。

当我们回到现代市场体系的市场要素、市场组织、市场法制、市场监管、市场环境、市场基础设施六大功能结构中,当我们直面当代世界各国必须要面对的可经营性资源、非经营性资源、准经营性资源的有效配置时,就会发现,政府与市场的关系并不是简单的一对一的矛盾双方的关系。"弱式有效市场""半强式有效市场"和"强式有效市场"的划分,既是可量化的范畴,更是历史的真实进程;"弱式有为政府""半强式有为政府"和"强式有为政府"的界定,既是世界各国在现实市场经济中的真实反映,又可解决迎面而来的政府与市场关系的一系列疑难杂症。有为政府与有效市场的组合在理论上至少存在九种模式,具体内容如图5所示。

注 模式1:"弱式有为政府"与"弱式有效市场";模式2:"弱式有为政府"与"半强式有效市场";模式3:"弱式有为政府"与"强式有效市场";模式4:"半强式有为政府"与"弱式有效市场";模式5:"半强式有为政府"与"半强式有效市场";模式6:"半强式有为政府"与"强式有效市场";模式7:"强式有为政府"与"弱式有效市场";模式8:"强式有为政府"与"半强式有效市场";模式9:"强式有为政府"与"强式有效市场"。

图5 有为政府与有效市场的九种组合模式

模式1中，政府对经济基本没能发挥调控作用，市场发育也不完善，市场竞争机制常被隔断，法制欠缺，秩序混乱，这类主体通常为中低收入国家。模式2在现实经济中难以存在，因为"半强式有效市场"必定存在市场法制体系和市场监管体系，它不可能由"弱式有为政府"去推动。模式3纯属理论上的一种假定，现实中世界各国并没有实际案例加以支持。模式4表明政府在非经营性资源调配上可以较好地履行职责，提供基本公共产品；同时，政府也开始具备对可经营性资源的调配和相应扶持能力，但对市场发展趋势把握不好，市场运行中出现的问题还有待成熟的市场去解决。这种模式类似于中国改革开放的1978—1984年期间，属于市场经济初期的运行调控模式。模式5属于半成熟市场经济模式，其一方面表明政府规划、引导产业布局以及扶持、调节生产经营与"三公"监管市场运行的机制和力度在加强，另一方面表明市场监管机制、法律保障机制、环境健全机制等在推进。此状况出现在市场经济发展处于中期阶段的国家。中国在加入世界贸易组织（WTO）之前就类似这一模式。模式6与现在的美国很对应。美国政府依靠市场配置资源的决定性力量来获取高效市场收益，在非经营性资源的调配中发挥着重要作用，碍于制度和理念的限制，对可经营性资源的调配和准经营性资源的开发或者界定模糊，或者言行不一，或者难以突破，整体经济增长、城市提升弱于其规划，缺乏系统性与前瞻性。模式7在目前的现实中还难以存在。"强式有为政府"的功能作用起码也是与"半强式有效市场"相对应的。计划经济国家不属于此模式类型。模式8与现阶段的中国相类似，其发展方式通常被世人看作政府主导型的逐渐成熟的市场经济，其经济成就也是世界瞩目的，但又面临着市场竞争、市场秩序、市场信用以及市场基础设施进一步提升与完善的更大挑战。模式9是政府与市场组合的最高级模式，也是最佳模式。它是世界各国经济运行中实践探索和理论突破的目标，也是真正成熟的市场经济所应体现的目标模式。

综上可见，"政府有为"是指：①能对非经营性资源有效调配并制定配套政策，促使社会和谐稳定，提升和优化经济发展环境；②能对可经营性资源有效调配并制定配套政策，促使市场公开、公平、公正，有效提高社会整体生产效率；③能对准经营性资源有效调配并参与竞争，推动城市建设和经济社会全面可持续发展。政府有为，是对上述三类资源功能作用系统的有为，是对资源调配、政策配套、目标实现三者合一的有为。"有为政府"的标准有三个：标准一，尊重市场规律，遵循市场规则；标准二，维护经济秩序，稳定经济发展；标准三，有效调配资源，参与区域竞争。"市场有效"是指：①市场基本功能（包括市场要素体系和市场组织体系）健全；②市场基本秩序（包括市场法制体系和市场监管体系）健全；③市场环境基础（包括市场环境体系和市场基础设施）健全。市场有效，是对现代市场体系六大功能整体发挥作用的表现，是对生产竞争、市场公平、营商有序三者合一的反映。"有效市场"的标准有三个：标准一，市场充分竞争；标准二，法制监管有序；标准三，社会信用健全。

现实中，世界各国的有为政府至少需要具备三个条件：①与时俱进。这里主要强调的是政府有为亟须"跑赢"新科技。科技发展日新月异，其衍生出来的新业态、新产业、新资源、新工具将对原有的政府管理系统产生冲击。新科技带来了生产生活的新需求和高效率，同时也带来了政府治理应接不暇的问题。因此，政府如果要在产业发展、城市建设、社会民生三大职能中，或在非经营性资源、可经营性资源、准经营性资源等三类资源调配中有所作为，其理念、政策、措施应与时俱进。②全方位竞争。即有为政府需要超前引领，运用理念创新、制度创新、组织创新和技术创新等，在社会民生事业（完善优化公共产品配置，有效提升经济发展环境）、产业发展过程（引领、扶持、调节、监管市场主体，有效提升生产效率）和城市建设发展（遵循市场规则，参与项目建设）中，必须全要素、全过程、全方位、系统性地参与竞争。它以商品生产企业竞争为基础，但不仅仅局限于传统概念层面上的商品生产竞争，而是涵盖实现一国经济社会全面可持续发展的目标规划、政策措施、方法路径和最终成果的全过程。③政务公开。包括决策公开、执行公开、管理公开、服务公开、结果公开和重点事项（领域）信息公开等。政务公开透明有利于推动和发挥社会各方的知情权、参与权、表达权和监督权，优化与提升产业发展、城市建设、社会民生等重要领域的资源调配效果。透明、法制、创新、服务型和廉洁型的有为政府将有利于激发市场活力和社会创造力，造福各国，造福人类。

至此,可以说,政府和市场的关系堪称经济学上的"哥德巴赫猜想"。而有为政府和有效市场的有机结合造就了中国改革开放40多年来在产业发展、城市建设、社会民生方面的巨大成效,中国经济改革开放的成功,以及在实践中摸索出来的中国特色现代市场经济具有纵横体系、成熟有为政府需要超前引领、市场竞争存在双重主体、区域竞争呈现三大定律、成熟市场经济是有为政府与有效市场相融合的经济等有关理论,不仅为中国特色社会主义市场经济探索了方向,也为世界各国有效解决政府与市场关系的难题提供了借鉴。

自2019年以来,北京大学、复旦大学、中山大学等十多所高校先后开设了"中观经济学"课程。中山大学等高校已在理论经济学一级学科下设置"中观经济学"作为二级学科,形成相对独立的专业,划分和确定研究方向,招收硕博研究生,建设相关且独特的必修课程体系,从学科体系建设层面系统阐释和研教中观经济学原理。此外,中山大学还专门设立了中观经济学研究院。"中观经济学"系列教材的出版,必将进一步推动并完善该学科的建设和发展。

中山大学对此套教材的出版高度重视,中山大学中观经济学研究院组织编写,成立了以陈云贤为主编,李善民、徐现祥、鲁晓东为副主编的"中观经济学"系列教材编委会。本系列教材共10本。10本教材的撰写分工如下:陈云贤、王顺龙负责《资源生成理论》,陈云贤、顾浩东负责《区域三类资源》,刘楼负责《产业经济概说》,陈思含负责《城市经济概说》,顾文静负责《民生经济概说》,徐雷负责《竞争优势理论》,徐现祥、王贤彬负责《政府超前引领》,李粤麟负责《市场双重主体》,才国伟负责《有为政府与有效市场》,李建平负责《经济增长新引擎》。陈云贤负责系列教材的总体框架设计、书目定编排序、内容编纂定稿等工作。

"中观经济学"系列教材是中山大学21世纪经济学科重点教材,是中山大学文科重点建设成果之一。它作为一套面向高年级本科生和研究生的系列教科书,力求在主流经济学体系下围绕"中观经济学"的创设与发展,在研究起点——资源生成理论、研究细分——区域三类资源(产业经济概说、城市经济概说、民生经济概说)的基础上,探索区域政府竞争、政府超前引领、市场双重主体、有为政府与有效市场相融合的成熟市场经济以及经济增长新引擎等理论,以破解世界各国理论与实践中难以解答的关于"政府与市场"关系的难题。本系列教材参阅、借鉴了国内外大量专著、论文和相关资料,谨此特向有关作者表示诚挚的谢意。

祝愿"中观经济学"系列教材的出版以及"中观经济学"学科建设与理论的发展,既立足中国,又走向世界!

2022 年 3 月

目　录

序言 ··· 1

第一章　政府三大经济职能 ··· 1
第一节　产业发展 ··· 1
第二节　社会民生 ·· 19
第三节　城市建设 ·· 27
本章小结 ·· 32
思考讨论题 ·· 33

第二章　区域三类经济资源 ··· 34
第一节　可经营性资源——产业经济 ······································· 35
第二节　非经营性资源——民生经济 ······································· 48
第三节　准经营性资源——城市经济 ······································· 62
本章小结 ·· 77
思考讨论题 ·· 77

第三章　三类资源的政策界定 ··· 79
第一节　产业经济调节政策与边界 ··· 79
第二节　民生经济调节政策与边界 ·· 103
第三节　城市经济调节政策与边界 ·· 120
本章小结 ··· 135
思考讨论题 ··· 136

第四章　有为政府的分类 ·· 137
第一节　弱式有为政府 ·· 138

第二节　半强式有为政府 …………………………………… 155
　　第三节　强式有为政府 ……………………………………… 163
　　本章小结 ……………………………………………………… 175
　　思考讨论题 …………………………………………………… 176

第五章　资源生成与经济发展阶段递进 ………………………… 177
　　第一节　准经营性资源—资源生成—生成性资源 ………… 178
　　第二节　经济发展阶段递进 ………………………………… 189
　　第三节　经济增长新引擎 …………………………………… 204
　　本章小结 ……………………………………………………… 211
　　思考讨论题 …………………………………………………… 212

参考文献 ………………………………………………………… 213

后记 ……………………………………………………………… 218

序 言

《区域三类资源》是"中观经济学"系列教材中的一册，是在参考陈云贤教授《中观经济学》《区域政府竞争》和《市场竞争双重主体论——兼论中观经济学的创立与发展》等著作的基础上撰写的。陈云贤教授的《中观经济学》认为，区域资源应分为可经营性资源、非经营性资源以及准经营性资源。本书对《中观经济学》中的区域三类资源、区域三类资源相关的政策以及相关的区域发展阶段分类和递进进行理论上的具体描述，并通过世界各国或区域的具体案例进行分析，基本上是围绕陈云贤教授的可经营性资源、非经营性资源以及准经营性资源的理论逻辑而展开的。本书在继承传统经济学中合理部分理论的同时，也融合了陈云贤教授《市场竞争双重主体论——兼论中观经济学的创立与发展》中的资源类型理论、政府超前引领理论以及经济增长新引擎的核心思想。本书以世界范围内部分区域经济发展（主要为中国区域经济发展）为背景，肯定了区域政府在经济建设和发展中的重要作用，进一步阐述了经济调节政策与区域三类经济资源的关系以及更适用于辨别三类经济资源的标准，并通过三类经济资源的发展阶段递进与政府的有为程度，以及经济发展阶段的对应的具体案例解释其关系，进一步丰富了中观经济学的内容。

本书共分五章。第一章阐述了区域三类资源对应的政府三大经济职能的具体内容。在对产业发展阶段进行定义后，详细阐述了政府对不同发展阶段的产业经济应行使怎样的经济职能。笔者在对民生经济以及城市经济的具体内容进行分类后，通过不同的案例，分析政府在社会民生和城市建设上应当行使的经济职能。第二章阐述了区域三类经济资源的定义和分类，并通过案例解释了三类经济资源是否随着时间推移而增加或减少，介绍了计算方法，进一步将政府的三大经济职能与区域三类经济资源联系起来。第三章是本书的重点，其主旨——政府调节三类资源边界的界定是本书的创新点。笔者在该章节中将区域三类经济资源相关的经济调节政策与区域三类资源本身的总量联系起来，通过案例验证了政策数量与其相关的经济资源产量或总量存在明显的线性关系，并对三类经济调节政策有了新的定义，即其不仅作为一种政策，还可以代表一种政策的属性，某些政策也可以被描述为同时具有不同经济调节政策的属性。最后，笔者通过合约转让率这一新的概念对准经营性资源进行边界划分。第四章的内容为如何判断政府是否有为以及有为程度，依据政策的合理性这一判定标准可以判断政府是否有为，而依据其余多种变量可以进一步判断区域政府的有为程度，这些变量从侧面反映了区域的产业经济、民生经济以及城市经济的发展程度。笔者进一步提出政府的有为程度是相对的而非绝对的。本书的最后一部分即第五章首先阐述了准经营性资源作为资源生成或生成性资源转变为可经营性资源或非经营性资源的过程，并依据准经营性资源的特性，在原生性、次生性以及逆生性生成性资源的基础上对其进行更细致的分类；然后对区域政府的经济发展阶段递进进行了分类，并说明了分类的方法，以及在经济发展阶段递进过程中政府在各方面的变化；最后根据该分类，说明不同经济发展阶段的区域政府经济新引擎的重要性和侧重点。

本书适合大学经济和管理类专业学生使用，可用于本科高年级和研究生阶段授课，中观经济学课程在学生修完微观经济学和宏观经济学课程后开设，也可以在 MBA、MPA 等学位课中设置；本书对政府人员和企业高级管理人员的经济学培训也具有重要的参考价值。在本书的写作过程中，笔者参阅了大量的相关文献，在此对作者一并致谢。本书的观点较传统经济学有一定的突破性，书中难免有疏漏和不足，恳请使用本书的师生提出批评和建议，以使本书不断充实完善；同时，也期待更多的人加入"中观经济学"的理论研究当中，使"中观经济学"理论体系不断完善、不断丰富。

编　者

2022 年 2 月 15 日

第一章　政府三大经济职能

政府经济职能是指政府从社会、经济、生活宏观的角度，履行对国民经济进行全局性的规划、协调、服务、监督的职能和功能。政府经济职能是为了达到一定目的而采取的组织和干预社会经济活动的方法、方式、手段的总称。对政府经济职能进行分类和总结，有利于深化对现有经济理论的认识，实现理论创新，进而引导政府经济实践的改革与发展。

在本章中，笔者把政府经济职能分为产业发展、城市建设和社会民生三类，与这三个职能对应的资源分别为可经营性资源、非经营性资源与准经营性资源。笔者将从时间跨度、区域职能区别以及职能所涵盖内容的不同等方面对政府的三大经济职能进行细致的阐述，对这些职能将通过诸多不同的案例来具体描述。

第一节　产业发展

产业发展是指产业的产生、成长和进化的过程，其中既包括单个产业的进化过程，又包括产业总体，即整个国民经济的进化过程。而进化过程既包括某一产业中企业数量、产品或者服务产量等数量上的变化，也包括产业结构的调整、变化、更替和产业主导位置等质量上的变化，而且主要以结构变化为核心，以产业结构优化为发展方向。

产业发展分为四个阶段：形成期、成长期、成熟期和衰退期。产业发展过程的定义及特点见表1-1。

表1-1 产业发展过程的定义及特点

产业发展过程	定义	特点
形成期	由于新技术、新业务的出现,而产生具有某种同类特征的新企业,该产业逐渐具备作为产业的基本特点的阶段	(1) 产业生产规模较小,成本过高。 (2) 与该产业直接相关的仅有一个或少数几个企业,且产品的技术还不成熟,产品还没有形成完整的产出、供应、销售体系
成长期	产业形成后,随着生产实践的发展,产业技术水平不断完善,生产力水平不断提高,企业数量不断增加的阶段	(1) 产业生产规模进一步扩大,产品进一步细分,技术工艺、品种、门类众多;该产业的产出在国民经济中的比重增大,产业内的企业数量增多。 (2) 该产业与国民经济中其他产业的联系加强,对其他产业的影响较大。 (3) 该产业的技术水平相对于其他产业来说较高,代表产业结构转换的新方向。 (4) 该产业形成了独立的生产经营管理手段
成熟期	产业在成长期生产能力扩张到一定阶段后,进入一个稳定发展的时期。该阶段生产规模、技术水平、市场供求都很稳定	(1) 产业规模很大,产品的普及度高,产值在国民经济中占较大比重,产业内企业数量较多,经济效益好。 (2) 技术先进、成熟。 (3) 产品成形,其性能、式样、工艺等已经被市场认可,市场需求量大
衰退期	产业由于多种原因从繁荣走向不景气,进而衰退的阶段	(1) 市场需求萎缩,生产能力过剩,产品供过于求。 (2) 产业的发展速度下降,在国民经济中的地位和作用下降。 (3) 部分该阶段的产业的技术水平在整个产业结构中处于较低水平。 (4) 部分该阶段的产业所带来的衍生品(或副产品)会对环境(包括生活环境以及生态环境等)造成较大的负面影响

处于形成期的产业生产规模较小，且由于技术不成熟，同类型的企业较少，即企业之间的竞争激烈程度相较于处于其他阶段的产业更低，譬如量子通信。中国量子通信产业中成规模的有国盾量子、国腾量子等十几家企业，且由于量子通信中的密钥分发实验于1995年才完成演示，量子用于通信中的推广从2010年才开始，因此量子通信产业满足形成期产业的大部分特点，即可以推断出量子通信产业现阶段处于形成期。

处于成长期的产业生产规模逐渐扩大且相关企业增多。计算机、通信和其他电子设备制造业以及医药制造业等产业目前均处于成长期，这些产业的技术水平正在不断提高且相关企业数量正在逐步增加。从2014年至2018年，中国医药制造业规模以上的企业数量从7108家逐步增加到7581家，资产总值由21739亿元增加到32913.1亿元，营运成本由16577亿元减少到14163.1亿元，与此同时，营运收益由23350亿元上涨至24267.7亿元。①

处于成熟期的产业供求稳定且技术水平都较为先进、成熟。石油冶炼业属于成熟期的产业，石油的需求量在国内较为稳定，并且中国的整个石油冶炼业是由多个国企（包括国企在每个省份下的分公司）构成的。现阶段石油冶炼的相关技术较为先进且成熟，并且石油冶炼业可以产出若干产品，因此可判定石油冶炼业属于成熟期的产业。

处于衰退期的产业由于技术以及社会需求等原因，发展速度减慢。纺织业属于衰退期的产业的一个典型案例。从2016年至2020年，中国规模以上纺织业企业的营业收入由37163.1亿元下降至9669.4亿元，固定资产投资同比增长（每年前7个月）由10.7%下降至-17.4%。② 而实际上，大部分衰退期的产业其产值或产量并不会变为0，即使其产业增长速率在未来都将维持在负值或0。造成这一点的原因在于这些产业的需求可能会减少，但是并不会归零，且这部分产业处于衰退期的原因大多在于其造成的环境污染过大，导致区域政府对其进行产量上的限制。总而言之，从市场供需关系来看，与衰退期产业相关的商品在需求方面可能会减少，但是并不会归零，而在供应方面大部分情况下也会减少。

影响产业发展的内在因素主要有利益、创新、技术、产业竞争力、进

---

① 参见 https://www.chyxx.com/industry/202102/931307.html。
② 参见 https://baijiahao.baidu.com/s? id =1675529025920681387&wfr = spider&for = pc。

入退出壁垒、产业链条的稳定性等,而影响产业发展的外在因素主要有自然、社会环境,人口、政治因素,对外贸易,政府政策规制,市场需求等。产业发展会对社会产生有利影响,包括促进国民经济总量(gross national product,GNP)和国内生产总值(gross domestic product,GDP)的增长,以及解决就业问题等。

实际上,同一产业在不同区域的发展阶段可能存在一定的差异。譬如,芯片产业在非洲区域处于形成期,而在大部分发达国家则处于成长期甚至成熟期。这同样是由于产业发展受到利益、创新等因素的影响,而不同区域在利益、技术、创新、产业竞争力等方面有所差异,导致同一产业在不同区域存在不同的发展阶段。

一、政府在不同产业发展时期的经济职能措施

政府可以通过产业政策、政府消费、政府投资三个方面的措施对产业发展产生影响。而在产业发展的不同阶段,政府会有侧重点不同的产业政策以及大小不同的政府消费和投资。产业政策和政府投资通常为政府对产业发展施行经济职能的主要手段;政府消费一般情况下为政府部门为全社会提供公共服务的消费支出以及免费或以较低价格向住户提供的货物和服务的净支出,因此,政府消费一般为政府刚需,在特殊情况下,政府才会通过调整政府消费的大小来施行对产业发展的经济职能。政府通过分析不同产业在不同时期的技术水平、生产水平等因素,衡量其应该对产业施行的措施,从而高效地履行其对产业发展的经济职能,履行对国民经济进行全局性地规划、协调、服务、监督的职能和功能。

在产业的形成期,产业生产规模小,成本高,技术仍未成熟,并且相关的企业较少,因此,政府此时会通过产业政策以及政府投资来支持形成期的产业渡过难关。量子通信行业属于形成期的产业,自2015年起,国家层面发布了一系列政策支持量子通信技术的研发,推动标准的制定,部署了多批量子通信重大科技项目和工程,极大地推动了中国量子通信产业化进程,包括2018年的《国务院关于全面加强基础科学研究的若干意见》和2019年的《产业结构调整指导目录》等。另外,政府投资也对量子通信产业起到促进作用,包括全国范围内的量子保密通信网络建设,以及2016年8月16日中国首颗量子科学实验卫星"墨子号"发射升空。该卫星的主要科学实验目标是借助卫星平台进行星地高速量子密钥分发实验,

并在此基础上进行广域量子密钥网络实验。由于量子通信的技术仍不成熟,生产规模小,成本高且民间应用较少,因此,政府消费对该产业的发展帮助较少(2019年中国量子通信行业市场规模仅325亿元)。①

在产业的成长期,政府会通过不同于形成期的产业政策以及政府投资来促进该产业的发展,且由于产业生产规模逐渐扩大,因此,政府消费也会增加。自2015年起,国家层面发布了数十项有关中国医药制造业的政策,希望能吸引更多的投资者加大对医药制造业的投资;与此同时,加大监管及审核的力度,以保证医药制造业的安全性。各省(区、市)也制定了不同的政策,以支持本地的医药制造业企业加大投资力度以及科研投入。国有控股的医药制造业相关的企业在2020年同比增长了1.086%②,说明政府对医药制造业的投资也有所增长。

当产业处于成熟期时,产业相关的技术相对成熟且社会上的供求相对稳定,因此,政府会考虑减少投资的增长量,同时制定相关政策,保证产业发展相对稳定。2006—2020年间,国家针对石油冶炼业制定了多项相关政策,大部分政策与石油冶炼的环保以及相关的石油运输有关,并没有重点提及对石油冶炼业更多的项目支持。而由于国内的大部分石油冶炼业属于国有企业,因此可以判定石油冶炼业基本为政府所投资的,近年来石油冶炼业的资产上升也可以近似地视为政府对石油冶炼业的投资增加或维持不变。

而针对衰退期的产业,即夕阳产业,政府也会有不同的政策及相关措施。我国政府自2009年起针对纺织业制定了若干项政策,其中,《纺织工业"十三五"科技进步纲要》等更多强调的是环保以及科技的更新。纺织工业所涉及的就业人数较多并且纺织品属于必需品,但现如今纺织业造成的污染较为严重且营业收益较少,导致比较少新的投资者愿意投资纺织业。因此,政府现阶段对纺织业更多是帮助并监督相关的企业研发新的技术,同时,保证纺织业产出的减少不会影响到社会个体的正常生活。而对于一部分由于社会发展等原因被淘汰的产业,譬如胶卷产业(现阶段数码相机的兴起导致胶卷产业成为夕阳产业),政府对这部分产业更多是在减少投资的同时制定相关政策,引导相关的就业人员重新就业,避免失业率

---

① 参见 https://baijiahao.baidu.com/s? id =1672601915266048088&wfr =spider&for =pc。
② 参见 https://baijiahao.baidu.com/s? id =1675529025920681387&wfr =spider&for =pc。

突然上升而导致社会幸福感下降。

二、产业政策对产业发展的影响

产业政策是由国家制定的,引导国家产业发展方向、引导和推动产业结构升级、协调国家产业结构,使国民经济健康可持续发展的政策。产业政策主要通过制订国民经济计划(包括指令性计划和指导性计划)、产业结构调整计划、产业扶持计划,财政投融资,货币手段,项目审批来实现。在世界范围内,产业政策主要分为产业组织政策、产业结构政策、产业布局政策、产业技术政策和产业保护政策五种类型。在中国,主要的产业发展政策为产业扶持政策、产业技术政策、产业布局政策、产业环境保护政策和产业贸易政策。产业政策从性质上可以分为两类:一类是促进型产业政策,指政府对自己认为应该重点或优先发展的部门和产业实行多方面的政策优惠;另一类是抑制型产业政策,指政府对自己认为在近期内会衰落或生产能力已过剩的产业实行多方面的政策抑制。一般来说,政府会对处于形成期、成长期、部分成熟期及少部分衰退期的产业实行促进型产业政策,而对一部分成熟期和大部分衰退期的产业实行合理的抑制型产业政策。在实际应用中,讨论更多的是促进型产业政策的作用和意义,因为不论是世界上哪个范围或大小的区域政府,其施行的产业政策大部分是促进型的而非抑制型的。

产业政策是引导、保障和促进战略性新兴产业和部分成熟产业健康发展的重要手段。自改革开放以来,中国根据经济社会发展的需要,借鉴部分发达国家的成功经验,制定并颁布了一系列产业政策,在促进产业结构优化、纠正市场机制缺陷及提高经济增长质量等各方面发挥了积极而重要的作用。产业政策不仅限于政府已颁布的产业政策,还包括对产业发展有影响的拟定政策或重大会议(如"两会"、中央经济工作会议等)的内容。

(一)国外产业政策

日本是全世界最早致力于产业政策制定与产业结构设计的国家之一,因此,日本在产业经济的发展上取得了较为明显的成效。1946年,日本政府提出了以倾斜生产方式为主的产业复兴政策。该产业政策的目的是通过解决能源、动力等各部门制约,拉动整个日本国民经济的恢复和发展。

通过倾斜生产方式的产业政策，日本的基础工业实力得以壮大，为日本在之后多年内快速发展重化工业化奠定了基础。

20世纪50年代初期，日本政府制定了产业合理化政策，提出以钢铁、煤炭、电力和造船四大产业为重点，同时通过推进设备更新和技术进步来降低基础工业成本，大力刺激日本民间企业对现代化设备的投资，从而使得日本国内的劳动生产率在1951—1955年间提高了76%。[①] 20世纪50年代后期，日本政府将产业政策的重心从基础工业转向新兴工业，并提出和实行了发展利益较大的资本密集型产业的政策。

1955年至20世纪70年代初，日本经济进入了高速增长阶段。在此期间，日本产业政策的目标是实现重化工业化，增强本土企业的竞争力。通过重化工业的产业发展，日本实现了产业结构的高度化，在当时，其国民生产总值甚至超过英国、法国及西德，成为位居全球第二的经济大国。

20世纪70年代到80年代，受环境和石油危机的影响，日本政府开始更多地将注意力转向知识密集型产业的发展，同时完善并改进了以节省能源与促进替代能源为两大支柱的能源政策，使得不同产业能够顺利解决当时石油危机所导致的问题。日本政府在20世纪70年代提出了产业的知识密集化和"技术立国"等战略口号，并在1986年产业结构审议会上的21世纪产业社会的基本构想中提出了对产业结构进行调整的多种想法：进行创造性基础技术的研究开发，确立新技术产业；依靠不同体系的技术融合，扩大现有产业的领域和建立新的产业；在产业、社会、生活等各个领域广泛应用信息化技术，建设信息化社会。日本在此期间实行的产业政策使其经济能够适应国际经济环境的变化，并让产业经济乃至整体经济具备了高度的应变能力和强大的国际竞争力。

20世纪90年代，日本泡沫经济破灭。1999年，日本政府提出了与产业技术创新相关的基本战略，旨在加大创新产业的力度，促进风险企业的发展，拉动21世纪日本的经济发展。但是由于日本经济从90年代开始萧条，政府制定的产业政策的作用受到削弱；同时，由于多年的市场化改革，到了90年代，日本政府的产业政策的作用力已经空前弱化了。长期萧条的制约和政策本身的局限性是导致在90年代日本政府的产业政策无法挽回经济泡沫所造成的影响的两个主要原因。长期萧条导致社会有效需

---

① 参见樊亢、宋则行《世界经济史》，经济科学出版社1998年版。

求不足且供给相对过剩，政府经济政策也转向刺激需求，使得产业政策难以有效发挥作用。并且在长期萧条的过程中，日本产业政策中主张的展望无法通过诱导企业投资使产业结构向政府框定的目标结构转化；而产业政策本身也由于其目标的模糊性和操作的艰巨度而无法达到政府预期的目标。

通过调研，可以绘制出日本自1960年起至2019年的GDP（如图1-1所示）。

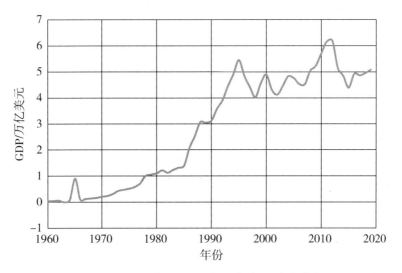

图1-1　1960年至2019年日本GDP变化曲线

[资料来源：本图由笔者根据世界银行官方网站（世界银行官网，https://data.worldbank.org.cn/indicator/NY.GDP.CD?location=JP）相关数据制作而成。]

从图1-1中可以看到，日本GDP从1960年至1995年基本为平稳上升态势，但是从1995年起，日本GDP一度下降后保持平稳，直至今日。因此，可以进一步推断出日本产业政策在1960年至1995年间对本国GDP帮助甚大而使得日本GDP能够平稳上升。但是，由于1990年起日本的经济泡沫破灭，导致日本政府之后的产业政策（由于长期萧条以及本身的局限性）无法更加有效地发挥作用，因此，日本的GDP不再如1990年前那样快速增长。

（二）改革开放以来中国的国家产业政策

20世纪80年代初，正值中国改革开放初期，日本在"二战"后经济发展取得的成就令世人瞩目，日本政府通过产业政策积极干预经济和产业发展被认为是造就"日本奇迹"的关键，这在当时引起了中国政府与中国学者的关注。1985年，国务院发展研究中心组织学习、研究了日本通产省产业政策经验，在此之后，围绕产业政策问题组织了一系列相关研究，并派员赴日本通产省进行考察，在该次考察的基础之上撰写了一份题为《中国产业政策的初步研究》的报告。这份研究报告指出，产业政策不仅可以通过配套的政策协调各项宏观经济控制手段，为实现资源最优配置服务，而且可以通过其促进产业关联和组织的作用，增加企业活力和推动劳动生产率提高。该报告进一步阐述了产业政策的目标、政策体系以及产业政策的主要构成。

1987年，国家计划委员会（以下简称"计委"）提出的有关国家调控市场以及市场引导企业的意见被当时的中央所接受。党的十三大报告明确提出新的经济运行机制，总体上来说应当是国家调节市场，市场引导企业的机制，国家运用经济手段、法律手段和必要的行政手段调节市场供求关系，创造适宜的经济和社会环境，以此引导社会正确地进行经营决策。实现这个目标是一个渐进的过程，必须为此积极创造条件。国务院发展研究中心在建议制定实施产业政策的意见中认为，产业政策可为国家调节市场提供有力的政策工具。该建议很快得到当时中央领导人的认可和批复，并责成国家计委负责执行。1988年，国家计委成立了产业政策司。

在中国引入产业政策及产业政策理念的过程中，主要引入的是选择性产业政策及相应理念。这一时期，经济学者与经济工作者在进一步思考产业政策在中国的应用时，均将其与当时的经济体制基础以及围绕经济体制改革展开的争论紧密联系起来。

1988年，国家计委产业政策司成立后，开始着手产业政策的进一步研究工作以及产业政策的起草制定工作。1988年上半年，国家计委产业政策司在大量调查、研究的基础上提出了初步研究成果——《关于中国当前产业政策的若干要点》。经过反复征求意见和修改，国务院于1989年3月发布《国务院关于当前产业政策要点的决定》，其中明确提出，制定正确的产业政策，明确国民经济各个领域中支持和限制的重点，是调整产业

结构、进行宏观调控的重要依据，当前和今后一个时期制定产业政策、调整产业结构的基本方向和任务是：集中力量发展农业、能源、交通和原材料等基础产业，加强能够增加有效供给的产业，增强经济发展的后劲；同时，控制一般加工工业的发展，使它们同基础产业的发展相协调。《国务院关于当前产业政策要点的决定》这一政策文件从生产领域、建设领域、外贸领域、改造领域四个方面制定了各主要产业的发展序列。

《国务院关于当前产业政策要点的决定》在政策措施方面，为了与当时的有计划的商品经济的主基调保持一致，主要采用了计划经济的方式。根据1991年的内部报告，《国务院关于当前产业政策要点的决定》发布后的两年里，共有44个地方、27个行业主管部门、15个经济综合部门提出了相应的实施办法。地方和部门主要根据中央政策精神，精心确定本地区、本部门的发展重点与限制重点，并列出相应目录；经济综合部门则主要提出具体实施办法，落实国家产业政策实施的保障措施。

进入20世纪90年代，中国经济快速发展，产业结构变动速度加快，经济体制改革进程加快。1992年10月，党的十四大确定建立和完善社会主义市场经济体制。1993年11月，党的十四届三中全会通过了《中共中央关于建立社会主义市场经济体制若干问题的决定》，中国开始全面推进社会主义市场经济体制改革。该决定明确指出，建立社会主义市场经济体制，就是要使市场在国家宏观调控下对资源配置起基础性作用；同时，中国亦为重新加入关贸总协定而努力。随着中国经济环境与制度环境发生变化，国家计委产业政策司开始考虑在新的形势下制定新的产业政策。

1993年11月，国家计委根据十四届三中全会精神和拟在1994年出台的几项重大体制改革方案，对《90年代国家产业政策纲要》的草案进行了进一步修改。1994年4月，国务院发布《90年代国家产业政策纲要》（以下简称《纲要》），这是中国颁布的第一部基于市场机制的产业政策。《纲要》中明确提出，制定国家产业政策必须遵循"符合建立社会主义市场经济体制的要求，充分发挥市场在国家宏观调控下对资源配置的基础性作用"的基本原则。

随后，中国发布了《汽车工业产业政策》《水利产业政策》等一系列产业政策。在这一时期，为加入世界贸易组织（WTO），中国着手清理、规范外商投资政策。

相较于《国务院关于当前产业政策要点的决定》，《纲要》更加重视发挥市场机制的作用。在《纲要》和此后发布的一系列产业政策中，计划管理性的政策措施逐渐退出舞台，投资审批、行业准入、财政税收、金融等政策工具逐渐成为产业政策中主要的政策工具。在1994—2001年期间，《纲要》及随后一系列产业政策的发布与实施，基本形成了由产业结构政策、产业技术政策、产业组织政策及行业专项政策构成，以选择性产业政策为主体的产业政策体系。这些产业政策的理念、思路与政策模式，对此后所颁布的一系列产业政策均产生了深远的影响。

2001年，中国成功加入世界贸易组织，中国企业在国内市场（中国市场）面临着越来越多来自国外（国际）企业或产品的竞争，并且越来越多的中国本土企业需要参与到国际市场的竞争中。2002年，党的十六大召开并在十六大报告中明确提出需要在更大程度上发挥市场在资源配置中的基础性作用，健全统一、开放、竞争、有序的现代市场体系，要加强和完善宏观调控。2003年10月，党的十六届三中全会通过《中共中央关于完善社会主义市场经济体制若干问题的决定》。该决定中明确提出要更大程度地发挥市场在资源配置中的基础性作用，增强企业活力和竞争力，继续改善国家宏观体系，深化行政审批体制与投资体制改革。

2004年，国务院颁布《国务院关于投资体制改革的决定》。该决定的重点在于转变政府管理职能，确立企业的投资主体地位，并明确提出对于企业不使用政府投资建设的项目，一律不再实行审批制，区别不同情况实行核准制和备案制。在对外商投资的管理方面，中国自2001年加入WTO以后，就着手修改和完善外商投资相关管理办法。国务院在2002年发布《指导外商投资方向规定》，同时废止了之前国家计委等三个部门发布的《指导外商投资方向暂行规定》。随后，相关政策部门多次调整和修订《外商投资产业指导目录》，不断扩大对外商投资的开放程度。

2005年，国务院颁布《促进产业结构调整暂行规定》。该规定在21世纪以来的产业政策体系中具有重要作用，为政策部门全面干预与管理产业领域的投资，从而干预和促进产业结构的演变提供了重要依据。全面指导与管理产业发展方向的《产业结构调整指导目录》正是以此为基础制定的。

2008年，国际金融危机对中国经济亦产生了强烈的冲击。针对国际金融危机以及中国面临的严峻经济形势，2009年1月，国务院会议首先审议通过了汽车、钢铁产业调整振兴规划。随后，国务院又先后通过了纺织、装备制造等八个产业的调整振兴规划，配套的实施细则有160余项。重点产业调整振兴规划的主要内容可以概括为保增长、扩内需、调结构。

为了在之后的国际竞争中取得优势，加快推进产业结构升级与经济发展方式转变，国务院于2010年9月颁布了《国务院关于加快培育和发展战略性新兴产业的决定》。该决定对战略性新兴产业的概念进行了界定。政策保障上主要从五个方面着手：强化科技创新，提升产业核心竞争力；积极培育市场，营造良好的市场环境；强化国际合作，提高国际化发展水平；加大财税金融政策扶持力度，引导和鼓励社会投入；推进体制机制创新，加强组织领导。

2012年7月，国务院又发布了《"十二五"国家战略性新兴产业发展规划》，对重点发展领域及其重点发展方向、主要任务、重大工程进行了部署。该规划的基本原则有四个方面：市场主导、政府调控，创新驱动、开放发展，重点突破、整体推进，立足当前、着眼长远。

党的十八届三中全会做出了《中共中央关于全面深化改革若干重大问题的决定》，明确提出，"建设统一开放、竞争有序的市场体系，是使市场在资源配置中起决定性作用的基础"，"建立公平开放透明的市场规则"，"清理和废除妨碍全国统一市场和公平竞争的各种规定和做法"。党的十八大以来，中国的产业政策更为注重创新驱动发展、新兴技术在经济发展中的应用。围绕创新驱动、新兴技术（产业）及先进制造业发展方面出台的重要政策有《中国制造2025》《国务院关于积极推进"互联网+"行动的指导意见》等。

在化解过剩产能或者去产能方面，2013年10月，国务院发布了《国务院关于化解产能严重过剩矛盾的指导意见》；2016年2月，国务院又发布《国务院关于钢铁行业化解过剩产能实现脱困发展的意见》《国务院关于煤炭行业化解过剩产能实现脱困发展的意见》。2017年，国家发展和改革委员会（以下简称"发改委"）、工业和信息化部（以下简称"工信部"）、财政部等部门共同发布了《关于做好2017年钢铁煤炭行业化解过剩产能实现脱困发展工作的意见》，严格管制甚至是禁止新建产能投资，设立去产能专项基金，严格淘汰不符合技术、环保、能耗、规模等标准的产能，制定严格的去产能目标，然后通过指标层层分解、落实地区与企业责任以及行政问责的方式去产能，在煤炭行业甚至限制生产工作日。

在近20年的时间里，我国政府逐渐将产业政策的重心转移到完善产业链以及发展新兴产业上。党的十九届五中全会上提及提升产业链供应链现代化水平以及发展战略性新兴产业。会上提到提升产业链供应链现代化水平具有重要战略意义以及现实意义，要认真落实提升产业链供应链现代化水平的任务以及进一步优化产业链供应链发展水平。针对新兴产业，政府认为应该加快壮大新一代新兴技术，推动互联网、大数据等与各产业深度融合，促进平台经济、共享经济健康发展；鼓励企业兼并重组的同时防止低水平重复建设。

通过调查数据可以得到中国1979—2019年40年中GDP的变化曲线，如图1-2所示。从图1-2中可以看出，不论是名义GDP还是真实GDP，自改革开放以来一直在稳步增长。而GDP增长的很大一部分原因是改革开放后中国政府的产业政策帮助各产业稳步发展，并且在40年的时间内中国并没有遭受除2008年次贷危机外的其他严重的系统性风险导致的金融风险。因此，笔者可以进一步推测中国40多年来的产业政策帮助政府在产业发展上更有效地履行其经济职能。

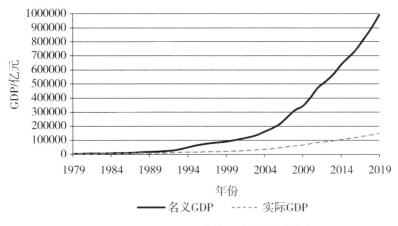

图1-2　1979—2019年中国GDP变化曲线

[资料来源：本图由笔者根据国家统计局官方网站（https://data.stats.gov.cn/easyquery.htm?cn=C01&zb=A0201&sj=2021）相关数据制作而成。]

（三）区域政府的产业政策

区域政府，也可以称作"地方政府"，是指一个国家的特定地方内，具有规范性之自我治理能力的政权团体，与中央政府相对。广义的定义是

管理特定行政区域内公共事务的政府机构的总称，狭义的定义则专指地方的行政机关。

区域产业政策是指区域政府为了实现某种经济和社会目标，以区域产业为直接对象，通过对有关产业的保护、扶植、调整和完善，参与产业或企业的生产、经营、交易活动，以及通过直接或间接干预商品、服务、金融等方面的市场形成和市场机制来影响区域布局和发展政策的总和。

区域产业政策的作用对象是区域产业，目的在于实现区域产业布局、区域产业结构和产业组织的合理化或优化。区域产业政策的特征有系统性、区域性、倾斜性以及动态性。

区域产业政策的系统性不仅表现为该产业政策是一种完整的和综合性的政策体系，而且表现为其作用是多方面的和分层次的。区域产业政策是具有系统性的产业政策，是区域经济政策的核心，区域产业政策与区域经济发展政策、区域经济调控政策等各方面政策相配合，共同形成区域经济发展政策体系，相互之间有较强的关联性，因此，可以定义区域产业政策具有很强的系统性。

区域产业政策要在国家产业政策和总体布局的要求下，从区域实际情况出发，正确确定自己在全国地域分工总格局中的位置，在区域多因素（包括自然条件、资源状况、经济基础、技术水平等）的综合限定范围内扬长避短，因地制宜地推进区域经济发展、区域产业结构演进的战略设计以及布局模式的选择，以形成区域特色，即区域产业政策具有区域性。

同国家产业政策相比，区域产业政策更具有倾斜性，也就是更强调要优先发展该区域的主导产业、优势产业和支柱产业。区域产业结构系统是内外开放的，各区域产业结构之间的分工与协作，要求区域产业结构的变化通常采取非均衡的发展方式。合理的区域产业政策应当是重点倾斜、适度协调的政策，必须是倾斜的或有重点的。

动态性指的是区域产业政策必须在区域经济发展处于不断变化之中适应并且促成区域产业结构的演化，对区域产业结构的动态系统实行有效的动态调节和控制。区域产业政策要明确区域产业结构未来变化的规模和趋势，认清区域产业结构所处的现实环境和阶段，在区域专业化分工的前提下，引导并促进本区域产业结构从低加工向高加工过渡，从资源、劳动密集型向资金、技术、知识密集型转化，从低级到高级，沿着产业结构演化的方向不断发展。

以上四项有关区域产业政策的特征在大部分区域政府（无论省级政府还是市级政府）的产业政策中都会有所体现。以广东省政府于2020年颁布的产业政策为例，这些产业政策就充分体现出系统性、区域性、倾斜性和动态性这四种特征。

广东产业经济发展自改革开放以来先行一步，规模质量走在全国前列，市场消费规模巨大，区域创新综合能力多年保持全国第一，形成了强大的产业整体竞争优势；但也存在发展支撑点不多、新兴产业支撑不足、关键核心技术受制于人、高端产品供给不够、发展载体整体水平不高、产业链供应链压力大等困难和问题，在提升产业链、供应链和价值链，增强自主创新能力，培养本土领军产业和知名品牌等方面仍有较大空间。

2020年，广东省人民政府公报中提及关于培养战略性支柱产业集群和战略性新兴产业集群的意见、进一步提高上市公司质量的意见的通告以及深化商事制度改革的提案。

为促进战略性支柱产业以及新兴产业发展，通过落实新发展理念，深化供给侧结构性改革，紧紧抓住建设粤港澳大湾区和支持深圳建设中国特色社会主义先行示范区重大区域的机遇，突出抓创新、强主体、拓开放、促融合，促进产业由集聚发展向集群发展，全面提升产业链、供应链的稳定性和竞争力，实现集群质量改革、效率变革、动力变革，为广东省经济高质量发展奠定坚实的基础。在"市场主导，政府引导""创新引领，重点突破""质量为先，绿色发展""目标导向，分类施策"以及"开放合作，协同推进"五项基本原则下，完善现代化产业体系，持续深化改革供给侧结构，优化产业结构，增强创新能力，使质量、品牌和标准化水平持续进步与提升。

为了提高上市公司质量，广东省政府要求各地、各有关部门提高思想认识，切实抓好上市公司质量工作；完善协调机制，强化提高上市公司质量工作合力；立足增量优化，大力推动优质企业改革上市；促进提质增效，支持上市公司利用资本市场做优做强；防范化解风险，着力解决上市公司的突出问题。

广东省人民政府于公报中转发了《国务院办公厅关于深化商事制度改革进一步为企业松绑减负激活企业活力的通知》并提出了一系列意见。通过加快推进企业开办"一网通办"、深化企业住所和名称登记改革、精简涉企生产经营许可、加快培养企业标准"领跑者"、加强事中事后监管以及加大网络平台监管力度等措施,达到为企业松绑减负、激活企业活力的目的,从而促进产业发展。

三、政府投资和政府消费对产业发展的影响

政府投资是指政府为了满足社会公共需要投入资金,将其转化为实物资产的行为和过程。政府投资有狭义和广义之分。狭义的政府投资仅包括利用财政预算资金进行的投资活动,而广义的政府投资则涵盖了所有利用政府的资金进行的投资活动。在2004年颁布的《国务院关于投资体制改革的决定》中阐述了关于政府投资的定义:政府投资是指使用政府性资金(财政预算内资金、主权外债资金、专项建设资金和其他政府性资金)的投资。

在社会投资和市场资源配置中,政府投资起到了宏观的导向作用,是国家宏观经济调控的必要手段,同时也是政府履行经济职能的方式之一。中国的政府投资分为中央政府投资和地方政府投资,中央政府的投资领域主要有国防设施、国家管理和维持政府正常运转、基础教育和基础科学研究、环境保护和公共设施管理。其中,中央政府的投资领域中用于国家管理、基础教育和基础科学研究的投资涉及产业发展。地方政府的投资领域主要有地方性公共服务设施和管理、地方性基本设施和环境保护、基本医疗卫生、地区内基础教育、文化体育、社会保障和社会福利事业,以及促进产业发展方面等,其中大部分的投资项目涉及地方性的产业发展。

政府投资对产业发展的影响因素可以分为直接影响因素和间接影响因素两种。直接影响因素包括高科技产业研发中政府的资金投入,以及政府公共基础设施建设的投资额和公共管理的资产投资额。两种直接影响因素都可以直接作用于产业发展,让产业发展得更加迅速。其中,前者着重于产业的发展本身以及产业结构的升级;后者则可以通过建立公共服务机构,促进产业发展。间接影响因素包括各地区的高技术产业企业规模、各企业的科技研发人员、各省市高科技产品出口比重。政府投资额度的增加会使高技术企业规模扩大,科技研发人员数量增加,并且会使高科技产品出口比重增加,从而有利于各种资源、人才、信息的流动,为企业的做大做强提供帮助,且为产业发展助力。

对于政府消费,可以尝试从不同的角度来理解。在国民经济核算统计中,政府消费是指政府部门为全社会提供公共服务的消费支出和免费或以

较低价格向居民提供货物和服务的净支出,主要包括财政经常性支出、预算外资金支出以及政府部门固定资产折旧等;在公共财产支出中,政府消费是指政府的购买支出和转移支出。笔者在这里将政府支出定义为政府向全社会提供公共服务的支出。

政府消费可通过促进居民消费、提高总消费率、提升劳动者素质和生产效率三个方面促进产业发展。现实中,由于存在对未来的不确定性的支出预期,根据理性经济人的假设,居民出于"自利",可能减少本期消费支出并增加储蓄,这样会导致社会供给需求失衡。如果政府增加对各产业的政府消费,减少未来的不确定性,将有利于居民减少预防性储蓄,扩大消费需求,从而促进产业发展,推动经济增长。政府消费增加的同时会增加社会总消费和总需求,促进社会总产出增加,推动产业发展。而政府消费中的一部分作用于教育、文化等产业的支出可提高劳动力的素质和劳动生产率,从而加速产业发展。

相较于政府消费,政府投资对产业发展的影响更为直接且有效,因为政府投资不仅存在以上所提及的影响因素,还具有引导作用,即政府对某产业投资会吸引某些企业或者投资者的投资。在政府预算报告中,政府针对某产业的预算可以近似地视为对某产业的政府投资和政府消费的预算总和。

广东省财政厅在2020年编写的《2020年预算报告阅读指南》中提及2020年政府针对各产业的预算金额。预算报告中将预算的重点投入分为十类:支持促进经济高质量发展和科技创新强省建设、支持扎实推进乡村振兴计划、支持节能减排和生态环境保护、支持优先发展教育事业、支持构建多层次社会保障体系和促进更高质量更充分就业、支持提升医疗卫生服务水平、支持推动文化强省建设、支持营造共建共治共享社会治理格局、支持加快现代化交通体系建设、支持加快形成"一核一带一区"协调发展新格局。① 十项重点投入都与产业发展有直接或间接的关系,即广东省政府2020年的大部分预算投入(政府投资和政府消费)与产业发展有关。政府预算的分配方法以及分配大小都是为了确保政府能够成为产业发展这一经济职能的主要助力之一。

---

① 参见广东省财政厅网站(http://czt.gd.gov.cn/ztjj/2020gol/h/lhjd/comtent/post_2873819.html)。

为了贯彻落实2020年习近平总书记对广东重要讲话和重要指示批示精神，深入落实"1+1+9"①工作部署，优化财政支出结构，切实保障重点领域资金需求，广东省财政安排重点支出资金5459.24亿元，占总支出的80.7%。各项重点投入的金额见表1-2。

表1-2 2020年广东省重点投入项目预算支出以及同比增长

重点投入项目	预算支出/亿元	同比增长/%
支持促进经济高质量发展和科技创新强省建设	290.70	24.7
支持扎实推进乡村振兴计划	609.12	8.4
支持节能减排和生态环境保护	171.82	9.1
支持优先发展教育事业	642.47	10.9
支持构建多层次社会保障体系和促进更高质量更充分就业	478.30	11.5
支持提升医疗卫生服务水平	542.04	9.8
支持推动文化强省建设	65.07	10.0
支持营造共建共治共享社会治理格局	311.13	7.7
支持加快现代化交通体系建设	136.88	36.7
支持加快形成"一核一带一区"协调发展新格局	2211.71	11.5

[资料来源：本表由笔者根据政府相关报告（http://czt.gd.gov.cn/ztjj/2020gol/h/lhjd/comtent/post_2873819.html）制作而成。]

在十项重点投入项目中，广东省政府预算在加快形成"一核一带一

---

① 第一个"1"是指以推进党的建设新的伟大工程为政治保证，第二个"1"是指以全面深化改革开放为发展主动力。"9"是指九个方面的重点工作：一是以粤港澳大湾区建设为重点，加快形成全面开放新格局；二是以深入实施创新驱动发展战略为重点，加快建设科技创新强省；三是以提高发展质量和效益为重点，加快构建推动经济高质量发展的体制机制；四是以构建现代产业体系为重点，加快建设现代化经济体系；五是以大力实施乡村振兴战略为重点，加快改变广东农村落后面貌；六是以构建"一核一带一区"区域发展新格局为重点，加快推动区域协调发展；七是以深入推进精神文明建设为重点，加快建设文化强省；八是以把广东建设成为全国最安全稳定、最公平公正、法治环境最好的地区之一为重点，加快营造共建共治共享的社会治理格局；九是以打好三大攻坚战为重点，加快补齐全面建成小康社会、跨越高质量发展重大关口的短板。

区"协调发展新格局这一项目中投入最多,占十项投入项目总支出的39.5%,且同比增长也排第三位,而其他九项重点投入的预算均未超过700亿元。通过同比增长的比较可以看出,广东省政府预计在促进经济高质量发展和科技创新强省建设以及加快现代化交通体系建设两方面的预算支出有较大幅度的增加,而这两项项目与广东省产业的持续发展息息相关。

第二节 社会民生

关于民生的定义,一般有广义上的和狭义上的两种。

广义的民生是指凡是同民生有关的,包括直接相关和间接相关的事情都属于民生范围内的事情。孙中山先生所说的民生,大致是从广义的角度来界定的。这个概念的优点是充分强调民生问题的重要性和综合性,不足之处在于广义的民生概念涉及的范围过大。从直接相关和间接相关的角度看,广义的民生概念几乎可以延伸到经济、社会、政治、文化等领域,甚至还包括历史观方面的问题。此概念不易操作和把握,反倒容易冲淡人们对直接、切身、具体、真正的民生的关注和改善,使社会民生难以同改善民生的具体政策和措施有效地结合起来。因此,在具体政策和实际生活领域,一般不采用广义的民生概念,而采用狭义的民生概念。

狭义的民生概念主要从社会层面上着眼,从这个角度定义民生为社会民众的基本生存和生活状态,以及民众的基本发展机会、基本发展能力和基本权益保护的状况等。相对于广义的民生概念,狭义的民生概念更为准确,也更容易把握,且与具体层面上的民生政策相吻合。社会上平时所使用的民生概念一般是狭义的民生概念。

政府履行社会民生的经济职能时所采用的措施一般为民生政策。近年来,政府不断补充、完善以及改进民生政策,以确保能够解决人民群众所关注的民生问题。

民生政策主要注重就业、教育、分配、社保、稳定五种民生问题。就业是人民生活的根本,教育是强国富民的基础,收入分配是人民休养生息的源泉,社会保障是民生之依,稳定是民生之盾。政府通过推动实现更高质量的就业、努力办好人民满意的教育、增加居民收入、统筹推进城乡社

会保障体系建设、提高人民健康水平以及加强和创新社会管理的措施来改善民生和推进社会建设。通过多项民生政策，政府可以解决与改善民生问题，履行社会民生的经济职能，在推动高质量发展的同时创造高质量的生活。

一、就业以及相关政策

就业是最大的民生。中国有14亿人口、9亿劳动力，解决好就业问题始终是经济社会发展的一项重大任务。

就业政策是指政府和社会群体为了解决现实社会中劳动者就业问题而制定和推行的一系列方案及采取的措施。制定就业政策的直接目标可以概括为两个方面：一是解决失业人员的再就业问题，二是解决新生劳动力的初次就业问题。

从中国的情况来看，失业是一直存在的问题，解决失业问题也是政府一贯的就业政策目标。自中华人民共和国成立以来，中国曾经出现过三次较大的失业高峰，政府为此出台了一系列以解决失业问题为目标的政策。

第一次失业高峰出现在中华人民共和国成立初期。1949年，仅城市中就已经存在400万失业人口，农村中破产的农民达到几千万人。1950年，由于新旧经济结构的矛盾问题，城市失业人数有166万。针对这种情况，政府采取了城市劳动者全面就业政策。国家将城市失业人员全部纳入就业计划，提供就业岗位，统一调配劳动力，保障企业的正常运转；同时，阻止农村劳动力流入城市。通过这一政策的实施，1956年，中国政府成功地解决了城市失业问题。

第二次失业高峰出现在20世纪70年代。由于"文革"期间经济发展滞后、中学毕业生人数急剧增长以及高等学校瘫痪，国家无法为中学毕业生和社会失业人员提供足够的就业岗位。为解决这一问题，国家制定和推行了"知识青年上山下乡"政策，暂时缓解了城市的失业问题。70年代末期，上山下乡的知识青年返回城市后，失去了原先在乡下或边疆的工作，从而导致城市出现严重的失业现象。1979年，城市登记失业率高达5.9%，以国家计划为单一手段的全面就业政策无法解决当时严峻的失业问题，由此也拉开了经济体制改革的序幕。1980年，国家提出了在国家统筹计划的指导下，劳动部门介绍、自愿组织就业、劳动者自谋职业三种方式相结合的就业政策。这种政策的实施在缓解城市就业压力的同时，还突破了计划经济体制下的国家"统包统配"的就业政策格局,对市场经济的发展起到重要的作用。

第三次失业高峰出现在20世纪90年代末期。随着计划经济体制向市场经济体制转变,国有企业结构调整、"减员增效"使得计划经济体制下的隐性失业逐步显现出来,不论下岗职工的再就业还是新生劳动力的初次就业,都面临着极大的困难。1997年年底,全国下岗职工人数达1200万,失业人数为600万。1998年,国务院下发了《关于切实做好国有企业下岗职工基本生活保障和再就业工作的通知》,政府加紧实施就业市场化政策和企业下岗职工再就业的保障政策。

新生劳动力指初次面临就业的各类有关人员,包括由于某种原因未能继续升学而直接进入求职大军的青年劳动力、达到劳动年龄的学校毕业生、进入城市初次求职的乡下农工等。新生劳动力是客观存在的。随着人口的增长,新生劳动力的数量也将逐步增长。因此,人口数量决定着劳动力的数量。

从现实来看,新生劳动力就业困难主要有以下几方面的原因:宏观经济形势滑坡、有效需求不足、企业人员过剩、就业机会较少,使劳动力供给大于需求;人口极度膨胀,经济发展不能适应人口增长的需要,劳动力过剩,不能提供与过剩劳动力等量的就业机会,使劳动力供给大于需求;新生劳动力的素质普遍低下,不能适应企业的用人标准,使劳动力的有效供给大于需求。新生劳动力待业与在岗劳动力失业基本会产生相同的负面效应,解决新生劳动力的初次就业与解决失业者的再就业是同等重要的问题。解决新生劳动力的初次就业也就构成政府就业政策的目标之一。

近年来,政府的就业政策基本遵循以下原则:坚持经济发展就业导向,注重缓解结构性就业矛盾,完善重点群体就业支持体系,完善促进创业劳动就业、多渠道灵活就业的保障制度。政府更多是从完善社会的就业结构和对失业人员进行就业指导这两大方面解决社会人员在就业方面的社会民生问题,其中部分扶贫,帮助农村经济发展也可以视作解决就业问题的方式之一。教育农村人口,帮助他们拥有更高素质,学会新技术,有助于解决农村以及乡镇的就业问题。

近年来,中国政府的就业政策取得显著的效果,除了2019—2020年由于新冠肺炎疫情的影响而有小幅上涨,中国城镇登记失业率一直在下降。2014—2020年失业率变化趋势如图1-3所示。

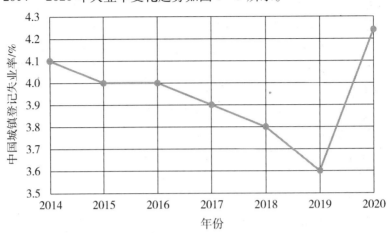

图1-3 2014—2020年中国城镇登记失业率变化情况

[资料来源：本图由笔者根据国家统计局官方网站（https://data.stats.gov.cn/easyquery.htm? cn = C01&zb = A040N&sj = 2021）相关数据制作而成。]

虽然从失业率的变化上可以看出中国政府所实施的有关就业方面的民生政策是起到了比较显著的效果的（排除2019—2020年间特殊原因导致的失业率上升），但是中国的总失业人数是呈现增长趋势的。这是由于新生劳动力增多以及法定退休年龄推迟等导致总体上的就业人数增加速率逐渐加快，因此，虽然失业率由于各种就业政策而下降，但是社会上的总失业人数是增加的。

二、教育以及相关政策

狭义的教育指专门组织的学校教育，广义的教育指影响人的身心发展的社会实践活动。社会民生中的教育主要指的是狭义的教育。教育具有维持社会政治稳定的意义和价值，是科学技术和技术再生产的手段，具有对文化进行保存、传递、传播、交流以及融合的作用，而且能够在提高人口素质的同时优化人口结构。教育对社会的发展具有极大的促进作用，是社会民生的基础。政府每年都颁布不同的教育政策，以完善中国的教育制度，并且通过加大教育行业方面的投资来促进教育的发展。

政府从教育政策以及教育方面的政府投资两方面促进教育。以广东省为例，2020年，在幼儿园的教育方面增加了学前教育公办学位的供给，全省新增公办幼儿园学位一百万个,完成公办幼儿园在园幼儿占比达50%,公办幼儿园和普惠性民办幼儿园在园幼儿占比80%以上的目标,安排了12.97亿元支持欠发达地区公办幼儿园和普惠性民办幼儿园新建、改扩建和改善办园条件项目。而在中小学方面,广东省教育厅制定了健全学前至普通高中各学阶生均经费保障制度的政策,同时,省财政安排了135.29亿元用于增加全省学前教育生均经费以及全省公办普通高中生均公用经费。教育不仅包括大众所熟知的幼儿园、中小学、大学教育,还包括对社会就业人士和失业人员的培训以及教育。广东省深入实施"广东技工""粤菜师傅""南粤家政"三大培训工程,省财政安排了10.12亿元用于支持这三大培训工程,加大"广东技工"培训力度,提升高技能人才占比;培训"粤菜师傅"1万人次以上,助力精准扶贫;开展"南粤家政"培训,培养16万人次以上。这些举措使得相关就业人员满足新形势下"一老一小"对家政服务的需求。

从整体上看,政府对教育方面的投资也在促进教育方面起到了极大的作用。广东省于2020年支持优先发展教育方面的预算支出达642.47亿元,同比增长10.9%,并且将这些支出分配在了五个具体的项目之上,见表1-3。

表1-3 2020年广东省支持优先发展教育方面的预算支出

政府教育投资项目	项目具体内容	预算金额/亿元
夯实全学阶生均经费保障基础	落实各学阶生均拨款制度,其中学前教育生均经费和公办普通高中生均公用经费全省最低标准分别提高33.3%和100%	270.79
扩大教育学位优质、均衡、普惠	支持欠发达地区增加学前教育公办学位供给,推动学前教育"5080"目标	12.97
	支持消除城镇大班额,加强校舍安全和寄宿制学校建设	21.98
	支持提高高等教育毛入学率,促进广东职业技能教育集聚发展	21.32
	支持实施"广东技工"工程	8.00

续表1-3

政府教育投资项目	项目具体内容	预算金额/亿元
健全覆盖全学阶的困难学生资助体系	落实各学阶学生资助与奖助学金政策	64.11
	完善外省户籍建档立卡学生资助政策	—
加强教师人才队伍建设	支持粤东西北地区中小学教师培养和轮训	8.83
	推动落实中小学教师待遇"两个不低于或高于"政策及山区边远教师生活费补助政策	30.59
加强学校软实力建设	支持高等教育"冲一流,补短板,强特色"	54.13
	支持提升现代职业教育质量	10.92
	支持教育信息化建设、校园足球、美育等工作,促进广东省教育质量综合提升	—

[资料来源:本表由笔者根据政府官方相关报告(https://baijiahao.baidu.com/s?id=1689944152640616074&wfr=spider&for=pc)制作而成。]

表1-3仅仅列出了广东省政府用于支持完善教育体系所安排的教育预算支出,并不包括一直以来政府支持所有教育机构的支出。2020年广东省的一般公共预算教育经费高达3217.77亿元,同比增长14.7%。

政府以政策为主干,以政府投资为辅助,以便在教育方面履行自己的经济职能。在教育的社会民生方面,政府首先制定相关的教育政策来完善相关区域的教育结构以及教育体制,其次通过扩大政府投资来支持国家或当地政府推广该政策,从而起到促进社会民生发展、解决教育民生问题的作用。

三、社会保障以及相关政策

社会保障是以国家或政府为主体,依据法律,通过国民收入的再分配,对社会公民在暂时或永久丧失劳动能力以及由于各种原因而生活困难的时候给予物质帮助,以保障其基本生活的制度。

现代意义上的社会保障制度是工业化的产物。自19世纪80年代社会保障制度创建以来,这种制度经历了发展、成熟、完善、改革等不同时期,且各国根据各自的政治、经济和人口环境等因素,形成了各具特色的社会保障制度模式。全球的社会保障模式大致可分为国家福利、国家保险、社会共济和积累储蓄四种。中国社会保障制度主要包括社会保险、社会救助、社会优抚和社会福利等内容。其中,社会保险是社会保障的核心内容。目前,中国在建的社会保障制度属于社会共济模式,即由国家、单位(企业)、个人三方共同为社会保障计划融资。

中国政府根据社会的发展以及贫富差距等因素,每年制定新的社会保障制度并完善已有的制度。地方政府根据其区域的地理位置、经济发展以及城镇化程度等不同因素,在国家社会保障制度之上制定更适合本区域施行的社会保障政策。为了顺利推行社会保障政策且使之落实到每个公民身上,政府需要通过政府拨款(政府补助)的方式来进行辅佐。

仍以广东省为例,广东省在《2019年省十件民生实事完成情况》报告中提及社会保障的相关政策以及相关的政府补助。广东省政府于2019年提高城乡居民基础养老金等六类底线民生保障水平:提高全省城乡居民基本养老保险基础养老金最低标准;提高全省城镇农村低保对象最低生活保障人均补差水平;所有县的特困人员基本生活标准按不低于当地最低生活保障标准的1.6倍,且不低于当地现行特困人员基本生活标准确定;提高全省孤儿基本生活最低养育标准集中供养和分散供养水平;全面实现基本医疗保险;提高全省困难残疾人生活补助、重度残疾人护理补贴标准。与此同时,政府建立涵盖学前至高中各学阶的生均经费保障制度:补齐教育经费保障机制短板,建立学前教育、公办普通高中生均拨款制度及逐步增长机制;继续落实义务教育公用经费、中等职业教育生均拨款制度。2020年,广东省财政部门共安排了95.58亿元,用于提高城乡低保对象最低生活保障的人均补差水平,使该补贴相较于2019年的每月554元(城)、251元(乡)增长至609元(城)、276元(乡)。

在大部分情况下,不同的社会保障补贴会随着国家物价上涨导致的基本生活保障水平上涨而逐年增加。另外,由于部分特困人员或特殊人群未登记在册,社会保障覆盖并不全面,政府每年都会针对这部分人群建立新的相关政策或完善已有的社会保障政策,以确保这部分社会公民能顺利度过他们的困难时期。

四、医疗以及相关政策

医疗关乎人们的健康,是一项重大的民生问题。总体来看,中国的医疗卫生事业取得了长足的发展,但由于存在"缺资源、缺技术、缺人才"等突出问题,因此"看病难、看病贵"的问题依旧存在。

政府通常通过医疗保险（也称"医保"）以及与医疗技术发展相关的政策来解决医疗方面的民生问题。其中，医疗保险也可以被归类为社会保障中政府补助的社会保险项目，因此，医疗保险相关的政策可以同时拥有社会保障以及医疗保险两方面的属性。而医疗技术则是医疗民生本身的基础，发展医疗技术是中国解决"看病难、看病贵"问题一个重要的手段。

中共中央、国务院印发的《关于深化医疗保障制度改革的意见》中明确，到2025年，医疗保障制度更加成熟定型，基本完成待遇保障、筹资运行、医保支付、基金监管等重要机制和医药服务供给、医保管理服务等关键领域的改革任务。到2030年，全面建成以基本医疗保险为主体，医疗救助为托底，补充医疗保险、商业健康保险、慈善捐赠、医疗互助共同发展的医疗保障制度体系，待遇保障公平适度，基金运行稳健持续，管理服务优化便捷，医保治理现代化水平显著提升，实现更好地保障"病有所医"的目标。

中央政府每年均会根据医疗技术的现状及发展对医疗保险政策进行完善，而区域政府则每年都会根据区域的不同情况进一步对政策进行完善或者编改。2020年，中央政府在医保系统中新增基本药物、治疗重大疾病药物、治疗慢性病药物、儿童药物148种。与此同时，医疗保险覆盖了128种治疗癌症的药物，大大降低了癌症患者家庭的用药成本。150种药物因为明显的滥用和低临床价值而被"踢出"新的医保药品名单。国家还明确规定，地方不得自行制定医疗保险药品目录，不得采取灵活办法增加医疗保险目录中的药品品种，医疗保险限额支付清单的范围不得调整，74种b类药物调整为a类药物支付，从而达到更好地保障居民的健康以及规范医疗保险报销药物的目的。

而在发展医疗技术方面，广东省在加强粤东粤西基层医疗人才队伍和服务能力建设方面加大力度。全省增加招收培训全科医生、产科医生、儿科医师人数，定向培养医学生1474名。并且在为多家省级中心卫生院招聘100名首席专家的同时，为省定贫困村配置健康智能检测设备包，引入"AI医生"助手，介入省远程医疗平台，以便为基层群众提供更加优质、便捷的医疗卫生服务。

在完善医疗系统并且保障人民日常健康的问题上，政府也有基于不同发展时期所制定的相应的政策。2020年，广东省在推进疫苗冷链配送和预防接种标准化建设方面安排了3.28亿元资金，用于支持建设和改造90

家县级疾病预防控制中心疫苗冷链储存、配送、运输设施，为1300多家预防接种门诊配置智能医用冰箱，提升了疫苗使用管理和预防接种服务水平。这种政策更多是基于医保以及医疗技术发展水平，由政府制定，以预防疾病或方便人民看病，简化看病过程。

从总体上看，针对医保方面的改革以及政策完善主要是基于医保所涵盖的药物以及使用范围，而政府通过培训新一批医疗人才队伍以加速医疗民生的发展。在两者的基础上，通过自动化，将互联网与医疗结合起来，从而使得人民可以更加便捷地使用医疗系统服务，保障人民的健康安全。

除了以上四项政府注重的社会民生问题以外，还有其他更加细致具体的民生问题或同时与城市建设、产业发展有所关联的社会民生问题。细致具体的社会民生工程包括大力推进重点区域饮用水工程建设、加强地质灾害隐患点综合治理以及加大食品抽检力度和食品安全信息透明度等，这些工程基本是政府通过民生政策及相关政府补助或者政府投资来确保人民在日常生活中的健康问题以及安全问题不会受到影响。这些政策虽然没有涉及以上四项主要的民生问题，但也与人民的日常健康生活有关，可归类为社会民生的政策。

广东省于2020年新建和提升改造一批农村厕所、中小学厕所和城市厕所。该项目的主管部门涵盖了农业农村厅、教育厅、文广旅体厅以及住房和城乡建设厅，省财政安排2.2亿元用于支持该项目。该项目同时涉及产业发展、社会民生和城市建设三种经济职能，很难通过项目本身界定其归属的政府行使经济职能的属性。在本书第三章中将会具体对产业政策、民生政策以及城市建设政策进行边界界定，以便政府在政策实行期间能够更准确地判断该政策的适用性。

第三节　城市建设

城市建设是城市管理的重要组成部分。城市建设以规划为依据，通过建设工程对城市人居环境进行改造，对城市系统内各设施进行建设。城市建设的内容包括城市系统内各设施的实物形态，是为管理城市创造良好条件的基础性、阶段性工作，是过程性和周期性比较明显的一种特殊经济工作。

城市经过规划、建设后投入运行并发挥功能、提供服务，真正为市民创造良好的人居环境，保障市民的正常生活，服务城市经济社会发展。因此，城市建设以城市规划为依据，最终服务于城市运行。城市建设可分为城市精神文明建设和建筑实物建设。

本书中提到的城市建设主要指狭义的城市经济中的基础设施建设（广义的城市建设不仅包括基础设施建设，还包括与太空资源相关的建设等方面），因此，城市建设包括城市基础设施软硬件建设、城乡一体化建设和智能城市建设三方面。而城市基础设施软硬件建设又可以分为居住建筑、公共建筑、市政公用设施建设等内容。其中，公共建筑和居住建筑都属于民用建筑。值得注意的一点是，现在仍未明确定义商住楼归属于公共建筑还是居住建筑。商住楼有公共建筑的特性，又有居住建筑的功能，可理解为介于两者之间。市政公用设施建设指城市污水排放、雨水排放、路灯、道路、桥梁、隧道、广场、涵洞、防空等市政设施的维护、抢险、紧急处理、管理等活动。

城市建设规划四大原则如下。

首先，政府应该考虑城市的发展规模、各项建设标准、定额指标，之后再根据以上参数制订城市建设计划。

其次，要正确处理好城市空间的规划，从全局出发，使城市的各个组成部分在空间布局上做到职能明确、主次分明、互相衔接，科学地考虑城市各类建设用地之间的内在联系，合理安排城市生活区、工业区、商业区、文教区等，形成统一协调的有机整体。

再次，要正确处理好城市在不同时期的规划。任何城市都有一个形成、发展、改造、更新的过程，城市的短期建设是长期发展的一个重要组成部分，因此，既要保持建设的相对完整，又要科学地预测城市远期发展的需要，要为远期发展留有余地。

最后，要处理好城市环境问题，注意保护和改善城市生态环境，防止污染和其他公害，加强城市绿化建设和市容环境卫生建设，保护历史文化遗产、城市传统风貌、地方特色和自然景观，不能以污染环境、破坏生态平衡、影响城市发展为代价，片面追求经济效益。

城市建设不能仅局限于狭义上的城市（即省市的市中心及其辐射范围），而要包括整个区域，即包括区域内的城市以及农村的建设。政府对市中心的城市建设基于城市规划的四大原则，而针对农村的城市建设则在遵从四大原则的基础上，还须注意在进行农村城市建设的同时，要帮助农村脱贫致富。

以广东省佛山市为例，为进一步贯彻落实科学发展观，满足佛山市经济社会发展对增大建设用地的需求，改善城市面貌，提升城市品位，提高城乡居民生活质量，全面实现建设强市与现代化大城市的宏伟目标，佛山市委、市政府根据有关法律法规做出了关于加快推进旧城镇、旧厂房、旧村庄（以下简称"三旧"）改造的决定。

首先，推进"三旧"改造是提高土地集约化利用水平，改善城市面貌和加强城市管理，加快建设现代化大城市的迫切需要。由于佛山"三旧"普遍存在建设缺乏规划指导、布局分散、土地利用率低等现象，因此土地利用价值亟须通过科学有效的改造来提升和增长。推进"三旧"改造对于进一步挖掘利用城市资源潜力，提高土地集约化利用水平，进一步强化城市管理，改善环境等具有重要的作用。改造"三旧"的有利影响是城市建设本身带来的。而除了这部分影响外，其他改造政策带来的好处则与产业发展和社会民生有关。

其次，推进"三旧"改造能够促进经济和社会协调发展，提升佛山市的综合竞争力，加快佛山向工业化、城市化和国际化道路迈进。这些作用则是该项政策作用于产业发展和城市建设两方面带来的。推进改造能有效改善产业配置能力和发展环境，不仅有利于促进中心城区和产业集中区培养特色产业、优化城市产业分布，促进都市产业发展提升和中心城区产业发展模式向轻污染、低能耗、高附加值的资金技术型转变，而且有利于对全市空间资源进行优化布局，优化城市投资和生态环境，增加就业机会，最终达到促进经济和社会发展，提升城市形象和综合竞争力的目的。

最后，推进"三旧"改造能够推动佛山市的"一元化"发展，加快构建富裕和谐佛山。这项与城市建设相关的政策在帮助佛山市完善城市规划的同时，也改善了社会民生。"三旧"改造既能促进农村居民增收，使村集体收入实现成倍增长，同时也能促进农村基础设施建设，改善农村生产生活环境，大大加快农村与城市建设相互衔接、农村与城市居民相互认同、农村风俗与城市文化相互交融的步伐。

这项"三旧"改造政策的基本原则是：依法依规，实事求是，在遵循国家法律法规和相关政策的同时，考虑所在地发展的历史事实，科学合理地制订改造方案和配套政策；规划先行，统筹发展，要坚持统筹兼顾，促进生产和生活条件同步改善，改造建设与文物保护同步实施，同时，坚持环保、生态和节能的原则；政府引导，市场运作，政府负责制定政策、规划并组织推动，具体改造项目尽可能以市场化运作的方式进行；以人为本，构建和谐社会，正确处理好国家、集体和广大市民三者的利益关系，实现好、维护好和发展好人民群众的根本利益，切实让人民群众从改造中得到实惠，感受到好处；多方结合，系统推进，在改造的同时抓好重大、优质项目的引进，抓好城市基础设施建设和文化特色的彰显，抓好农村居民生活水平的改善和提升；分类指导，循序渐进，要立足实际，因地制宜，量力而行，且在实施过程中要做到先易后难，有计划、有步骤地推进，避免片面追求进度。

"三旧"改造政策的基本原则是以城市建设四项基础原则为基础，根据佛山市自身的具体情况经过政府完善后而制定的。城市建设的四项基础原则是政府可以履行经济职能的必要保障条件，在城市建设中缺一不可。

在改造过程中，政府须同时抓好管理工作，加大政策扶持力度，并且确保该项工作的有效落实。在管理工作方面，政府须抓好规划管理、土地管理、项目建设管理以及拆迁补偿安置工作。在规划管理方面，政府在制订改造计划时，须充分兼顾经济功能和其他社会服务功能，顾及地上地下和空间的基础设施和环境，进行全方位改造，在为城市发展留下空间的同时，也兼顾土地的有效利用。在土地管理方面，在改造过程中，土地行政主管部门应当对所涉及的土地进行调查、确权、登记，严格用途管制。各级政府应当按照"三旧"改造规划，积极稳妥地实施土地储备，加快推进"三旧"改造工作。在项目建设管理方面，各行政主管部门应当确保各项公共事务管理和服务的开展及跟进，保证"三旧"改造的供电、供水、道路等基础设施的及时配套和消防、治安、安全作业等各项管理的到位。在"三旧"改造工程完成后，须由建设单位组织参建各方进行验收，接受建设行政主管部门或委托的监督机构的监督，验收合格后，办理竣工验收备案手续。在拆迁补偿安置方面，建设单位或项目前期实施单位在依法取得房屋拆迁许可证后，负责项目用地范围内的拆迁工作，并依照有关法律、法规及《关于加快推进旧城镇、旧厂房、旧村居改造的决定》的规定，对被拆迁人给予补偿安置。在这部分城市建设过程中，政府同时间接履行了在社会民生方面的经济职能。

政府在政策扶持方面需要加强财政支持，创新改造的方式方法，加大改造区域内配套基础设施建设，并为改造提供高效服务。在加强财政支持方面，各级财政要调整财政支出结构，对"三旧"改造给予一定的财政补贴支持。在创新改造的方式方法上，政府要积极探索由经济实体参与实施改造、以项目开发方式实施改造、以统征储备方式实施改造等多种改造模式，同时，充分发挥各式各类融资平台的作用，多渠道争取信贷资金支持。在加大改造区域内配置基础设施建设方面，佛山市政府将"三旧"改造的基础设施建设项目优先列入城市建设维护年度计划，把改造中的市政公用设施建设管理工作纳入城市管理体系，按现行的城市管理体制和标准，落实工作任务、经费和队伍。政府通过充分发挥市、区两级行政服务中心的作用，为"三旧"改造提供高效服务。

政府在抓好管理工作以及加大政策扶持力度后，实施了多项措施来确保改造工作的有效落实：建立机构、强化领导；加大宣传，营造氛围；明确责任，做好协调；掌握政策，稳步推进；强化监督，确保落实。在建立机构方面，佛山市成立"三旧"改造协调领导小组，并且要求各有关部门积极配合展开工作。政府可以通过报纸、电视等新闻加强宣传报道，激发社会各界对这项改造的关注与参与热情。而在明确责任以及掌握政策两方面，各级党委、政府和各有关部门作为主体，要在建立健全推进改造工作责任制的情况下，按照国家法律法规以及有关政策办事，明确在改造过程中各种事项的处理方案。各级纪检和监察部门要加强检查力度，对办事效率、办事程序、服务水平等进行全程监督，以依法保障建设单位、居民和其他利害关系人的合法权益。

政府通过抓好管理工作以及加快制定相关的政策两种手段作为城市建设能够顺利实施的基础或前提条件，之后再通过多项措施（譬如第三方机构的监管、宣传等）确保改造工作的有效落实。政府在进行城市建设的同时，也会间接影响产业发展和社会民生。

而政府在进行改造这种城市建设的同时，也要通过配套政策保证城市的环境不会被破坏。如佛山市政府在进行"三旧"改造的同时，就推出了"三年促变，绿地佛山"的实施方案。

在"三年促变，绿地佛山"这一政策中，政府进一步完善了"2+5"组团绿地系统，增加绿地总量，合理布局绿地，从而使城市绿地水平进一步提高，面积不断扩大。这项政策中的城市园林绿化部分的主要目标有三个：道路绿化景观建设、改造提升，公园绿地建设，其他绿化项目。第一个目标是道路绿化景观建设、改造提升，通过分别对快速路以及主干路进行不同的绿化，让道路绿化与周围环境融为一体，形成优美的立体空间绿化景观，而政府也会为不同绿化景观的绿地率制定标准，以便监管。第二个目标是公园绿地建设，其目的主要是为佛山市民提供更多的休闲活动空间，在完善城市建设的同时也行使了政府在社会民生上的经济职能。第三个目标是其他绿化项目，包括居住区绿化和水源地绿化，同样与社会民生中民众的日常健康有关。

在这项政策的林业生态建设部分，政府通过大力推进林业生态区建设、开展全民义务植树活动、强化森林资源保护管理、建立生态建设科技体系等措施，建立和培育稳定、健康的森林生态系统，逐步恢复地带性森林植物群落，提高森林质量；加强自然保护区和森林公园建设，形成完善的生物多样性保护网络；倡导绿色文化，营造舒适优美的人居环境，实现林业生态市建设。

从"三旧"改造和"三年促变，绿地佛山"这两项政策可以看出，政府在通过政策完善城市建设的同时，也需要通过与环境保护有关的政策保证城市环境不受破坏，这部分环境保护政策也属于城市建设政策。

❋ 本章小结 ❋

政府通过政策、投资、补助以及政府消费等方式行使三大经济职能。政策是政府能够顺利行使三大经济职能的前提，无论是产业发展、社会民生还是城市建设，都需要政府先行制定相关政策。而投资、补助和政府消费是政府能够顺利执行政策的辅佐，虽然其重要性比不上政策，但也是不能缺少的一部分。在产业发展中，政府更多是依靠政策、政府投资以及政府消费三方面共同协助发展产业；在社会民生方面，需要政府通过民生政策和政府补助同步进行，从而帮助改善人民群众的日常生活；在城市建设方面，政府通常通过政策和相关的政府消费，确保城市建设得以顺利完成。这三种政策都会直接或间接地与另外两项经济职能相关，譬如绿地改造政策与民生有间接的关系。笔者将会在第三章中对政策做更具体的界定，以方便区域政府对这部分政策的执行结果有更直观的了解。第一章的大致内容可参见图1-4的结构框架。

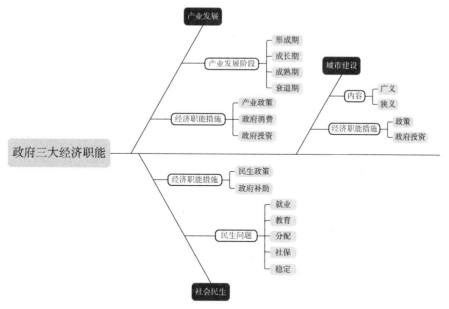

图 1-4 政府三大经济职能结构框架

思考讨论题

1. 政府如何通过产业政策、政府消费以及政府投资影响处于衰退期的产业？在解释的同时，请应用相关的例子加以证明。

2. 国内外的产业政策是否有所不同？若有，请指出不同之处或政策侧重点的不同。

3. 在政府对社会民生采取的两项经济职能措施中，哪一项更重要或对社会民生的贡献更大？请通过相关实例或建立模型进行阐述。

4. 城市建设分为哪三种类型？能否在此三种类型上对其进行功能或种类的细化？若能，请阐述理由。

第二章　区域三类经济资源

经济资源通常被定义为具有稀缺性且能带来效用的财富，是人类社会经济体系中各种经济物品的总称。经济资源必然具备有用性和稀缺性两种特性。其中，有用性是其作为一项资源的先决条件，而稀缺性则是经济资源之所以为经济资源的前提。区域可以被认定为一个县、一个镇乃至一个省市，甚至一个国家，区域经济资源则被定义为在一定区域范围内的经济资源的总称。

首先，定义上的经济资源和经济物品在其根本上有着明显的区别。经济资源往往是某一类经济物品的集合，每一种经济资源实际上可能包含着成千上万种经济物品，例如，原油和大理石是不同的经济物品，但都属于经济资源的范畴。

经济资源具备经济物品中相对于人类社会而言的有用性，这需要人类在一定的知识、技术和经济条件下根据自身需要开发出来，经济物品仅仅是经济资源的物质载体。尚未进入人类社会经济体系的经济资源只是自然界体系中的客观存在，只是潜在的经济资源。只有在一定的知识、技术和经济条件下，潜在的经济资源才有可能被纳入人类社会经济体系之中，变为现实的经济资源，进而转化为经济物品。潜在的经济资源转化为现实的经济资源的过程无法避免，即其无法直接转变为经济物品。

区域三类经济资源可以分为可经营性资源、非经营性资源和介于两者之间的准经营性资源。这三类经济资源分别对应产业经济、民生经济和城市经济，而政府需要分别在这三方面准确且高效地行使产业发展、社会民生和城市建设的经济职能。三项经济职能的含义和具体内容在第一章中已有完整表述。在本章中，笔者将进一步解释这三类经济资源的含义、边界界定以及相关的经济实例。

第一节 可经营性资源——产业经济

可经营性资源以各国区域经济中的产业资源为主。因为经济地理和自然条件不同,所以各区域一般会选择三大产业中的某一产业作为主导方向。在各国区域经济的现实发展进程中,部分区域政府会根据自身以及周围区域环境的可经营性资源的变化对主导产业方向进行调整甚至改变。譬如,以中国为一个区域,中国自1952起至2021年,从以第一产业作为主导的国家转变成第三产业和第二产业几乎并列主导的国家。第一产业(农业,含农林牧渔业)占比从50.9%降至10.4%。第二产业(工业,含采矿业、制造业、电力热力燃气及水生产和供应业,以及建筑业)占比从17.6%上升到43.3%,其中,制造业占比自2004年开始稳定在30%左右,2017年为29.3%,为目前占比最高的门类。第三产业(服务业,含15个门类)占比从28.7%上升至46.3%。① 传统经济学中对应此类资源的机构,或者说在产业发展中发挥主体作用的机构主要是公司企业。

中国政府协调、监督、管理此类资源的机构主要分为三种。第一种机构是发展改革、统计、物价部门。第二种机构又可以细分为四类:财政、金融、税务、工商部门,工业、交通、安全、能源、烟草部门,科技、信息、专用通信、知识产权部门,商务、海关、海事、口岸、邮政、质检、外事、旅游部门。第三种机构是审计、国土监察、食品药品监督管理部门。虽然世界各国政府的协调、监督、管理机构各有异同,即其具体机构的名称和更细致化的分类可能会各有不同,但是与调配产业经济相关的可经营性资源的政策原则在所有区域均是规划引导、扶持调节和监督管理。

可经营性资源具有较强的排他性和竞争性。排他性是指某部分不满足特定条件的个体或企业会被排除在开发某种可经营性资源(商品或服务)所带来的利益之外,且在某个或某些个体或企业对某种可经营性资源付钱投资后,其他个体或企业就不能享受此种可经营性资源所带来的利益。竞争性是指可经营性资源的拓展将引起生产成本本身和边际生产成本的增

---

① 参见国家统计局官网(https://data.stats.gov.cn/easyquery.htm? cn = C01&zb = A0207&sj = 2021)。

加，每多生产一件或一种私人产品，都要增加生产成本和边际成本。

可经营性资源可以表示为以下公式：

$$x_j = \sum_{i=1}^{n} x_j^i \qquad (2-1)$$

在式（2-1）中，x_j 为第 j 种可经营性资源的总量，n 为经济中的总人数/企业数；x_j^i 为第 i 个人或企业对这种可经营性资源的拥有量。式（2-1）的含义可以表述为：可经营性资源的总量等于每一个个人或企业 i 对这种可经营性资源的拥有数量之和，可经营性资源在个人或企业之间是可分的。

对于可经营性资源，即产业资源、产业经济，各国均遵循市场配置的原则，发挥其作用，尽可能地通过资本化的手段，把它交给企业、社会和各类国内外投资者；政府按照"规划、引导，扶持、调节，监督、管理"的原则去制定配套的政策。而这种政府在产业发展方面的经济职能所推行的产业政策，其本质是对可经营性资源进行更深度的开发和更合理的分配。在本书中，笔者定义针对可经营性资源的开发为改变可经营性资源的总量即 x_j 的变化，而针对可经营性资源的分配是改变企业数、人数或不同个体对这种可经营性资源的拥有量。在这种情况下，可经营性资源的开发和分配需要同时进行，否则式（2-1）左右两边的数值将不相等（大部分情况为 x_j 小于公式右侧）。若 x_j 小于公式右侧，则代表区域范围内可用的可经营性资源并没有被所有个体完全利用，会导致可经营性资源的浪费。

一、可经营性资源的开发及发展过程

通过对可经营性资源的开发，政府会在开发现有可经营性资源的同时，将区域内部分潜在的经济资源转变为经济资源。在这个过程中，区域内第 j 种可经营性资源的总量增加即 x_j 值增加，或者可经营性资源的种类增多即 j 增大（例如，开发之前 $j = 1,2,\cdots,100$，开发成功后会变为 $j = 1,2,\cdots,101$）。影响经济资源总量的不仅有技术知识，还需要有足够的经济投资，这是因为潜在的经济资源需要一定的技术知识，才能被发现并被转化利用为经济资源，而经济投资则是开发可经营性资源的前提之一，两者都是可经营性资源开发的前提条件。

以可燃冰为例，可燃冰是天然气的替代品。1934 年，美国人哈默·

施密特（Hammer Schmidt）在被堵塞的输气管道中发现了可以燃烧的冰块，这是人类首次发现"甲烷气水合物"。自1980年起，世界各国陆续在秘鲁海槽、南墨西哥滨海带、危地马拉滨海带等地发现了可燃冰。20世纪90年代，各国又在太平洋西岸、美国西海岸、日本滨海、南海海沟等地发现了可燃冰，之后可燃冰逐渐被各国发现、开采并被纳入可经营性资源的一部分。

中国在20世纪80年代开始关注可燃冰，收集信息和资料开始研究，于1998年完成了"中国海域可燃冰研究调研"课题，第一次对周边海域可燃冰的形成条件做出总结与分析，并在1999年确定了可燃冰的存在性。自2000年开始，中国勘察南海蕴藏量约为 7×10^{10} 吨的油当量①，界定了天然气水合物矿区在西沙海槽，并与德国开展合作项目。在接下来的几年内，探查南海海域可燃冰发育区并成功获取样品，资助研发相关器械对区域内的可燃冰进行提取。2018年，中国石油首个天然气水合物实验平台建成投用。2020年，在南海神狐海域第二轮试采成功，实现了从"探索性试采"向"试验性试采"发展的目标。

可以认定可燃冰一直作为一种自然资源存在，即其客观存在于整个区域内，但是由于技术知识不成熟，可燃冰不可开采，因此只能作为一种潜在的经济资源而不是经济资源。1980—2013年，各国研究可燃冰的经济价值以及实用性。在这期间，可燃冰从潜在的经济资源逐渐转变为经济资源。2013年，日本成功地从爱知县附近深海可燃冰层中提取出甲烷，自此，可燃冰从潜在的经济资源转变为可经营性资源，成为产业经济的一部分。

自2011年起，我国因为可燃冰的正式发现且其蕴藏量巨大，制定相关的政策确保这项可经营性资源的开发能够顺利进行。包括2011年的《国家"十二五"科学技术发展规划》、2014年的《能源发展战略行动计划（2014—2020年）》、2016年的《国家创新驱动发展战略纲要》等政策中对可燃冰都有所提及。2017年，中国拟将可燃冰列为战略性新兴产业的一部分。

从可燃冰这一例子可以看出，针对可经营性资源的开发首先需要以技术知识为前提，可经营性资源被发现和应用需要基于一定的技术知识，之

---

① 参见百度百科（https://baike.baidu.com/item/天然气水合物/1501849）。

后根据市场的需求等多方面的因素，针对该项可经营性资源的经济投资也会逐渐增加。可燃冰的转变过程可以视作从准经营性资源转变为可经营性资源的过程，而其为什么会在产业经济调节政策的影响范围内，笔者会在第五章中提及。在之后的阶段，技术知识的进步以及稳定增长的经济投资会促进可经营性资源的开发。制定相关开发可经营性资源政策的原则先是以促进相关的技术发展为主，之后在制定新政策的过程中，可以通过引导各类投资者为新兴可经营性资源进行投资来加快开发进度。

同样，开发过程中可经营性资源的总量也会有不变或减少的情况。这两种情况可以通过产业发展的不同时期进行解释。

处于成熟期的产业发展较为缓慢甚至停滞，由于市场的供求两方较为平衡且市场本身已经饱和，因此可经营性资源的总量无须有过大的变化。政府针对这部分可经营性资源的开发政策一般趋向于使其总量保持稳定，以确保市场稳定。

而衰退期的产业，由于不同原因（如造成环境污染过大、有适用性更好的替代品），区域内市场需求减少。为了保证市场内的供需平衡，政府制定相关的政策，减少对该种可经营性资源的投资或者扶持，因此，在此过程中与衰退期产业有关的可经营性资源总量会减少。例如，氟利昂（R22），中国从2013年起全面停批新建R22制冷剂项目，2016年中国R22总产能为67万吨，按照环保部（今生态环境部）公布的《关于2017年度含氢氯氟烃生产和使用配额、四氯化碳试剂及助剂使用配额、甲基溴生产配额核发方案的公示》，2017年中国R22的产量将控制在52万吨以内，而到2018年，R22的名义产能和有效产能进一步压缩，产量或降至50万吨以下。综上，在对可经营性资源开发的过程中，其处于某一固定区域内的总量变化趋势与其相关的产业所处的发展时期有关。

在开发这种资源的同时，政府需要制定相关的分配政策，以保证新增或减少部分的可经营性资源能够得到合理的处理。对可经营性资源进行更合理的分配能够使得区域内的该种资源利用率得到提高，并且对该区域内整体的产业发展有所帮助。

在这个过程中，x_j的总量一般会固定不变，处于形成期、成熟期或衰退期分配过程中所造成的可经营性资源总量的变化可以近似为开发方面导致的。因此，在分配过程中，可经营性资源式（2-1）中的n以及x_j^i会发生变化，变化趋势与该项可经营性资源有关产业所处的时期有关。笔者用

表 2-1 表示式（2-1）对于某一特定可经营性资源中的各个变量在不同产业发展时期的变化趋势，其中也包括开发资源方面的 x_j。

表 2-1 不同变量在产业发展不同时期的变化

产业发展时期	可经营性资源总量（x_j）	经济中的总人数/企业数（n）	第 i 个人或企业对可经营性资源的拥有量（x_j^i）
形成期	从 0 逐渐增长	从 0 逐渐增加	从 0 逐渐增加
成长期	保持稳定的增长速率	稳定增加	根据不同企业或个人的情况而变化
成熟期	稳定不变或小幅度变化	大部分情况下不会变化，部分特殊产业会产生波动	
衰退期	减少，在衰退期初期会保持不变	大部分情况下会减少，在衰退期初期可能不变	

表 2-1 中的可经营性资源总量已在资源的开发部分讨论过了，这里重点讨论 n 以及 x_j^i，其中，经济中的总人数或企业数可以近似为相关产业的总人数或企业总数。在可经营性资源被发现且利用之前，与其有关的经济中的总人数或企业数必为 0。在产业步入形成期和成熟期之间时，由于该种具有竞争性的可经营性资源能够带来一定的收益，因此会逐渐吸引投资者进入该区域内的市场，与资源有关的总人数以及企业数会逐渐增加。在形成期，参与开发可经营性资源的相关企业以及个人会增加其对这种资源的拥有量，可以近似为其拥有量（x_j^i）从 0 逐渐增加。但是，对于成长期、成熟期以及衰退期的企业或个人对可经营性资源的拥有量，需要根据不同情况进行讨论。在大部分情况下，即企业或个人一直拥有可经营性资源的情况下，对该种资源的拥有量会逐渐增加，直至成熟期基本维持不变（政府对可经营性资源进行重新分配的情况除外），在衰退期会逐渐减少。在某些特殊情况下（如企业或个人中途退出参与与可经营性资源有关的产业），拥有量也会在成长期和成熟期减少。而在衰退期，如果可经营性资源总量的下降比例小于经济中总人数或企业数的下降比例，那么部分公司或个人对可经营性资源的拥有量则存在不变或增加的可能。

综上，在式（2-1）中，左侧的参数大小取决于区域内的政策、资源现状、技术知识以及相关投资情况;左侧的参数则不仅取决于以上四个因素,也与各公司的决策以及财政现状有关。形成期之外的其他三个产业发展过程中,公司是否增加或减少其对可经营性资源的拥有量更多是基于该公司的财政现状以及相关决策。同时,由于相关政策存在滞后性(政策从颁布到实际落实存在一定的时间差),因此相关参量的变化会稍慢于实际产业的发展期,可经营性资源总量(x_j)和经济中的总人数或企业数(n)的具体变化如图 2-1 所示。

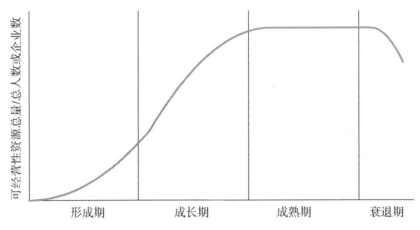

图 2-1 在不同产业发展时期的参量变化

二、产业经济及可经营性资源总量的计量

政府针对可经营性资源所执行的经济职能是产业发展,对应可经营性资源的是产业经济。现代经济社会中,存在着大大小小居于不同层次的经济单位。企业和家庭是最基本的,也是最小的经济单位;整个国民经济是最大的经济单位;介于二者之间的经济单位是大小不同、数目繁多,因具有某种同一属性而组合到一起的企业集合,又可看成是国民经济按某一标准划分的部分,这就是产业经济。

与产业经济有关的学科是产业经济学,其研究的产业是广义上的产业(狭义的产业有时指工业部门)。产业经济学是一项以产业或产业经济为研究对象的新兴学科,具体包括产业内部各企业间相互作用关系的规律、产业本身的发展规律、产业与产业之间互动联系的规律以及产业在空间区域内的分布规律等。为满足产业经济学的各个领域在进行分析时不同目的的需要，可将产业划分成若干层次。

具体来说，产业在产业经济学中有三个层次：以同一商品市场为单位划分的产业，即产业组织，现实中的企业关系结构在不同产业中是不相同的；以技术和工艺的相似性为根据划分的产业，即产业联系；以经济活动的阶段为根据，将国民经济划分为若干大部分所形成的产业，即产业结构。在这三个层面的基础上，产业经济学包含了产业组织理论、产业结构理论、产业关联理论、产业布局理论、产业发展理论以及产业政策理论。

在实际应用中，通过式（2-1）计算出区域内某种特定可经营性资源或可经营性资源综合是不现实的，因为若通过依次统计每个公司或个人对该可经营性资源的拥有量来计算出结果，需要大量的人力、物力和时间，且在这段时间内，可能会有不同个体增加或减少对该资源的拥有量，所以这种方法效率低且准确率不高。多数情况下，把通过对地区生产总值和通货膨胀率的分析得到的真实地区生产总值来作为评判某一区域内可经营性资源总量的标准。而对于不同的可经营性资源，也有不同的评判标准。

对于拥有实体并且可以通过物理计量单位计算的可经营性资源〔如水果（吨或万吨）、汽车（辆）、住房（套）等〕，可以通过调研或地区生产总值换算得到这些可经营性资源的总量以及各个体对该可经营性资源的拥有量。这种可经营性资源多为三大产业中的第一产业及部分第二产业。以烟台苹果为例，烟台苹果可以被视作烟台区域范围内苹果的总和，也是第一产业中农业中的一部分。苹果作为一种水果，不可能在仓库中保存超过一年，即便存在保存了一年的苹果，当由于变质、虫蛀等原因不能食用时，也不再具备经济价值，所以这种过期烟台苹果不再是一种经济资源或潜在的经济资源。在以上假设的基础上，笔者可以判定烟台苹果在一年内的产量即为一年内烟台区域苹果这一可经营性资源的总量。2014—2020年烟台苹果的产量及增速如图2-2所示，其中左侧纵坐标轴代表烟台苹果产量，右侧坐标轴表示为烟台苹果产量增速。

从图2-2可以判断，烟台苹果这一资源总量逐年增长，但是增速并不稳定，因为绝大多数情况下其产量取决于气候等外部因素。然后，通过对不同烟台苹果相关企业的交易量及相关报表可以得到这些个体对烟台苹果的拥有量。综上，具有计量单位的实体可以通过调研得到式（2-1）中的所有参数，但是需要对报表或者调研结果进行换算处理才能得到具体每

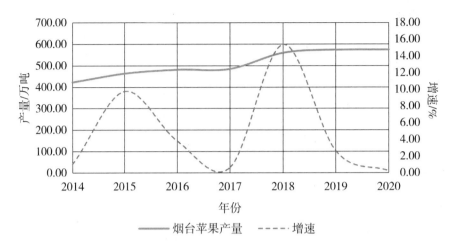

图 2-2　2014—2020 年烟台苹果产量及增速

（资料来源：本图由笔者根据政府官方相关报告制作而成。）

一个个体对该资源的拥有量。

而对于没有实体或者具有实体但是难以用物理计量单位衡量的可经营性资源（如教育、餐饮、保险等），只能以其产生或相关的经济效益作为衡量资源多少及变化的标准，这种可经营性资源更多的是部分第二产业及第三产业。部分第二产业虽然具备实体性，但是由于其难以用计量单位衡量，只能通过相关资金流来判断其具体资源的多少。例如，第二产业中水的生产和供应业，供应的水包括自来水、矿泉水等不同的种类，虽然其本质都是水，但计量单位分为吨、瓶、罐等，因此，实际应用中通过产生的经济效益来衡量其资源的多少。而第三产业可以分为四个层次：流通部门，包括交通运输业、邮电通信业、商业饮食业、物资供销和仓储业；为生产和生活服务的部门，包括金融业、保险业、地质普查业、房地产管理业、公用事业、居民服务业、旅游业、信息咨询服务业和各类技术服务业；为提高科学文化水平和居民素质服务的部门，包括教育、文化、广播、电视、科学研究、卫生、体育和社会福利事业；国家机关、政党机关、社会团体、警察、军队等算第三产业，但是在国内不计入第三产业产值和国民生产总值。其中，可以作为可经营性资源的第三产业只能是属于大多数的第一、第二层次及部分第三层次的产业，第三产业的其余部分可以归属于社会民生以及城市建设。第三产业中归属于可经营性资源的大多不具备实体且不能用计量单位衡量（没有实际的产品，但是需求者需要付钱才能享受到该服务），因此一般通过流入流出的资金流将其计入国内生产总值。

以第三产业中的餐饮业为例,餐饮业的可经营性资源总量可以通过区域内的总营业额进行度量,不能使用人次、上座率、开台率或翻台率来判断其作为可经营性资源的大小。因为不同个体在同一家饭店中会有不同的消费倾向,且不同饭店的消费水平及经营大小均有所不同,所以只能以营业额作为评判标准。2014—2019 年广东餐饮业的营业额总量及增速如图 2-3 所示。

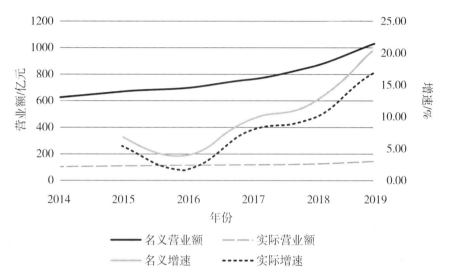

图 2-3　2014—2019 年广东餐饮业营业额总量及增速(名义上与实际上)

[资料来源:本图由笔者根据政府官方相关报告(https://data.stats.gov.cn/easyquery.htm?cn=E0103&zb=A0201&reg=440000&sj=2021)制作而成。]

因为 2014—2019 年具有一定的时间跨度,所以需要将通货膨胀率(简称"通胀率")考虑进来。在图 2-3 中,笔者根据国家统计局公布的数据,以 1978 年的居民消费价格指数(CPI = 100)为基准进行换算,得到各年份名义营业额与真实营业额的变化趋势。可以看出,2014—2019 年,在广东区域内餐饮这一可经营性资源的总量逐年增加且增速逐渐加快,名义营业额和真实营业额的变化趋势基本相等。因 2020 年存在新冠肺炎疫情这一外部因素,所以,虽然有 2020 年广东餐饮业的相关数据,但是不能将其作为评判广东餐饮业这一可经营性资源的客观依据,即 2020 年的数据与前几年的数据处于不同的既定条件下,因而无法进行对比。而餐饮业中的个体为法人企业,可以通过官方数据及调研得到不同餐饮企业的营业额,从而获得公式中的所有参数。

综上,对于无实体或无法用单位计量的可经营性资源,需要通过所产生的营业收益或经济效益判断其资源在区域内的总量,且这种评估方式多数应用于与历史数据进行比对,分析资源总量的变化及分配方式当中。

而在对区域内所有可经营性资源求总量的时候,需要统一单位,即在考虑通胀率的情况下求出这些可经营性资源所带来的收益的总和。区域内的生产总值计算过程中既包含区域内可经营性资源的经济收益总和,同时也包含部分准经营性资源,区域生产总值中的准经营性资源部分会在本章第三节中具体讨论。通过假定区域生产总值中三大产业部分准经营性资源的占比,可以估算出区域内所有可经营性资源的总量并逐年比对。三大产业具体内容及成为准经营性资源的可能性见表2-2。

表2-2 三大产业具体内容及成为准民营性资源的可能性

产业	产业具体分类	是否存在成为准经营性资源的可能性
第一产业	农业	存在较大的可能性
	林业	存在较大的可能性
	畜牧业	存在较大的可能性
	渔业	存在较大的可能性
第二产业	采矿业	不存在或存在极小的可能性
	制造业	不存在或存在极小的可能性
	加工业	不存在或存在极小的可能性
	纺织业	不存在或存在极小的可能性
	废弃资源综合利用业	存在较大的可能性
	电力、热力、燃气及水生产和供应业	存在较大的可能性
	建筑业	存在较大的可能性
第三产业	第一、第二产业相关辅助性活动	不存在或存在极小的可能性
	修理业	不存在或存在极小的可能性
	批发零售业	不存在或存在极小的可能性
	金融业	不存在或存在极小的可能性

续表 2-2

产业	产业具体分类	是否存在成为准经营性资源的可能性
第三产业	房地产业	不存在或存在极小的可能性
	住宿和餐饮业	不存在或存在极小的可能性
	租赁和商务服务业	不存在或存在极小的可能性
	交通运输、仓储和邮政业	存在较大的可能性
	信息传输、软件和信息技术服务业	存在较大的可能性
	科学研究和技术服务业	存在较大的可能性
	水利、环境和公共设施管理业	存在较大的可能性
	居民服务、修理和其他服务业	存在较大的可能性
	教育	存在较大的可能性
	卫生和社会工作	存在较大的可能性
	文化、体育和娱乐业	存在较大的可能性
	新闻和出版业	存在较大的可能性

表 2-2 中提及三大产业分类中每一项具体产业的名称及是否存在与准经营性资源有关的可能性，即可能在可经营性资源与非经营性资源之间互相转化，而以上产业能作为准经营性资源的原因将在本章第三节中具体列出。

以农林牧渔业为例，假定该产业中准经营性资源和非经营性资源占 20%，可经营性资源占 80%，通过调研得知农林牧渔业在 2020 年的总产值约为 8.1 万亿元，占全国 2020 年总 GDP（101 万亿元）的 8%，由此可以计算得出准经营性资源和非经营性资源在农林牧渔业中总共对 GDP 的贡献约为 1.6%。① 部分存在与准经营性资源和非经营性资源有关可能性的产业对 GDP 的贡献见表 2-3。

---

① 参见国家统计局官网（https://data.stats.gov.cn/easyquery.htm? cn = C01&zb = A0D04&sj = 2020）。

表2-3 2020年具体产业对GDP的贡献及非经营性资源占比

产业	具体产业名称	全国相关产业总产值/万亿元	准经营性资源或非经营性资源占比（产业）	产业占比	准经营性资源或非经营性资源占比（全国）
第一产业	农林牧渔业	8.1	40%	8.0%	3.21%
第二产业	废弃资源综合利用业	0.6	65%	0.6%	0.39%
第二产业	电力、热力、燃气及水生产和供应业	8.1	20%	8.0%	1.60%
第二产业	建筑业	7.3	10%	7.2%	0.72%
第三产业	交通运输、仓储和邮政业	4.1	10%	4.1%	0.41%
第三产业	信息传输、软件和信息技术服务业	3.8	10%	3.8%	0.38%
第三产业	科学研究和技术服务业	0.4	50%	0.4%	0.20%
第三产业	水利、环境和公共设施管理业	5.0	50%	5.0%	2.48%
第三产业	教育	2.0	10%	2.0%	0.20%
第三产业	文化、体育和娱乐业	0.5	20%	0.5%	0.10%
第三产业	新闻和出版业	1.9	20%	1.9%	0.38%

［资料来源：本表由笔者根据国家统计局官方网站（https://data.stats.gov.cn/easyquery.htm？cn＝C01）相关数据制作而成。］

通过表2-3可以计算出与准经营性资源或非经营性资源方面有关的产业总产值约占全国GDP的10.1%，因此，2020年可以通过全国GDP的89.6%来衡量全国区域内的可经营性资源总量。而不同年份或不同区域内的可经营性资源总量同样可以用这种方法来衡量。在同一时间，确定区域范围的情况下，可经营性资源的总量表示如下：

$$x_k = \left(1 - \sum_{i=1}^{N} \frac{w'_i}{w_i} \times \eta_i\right) \times GDP_k \quad (2-2)$$

式（2-2）中，k 表示所求区域的名称，x_k 是第 k 个区域的可经营性资源通过 GDP 衡量标准下的总量，N 是区域内所有产业的种类数量，w'_i 是第 i 种产业中准经营性资源和非经营性资源部分的总产值，w_i 是第 i 种产业的总产值，η_i 是第 i 种产业占区域内生产总值的比重，GDP_k 是指第 k 个区域内的真实生产总值。

式（2-2）中的 $\dfrac{w'_i}{w_i}$ 也可以用其他方式计算，在并不能完全界定可经营性资源部分的产值与其他部分产值的情况下，需要通过其他参数来近似估计。以林业为例，在实际应用中并不能完全统计出多少产值是与可经营性资源有关或与准经营性资源有关的（具体界定方式会在第三章中提及），因此测量者可以通过区域范围内的种植面积进行判断。若用于环境保护或美化城市环境的新增绿化种植面积占区域内所有新增种植面积的20%，则可以近似地认为准经营性资源和非经营性资源部分的产值占总产值的20%。

通过式（2-2），可以比对同一区域不同年份可经营性资源总量的变化或同一年份不同区域的可经营性资源总量的变化，最终得出区域内产业发展的进程以及不同区域产业发展的差距。同时，由于区域是一个相对的概念，因此在进行比对的时候需要确定 k 所代表的区域是什么，即在确定 k 的同时也需要确定整个公式中所指的区域（国家、省份或其他区域）。在假定区域大小为 s，时间为 t 的情况下，公式表示如下：

$$x_{s,k,t} = (1 - \sum_{i=1}^{N} \dfrac{w'_{s,i,k,t}}{w_{s,i,k,t}} \times \eta_{s,i,k,t}) \times GDP_{s,k,t} \qquad (2-3)$$

区域大小 s 的数值越大，代表区域面积越小，譬如 $s=1$ 或 2 的情况下，若 $s=1$ 代表省级区域，$s=2$ 只能代表小于省级的区域范围。t 代表具体时间，其单位是恒定的，一般为月、季度或年。

通过改变 s、k 和 t 三个参数，可以对比得到不同区域范围、同一区域范围不同区域以及同一区域不同时间下的可经营性资源的产值变化，以此确定这些对比条件下可经营性资源的变化趋势。同时，不论是式（2-2）中的 GDP_k 还是式（2-3）中的 $GDP_{s,k,t}$，都须是真实生产总值而非名义生产总值。这是由于随着 t 的变化，通胀率会使求出的可经营性资源产值也发生变化。使用名义 GDP 通过公式求出的产值不能直接作为可经营性资源总量的对比依据，需要排除通胀率的影响，如式（2-4）所示：

$$x_{s,k,t} = \frac{x'_{s,k,t}}{\prod_{i=1}^{t}(1+\frac{CPI_i - CPI_{i-1}}{CPI_{i-1}})} = \frac{x'_{s,k,t}}{1+\frac{CPI_i - CPI_0}{CPI_0}} = \frac{CPI_0}{CPI_t} \times x'_{s,k,t} \qquad (2-4)$$

式（2-4）中，CPI 为居民消费价格指数。公式中的 $x'_{s,k,t}$ 表示用名义 GDP 计算出来的产值结果。通过调研得到的区域范围为 s 的第 k 个区域随着时间推移的 CPI 变化数据可以计算出通胀率，其中，$t=0$ 代表整个数据的起始时间。CPI 数据同样与 s 和 k 的变化有关，因此在比对不同 s 和 k 的情况下，需要确定同一时间作为起点即 $t=0$ 所代表的时刻是一致的。

第二节　非经营性资源——民生经济

非经营性资源是与社会民生相对应的资源，它以各区域的社会公益产品、公共物品为主，包括经济（保障）、历史、地理、理念、形象、应急、安全、救助及区域的其他方面的社会需求。在传统经济学中，主要是政府和社会企业作为对应此类经济资源，即政府和社会企业是在提供社会公益产品、公共物品的过程中发挥主体作用的机构。在中国，政府协调、监督、管理此类资源的机构通过其相关的对象不同可以分为三类。第一类机构对应与社会个体相关的，可以细分为五类：财政、审计、编制相关机构，文史、参事、档案相关机构，民政、社保、扶贫相关机构，妇女、儿童、残联、红十字会等相关机构，民族、宗教、侨务相关机构。第二类机构与地质、地震及气象相关，即与区域环境相关。第三类机构细分为三类：应急、安全、人防相关机构，人民武装、公安、司法、监察相关机构，消防、武警、边防、海防与打击走私相关机构。第三类机构对应的对象并非单独的社会个体，而是整个社会群体。在全世界范围内，此类协调、监督、管理机构皆是形同名异，并且政策在调配此类资源上的原则主要都为社会保障、基本托底，公平公正、有效提升。

对于这种非经营性资源，即公共资源以及民生经济等企业达不到的领域，政府应当责无旁贷地、全面地承担起责任，提供、调配、管理和发展此类资源，遵循其基本原则去制定配套政策，确保其基本保障。

通过确保非经营性资源的基本保障，政府能更有效地行使其在社会民生中的经济职能，实现更高质量的就业、努力办好人民满意的教育、增加居民收入、统筹推进城乡社会保障体系建设、提高人民健康水平,以及加强和创新社会管理六项基本目标。

非经营性资源具有非排他性与非竞争性。与排他性相反,非排他性代表在部分个体开发非经营性资源或享用公共物品带来的利益的同时,不能排除区域内的其他个体也从开发非经营性资源或享用公共物品中获得收益。非竞争性则指增加非经营性资源或公共物品的开发不会引起生产成本的增加,即边际成本为0。非经营性资源可以表示为以下公式:

$$x_m^i = \sum_{k=0}^{m} x_k = x_m \qquad (2-5)$$

式(2-5)中,m 为非经营性资源或公共物品的种类,x_m^i 为第 i 个区域的非经营性资源或公共物品的总量,x_m 是该区域内每个个体所拥有非经营性资源或公共物品的总量。该式可以表明,任何一个消费者(个人或企业)i 都可以只配非经营性资源或公共物品,总量总是 x_m;非经营性资源在个人或企业之间是不可分的。

一、非经营性资源的利用及分配

政府在非经营性资源方面行使经济职能时所采取的政策本质是对非经营性资源更合理地利用与分配,且对分配过程进行更深入的监管。通过合理地利用非经营性资源,政府会关注到更多的社会民生问题,颁布更多的民生政策来解决或完善这些民生问题。在这个过程中,x_m^i 和 x_m 都会增加,即非经营性资源的总量及第 i 个区域内的非经营性资源的总量均增加;同时,非经营性资源或公共物品的种类也会同时增加,即 m 也会增加。而在分配过程中,政府通过相关政策及措施改变非经营性资源或公共物品的分配,并且确保每个个体都享有同样数量的非经营性资源或公共物品,因此,该过程中,x_m^i、x_m 及 x_k 会发生变化,且 $x_m^i = x_m$。而监督政策则是在已知 $x_m^i = x_m$ 的情况下确保其与 $\sum_{k=0}^{m} x_k$ 相等,即确保区域内所有非经营性资源或公共物品被充分利用且合理分配到每个个体上。准确来说,利用与分配非经营性资源是初步的民生政策,但政府需要进一步颁布监督政策,确保利用或分配相关的政策能够顺利执行。

以提高人民健康水平方面的新冠病毒疫苗接种为例。在中国,民众不需要自费接种相关疫苗而由国家承担相关费用,且这是属于六个目标中的提高人民健康水平一项，因此可以将新冠病毒疫苗视作非经营性资源。2020年1月24日，中国疾控中心成功分离中国首株新型冠状病毒毒种。3月16日，重组新冠病毒疫苗获批启动临床试验。4月13日，中国新冠病毒疫苗进入Ⅱ期临床试验。6月19日，中国首个新冠mRNA疫苗获批启动临床试验。截至2021年2月25日，中国符合条件上市的新冠病毒疫苗已经达到4种。2021年5月29日，国家卫健委通报，全国新冠病毒疫苗接种超过6亿剂次。而这个过程即是对非经营性资源的利用过程，可以视作新冠病毒疫苗这项非经营性资源从2020年6月起就开始被政府利用，即其x_m^i从零逐渐增加，且m也同时增加。在这个过程中，科研攻关组下设的疫苗研发专班成立、通过国家药品监督管理局（以下简称"药监局"）临床试验批准的新型冠状病毒mRNA候选疫苗等研发重大突破均是基于国家政府的提议与支持，可以视作民生政策的一部分。

而在分配过程中，政府不仅需要将新冠病毒疫苗这一非经营性资源合理分配到每个个体上，以确保公共物品的非排他性，还需要兼顾每个个体的职业需求。新冠病毒疫苗在初期大部分是提供给一线医护人员以及部分海关人员的，因为这批个体更容易接触到新冠病毒，所以对新冠病毒疫苗的需求更为迫切。而在这批个体基本接种完毕后，政府开始鼓励群众接种疫苗，同时确保每一个希望接种疫苗的个体能够顺利接种。而在这个过程中，政府需要将这项非经营性资源分配到不同区域，以保证$x_m^i = x_m$，即保证每个个体都能顺利接种。因此，不同省份（不同区域）也根据此基本分配原则对新冠病毒疫苗进行分配。

在最后的监督环节中，政府需要制定相关政策，确保将新冠病毒疫苗基本分配到每个个体上。新冠病毒疫苗已计入区域内非经营性资源的总量中，因此，式（2-5）中的等号成立。2021年3月1日，国家药监局发布了《疫苗生产流通管理规定（征求意见稿）》（以下简称《规定》），提出中国应实现疫苗最小包装单位从生产到使用的全过程可追溯，如发现可能对疫苗质量产生重大影响的线索，各级药监部门可随时开展检查。《规定》对从包括新冠病毒疫苗在内的产品的上市许可持有人到疫苗配送、变更、监督、召回都做出了详细的规定。《规定》明确了疫苗产品实行上市许可持有人制度，持有人对疫苗的安全性、有效性和质量可控性负主体责任，并承担相应责任。其他与疫苗生产相关的主要原材料、辅料和包装材料供应商，以及疫苗供应过程储存、运输等相关主体依法承担相应环节的责任。而这个政策的核心是确保非经营性资源的安全性和公平性,确保每个个体都能够享受到新冠病毒疫苗这一公共物品带来的益处。

从这一例子中可以看出,非经营性资源的利用与分配也需要一定的技术知识、政府投资或政府补助作为前提。之后根据不同区域的不同情况,政府制定不同的民生政策,确保区域内对非经营性资源进行更合理的利用与分配,并且督促与监督相关部门有序执行相关政策,以确保个体都能公平享有非经营性资源带来的收益。

非经营性资源的增量与政府期望中非经营性资源的增量是否一致不仅取决于以上三个环节,也与某些外部条件有所联系。在针对非经营性资源的利用与分配方面,技术知识、政府补助及分配方法是主要的影响因素,技术知识及政府补助的缺失会导致非经营性资源的提供量少于需求量,进而导致增量低于预期,而分配方法的不当会导致区域内的部分个体不能或不能及时享受到非经营性资源带来的好处而部分范围内非经营性资源过多,因此,实际非经营性资源的增量同样会低于预期。而在监督环节,缺乏监督会导致地方政府或区域政府执行不力或执行不当,从而导致非经营性资源不能被及时分配到个体上,并且政府不能及时发现利用和分配环节的漏洞。除去以上三个环节,某些外界因素,如群众对不同民生政策的看法等可能也会导致非经营性资源的变化与政府期望不符。在新冠病毒疫苗推出的初期,由于群众对这种非经营性资源的理解并不深入,甚至有所误解,因此有部分个体不愿接种疫苗,导致该项非经营性资源不能及时被所有个体享有,即非经营性资源的实际增量低于预期。

二、民生经济及非经营性资源总量的计量

与非经营性资源相对应的是民生经济,民生经济就是把保障和改善社会成员的生存发展条件作为主线贯穿于经济运行的全过程,通过理顺生产要素的比价关系,实现资源的合理配置,提高社会整体经济效率,提升社会总福利水平的经济发展模式。发展民生经济有利于实现发展目的与手段的统一、效率和公平的统一。

从价值取向看,民生经济坚持以人为本,充分体现了崇尚劳动、创造、平等、和谐的原则,体现了对劳动者在经济社会生活中主体地位的尊重。民生经济要求在三个层面努力满足劳动者的需求:在物质层面,提高劳动者的收入、福利水平,提高其收入在国民收入分配中的比重;在精神

层面，提高劳动者的文化素质，提升其精神状态、社会地位和满足感；在发展层面，为劳动者及其后代提供公平的发展机会。

从基本内容看，民生经济把保障和改善民生贯穿于经济发展的全过程，作为保持经济持续快速协调健康发展的必要条件和不竭动力。在生产环节，民生经济主要表现为制定适应要素禀赋结构的经济发展战略和产业政策，转变经济发展方式，调整产业结构，大力支持中小企业发展，支持全民创业，扩大社会就业；在分配环节，主要表现为完善财税体制，缩小收入差距，健全社会保障；在消费环节，主要表现为营造鼓励消费的良好环境，为中低收入社会成员扩大消费提供支持和保障。通过这些途径，最终实现生产、分配、消费各个环节的良性互动，促进经济社会又好又快发展。

从发展方向看，民生经济坚持社会主义市场经济的改革方向，强调消除体制障碍，促进劳动力、资本等各种生产要素自由流动，并通过市场机制合理定价；强调从要素禀赋条件出发，通过市场机制选择适宜的产业结构；强调政府转变职能，建设公共服务型政府，履行好宏观调控、市场监管、社会管理、公共服务的职能。

发展民生经济，充分体现了科学发展观的科学内涵、精神实质、根本要求，为深入贯彻落实科学发展观提供了重要载体。发展民生经济是转变经济方式的必然要求，是调整产业结构的迫切需要，是促进消费、扩大内需的根本途径，是转变政府职能的重要动力。

大力发展民生经济，增加广大中低收入社会成员的收入，提高其创业、生产的积极性，可以增强发展动力，改善经济结构，在形成经济增长的内生动力的同时，迫使单纯依赖廉价劳动力和资源并以损害环境为代价获取利润的企业退出市场，并引导企业加强自主创新、提高技术水平。同时，可有力推动民营经济、中小企业、个体工商户蓬勃发展，推动第三产业加快发展。民生经济为劳动者的生存和发展提供了保障，有利于劳动者能力和素质的提高，有利于技术与产业的发展，促进产业结构优化升级。

大力发展民生经济，可以增加中低收入社会成员的收入，缩小收入差距。政府财力优先运用于公共支出能够帮助建立完备的社会保障网络以及全民共享的医疗卫生和教育体系，广大人民群众才能改善消费预期，积极扩大消费，为扩大内需提供广泛而持久的动力。

大力发展民生经济，要求各级政府加快向公共服务型政府转变，逐步脱离具体的微观经济活动，集中精力制定发展战略、产业规划，大力营造公平、透明的市场环境，完善公共服务，调节收入分配，为经济社会又好又快发展提供保障；同时，随着民生经济的发展，政府公共服务职能日益凸显，政府行为与广大人民群众切身利益的关联度越来越高，必将进一步促使政府公开、透明、廉洁、高效施政，进一步促进政府转变管理方式。

而在量化非经营性资源方面，需要将非经营性资源分为三种，一种是可以使用其自身的性质量化的，主要是拥有实体的公共物品，如医疗、教育以及环保等；一种是需要通过自定义数据大小量化的，主要是政府所提供的公共服务，如公安、消防等；一种是与前两种非经营性资源都有关但是是独立的，主要是政府本身及社会个体对政府的认知。而在不同区域，非经营性资源的种类也会有所变化：不同区域政府针对某一特定非经营性资源会有不同的政策，因此产生的公共物品种类也会有所不同；部分非经营性资源，如国防的主体为国家，区域大小是省份的时候，由于地方政府对这些非经营性资源的支出较少，因此可以忽略不计，在这种情况下，非经营性资源的种类会发生变化。

在可以通过自身性质量化的非经营性资源方面，以主要的医疗、教育以及环保为例。在医疗方面，通常可以通过每万人医疗机构床位数或每万人口执业医师人数判定相关的非经营性资源总量。2012—2019年广东区域内的有关数据如图2-4、图2-5所示。

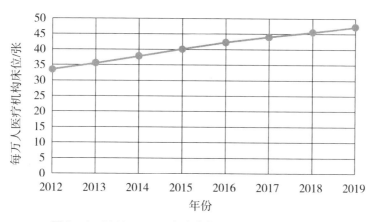

图2-4　2012—2019年广东每万人医疗机构床位数

［资料来源：本图由笔者根据国家统计局官方网站（https://data.stats.gov.cn/easyquery.htm？cn=E0103）相关数据制作而成。］

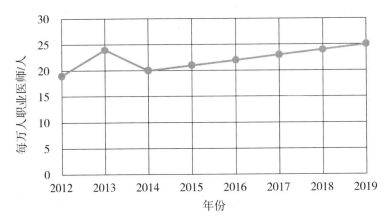

图 2-5　2012—2019 年广东每万人执业医师人数

［资料来源：本图由笔者根据国家统计局官方网站（https://data.stats.gov.cn/easyquery.htm?cn=E0103&zb=A0002&reg=440000&sj=2020）相关数据制作而成。］

由图 2-4、图 2-5 可以看出，除个别数据以外，广东区域内的每万人医疗机构床位数及执业医师人数呈现稳定增加的趋势，因此可以近似认为医疗相关的非经营性资源总量也是逐年增长的。

在教育方面，可以通过两种方法评估该项非经营性资源的变化，一种是通过区域内教育经费的多少进行估算，另一种是通过每十万人中的在校人数进行估算。第一种方法虽然容易统计，但是教育经费投入部分与产业发展中的技术知识以及教育产业有关，且很难通过定量方法将教育产业中的非经营性资源与可经营性资源部分区分开。通过第二种方法可以准确计算出实际接受国家政府教育的人数变化，但是并没有具体计算政府在不同个体上投入的教育经费的多少，并且由于教育经费的种类不同或就读学校不一样，很难界定每一个个体有没有享有等量的非经营性资源。在广东区域内，通过两种方法得到的结果如图 2-6、图 2-7 所示。

从图 2-6、图 2-7 可以看出，广东总在校生数（包括幼儿园、小学至大学本科）在 2012—2019 年间基本没有发生特别大的变化，但是教育经费呈匀速增长的趋势且增速大于通胀率，即与教育有关的非经营性资源逐年增加但是能够享受到教育这项非经营性资源益处的人数基本不变。这也证明通过教育经费统计教育方面的非经营性资源相较于通过在校生数来统计更加客观。

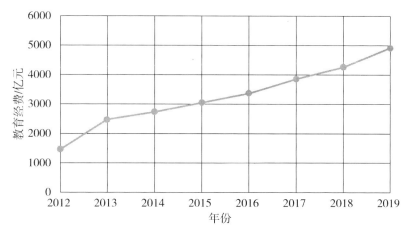

图2-6　2012—2019年广东教育经费变化

［资料来源：本图由笔者根据国家统计局官方网站（https://data.stats.gov.cn/easyquery.htm？cn=E0103&zb=A0M0B&reg=440000&sj=2020）相关数据制作而成。］

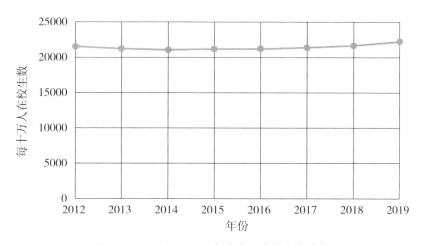

图2-7　2012—2019年广东总在校生数变化

［资料来源：本图由笔者根据国家统计局官方网站（https://data.stats.gov.cn/easyquery.htm？cn=E0103&zb=A0M01&reg=440000&sj=2020）相关数据制作而成。］

而在环境保护方面，可以通过财政上对环境保护方面的支出来衡量相关非经营性资源的变化（如图2-8、图2-9所示），也可以通过区域内城市绿地面积来评估资源的变化。从图2-8可以看出，在广东区域内，政府对环境保护的财政支出在2016年前在300亿元的范围内稳定波动，而在2016年后则保持稳定的速率增加，说明从2016年开始，政府对环保这项非经营性资源更为注重并加大投入。因此，可以视作 2016 年后非经营性资源在环保方面的总量逐渐增加，在 2016 年前的非经营性资源基本不发生变化。从图 2-9 可以看出，广东城市绿地面积逐年增加且增速较为稳定，即政府在 2012—2016 年间虽然在环境保护方面的支出不变，但是与环保有关的非经营性资源在增加。

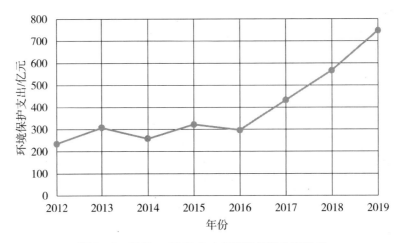

图 2-8　2012—2019 年广东环境保护支出变化

［资料来源：本图由笔者根据国家统计局官方网站（https://data.stats.gov.cn/easyquery.htm?cn=E0103&zb=A0802&reg=440000&sj=2020）相关数据制作而成。］

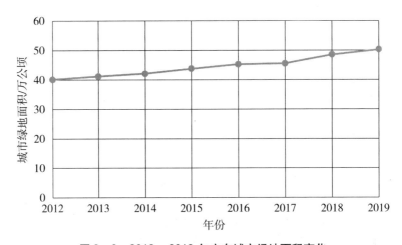

图 2-9　2012—2019 年广东城市绿地面积变化

［资料来源：本图由笔者根据国家统计局官方网站（https://data.stats.gov.cn/easyquery.htm?cn=E0103&zb=A0B08&reg=440000&sj=2020）相关数据制作而成。］

而对于无法通过自身单位量化的非经营性资源,则需要自定义数据来量化其大小,如公共安全、地方政府等,这些非经营性资源是区域政府所提供的公共服务的一部分。公共安全及国防安全等可以通过地方政府或国家对这方面的财政支出来评估其变化趋势。公共安全是指社会和公民个人从事和进行正常的生活、工作、学习、娱乐和交往所需要的稳定的外部环境和秩序,这方面包括消防、公安等政府机关提供的服务。国防是指国家为防备和抵抗侵略,制止武装颠覆和分裂,保卫国家主权、统一、领土完整、安全和发展利益所进行的军事活动,以及与军事有关的政治、经济、外交、科技、教育等方面的活动。从图2-10、图2-11可以看出,广东地方政府在公共安全的支出逐年增长,这意味着用于消防、公安等维护公共安全的公共资源或非经营性资源也逐年增长。同样,国防方面的非经营性资源也可以通过国防安全支出的大小进行比对。广东的地方财政国防支出如图2-11所示,广东政府在国防安全上的支出在这几年变化较为明显,但是由于总量相较于其他财政项目过小,因此可以近似认为不变。且因为国防的主体主要是国家,地方政府对国防的投入相较于整体较少(国家2020年在国防方面的整体支出为245588亿元),仅占0.004%,因此可以在一定程度上忽略地方政府在国防方面的支出。

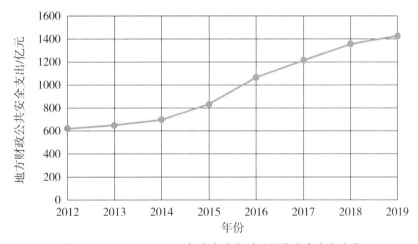

图2-10 2012—2019年广东地方财政公共安全支出变化

[资料来源:本图由笔者根据国家统计局官方网站(https://data.stats.gov.cn/easyquery.htm?cn=E0103&zb=A0802&reg=440000&sj=2020)相关数据制作而成。]

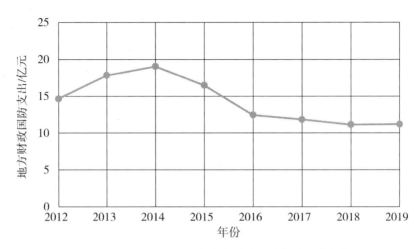

图2-11 2012—2019年广东地方财政国防支出变化

[资料来源：本图由笔者根据国家统计局官方网站（https://data.stats.gov.cn/easyquery.htm? cn＝E0103&zb＝A0B08&reg＝440000&sj＝2020）相关数据制作而成。]

除了以上可以通过量化单位以及相关支出统计得出的非经营性资源总量，政府本身也属于非经营性资源的一部分。政府的民生政策、执行力度及监管力度等与非经营性资源的总量也是息息相关的。之前可以通过量化单位或支出统计得到的非经营性资源在实际情况中并不能百分之百转变为被个体所享有的非经营性资源或公共物品，其转变基于地方政府或区域政府本身的属性以及社会中不同个体对这些非经营性资源的认知。以医疗保险（简称"医保"）这种非经营性资源为例，医保指社会医疗保险，是国家和社会根据法律法规，在劳动者患病时对基本医疗需求的社会保险制度。在中国，医保具有"低水平、广覆盖"的特点，缴费以绝大多数单位和个人能承受的低水平的费用为准，广泛覆盖城镇所有单位和职工，不同性质单位的职工都能享有基本医疗保险的权利。参保人员完成缴费年限后可以终身享受。另外，基本医疗保险具有"双方负担、统账结合"的特点，以"以收定支、收支平衡"为原则。2021年6月，国家统计公报显示：2020年全国基本医疗保险参保人数为136131万，参保率稳定在95%以上。在美国，第26任总统西奥多·罗斯福在1912年再次竞选时提出了"建立全民医保体系"的构想。2010年，时任美国总统奥巴马在白宫签署了医疗保险改革法案，对个人、企业和政府产生了深远的影响。然而,自签署生效以来,医改法案面临的法律诉讼接连不断。美国民众在医改问题上也存在严重分歧,《纽约时报》与哥伦比亚广播公司2012年3月26日公布的民调显示,47%的人支持医改,36%的人反对医改,反对人数如此之多的原因在于美国医改法案带来的提税压力,即推行全民医保,美国政府必须征更高的税;同时,特殊利益群体,如商业保险公司、药品企业,医生协会等的利益会因为推行全民医保而受损。因此,美国医疗保险的参保率并没有高到足以被认为"全民参保"或接近"全民参保"。理论上,医保这一项非经营性资源应当能被社会上的所有个体公平享有,但是区域政府本身的属性以及社会个体的认知导致从参保率上可以看出并不是所有个体均能享受到与该非经营性资源相关的民生经济带来的好处。

因此,在式(2-5)的基础上,需要加入更多的参量才能反映出实际情况下的非经营性资源或公共资源的总量,表示如下:

$$x_m^i = x_m = \sum_{k=0}^{m} \omega_{k,i} \times \gamma_{k,i} \times x_k \qquad (2-6)$$

式(2-6)中,$\omega_{k,i}$表示在第i个区域的地方政府针对第k种非经营性资源的执行效率,执行效率代表政府对某项非经营性资源或公共物品的重视程度、政策多少、政策执行力度等因素。$\gamma_{k,i}$表示在第i个区域的民众或个体对第k种非经营性资源的认知,或者是第i个区域的地方政府针对第k种非经营性资源在社会的影响力大小。例如,虽然政府会为流浪人士提供临时住所并帮助他们返回家乡,但是实际上,由于对该政策的认知不足或政府宣传不到位,部分流浪人士有时并不愿意接受政府的救助,这部分的非经营性资源因而并不能完全被利用。以上两个参数在一定程度上有所联系,政府的执行力会影响个体对该项公共物品的认知,同时个体的认知程度更高会促使政府加大执行力度,虽然在这个过程中会有滞后性,但是可以用相关公式表示。这两项参数均无单位,而是百分数,代表执行效率和影响力会影响政府支出与非经营性资源的线性关系,执行效率与影响力越大,两个参数越大。

为了方便计算,特别是在区域较小的情况下(区域较小时该区域政府并没有能力及时制定相关政策,且统计相关参数较为困难),式(2-6)中的两个新增参数在一定程度上可以近似为与i无关而只与所在区域有关,即地区政府对每项非经营性资源的执行效率以及影响力一样,可表示如下：

$$\omega_{1,i} = \cdots = \omega_{k,i} = \cdots = \omega_{m,i} \approx \omega_i \quad (2-7)$$

$$\gamma_{1,i} = \cdots = \gamma_{k,i} = \cdots = \gamma_{m,i} \approx \gamma_i \quad (2-8)$$

结合式（2-6）、式（2-7）和式（2-8），可以得到式（2-9）：

$$x_m^i = x_m = \sum_{k=0}^{m} \omega_{k,i} \times \gamma_{k,i} \times x_k \approx \omega_i \times \gamma_i \times \sum_{k=0}^{m} x_k \quad (2-9)$$

ω_i 和 γ_i 这两个参数与简化之前一致，分别表示在 i 个区域的地方政府的执行效率以及影响力（社会个体认知）。这两项参数可以根据政府历史政策执行力度以及统计社会公众满意度等数据得到，与政府的类型（弱势有为、半强势有为或强势有为）有关，笔者会在本书第四章中具体阐述这方面的定义。

需要注意的是，对区域内所有的非经营性资源求和的时候需要统一单位（与可经营性资源的方法相似），但由于相较于可经营性资源，非经营性资源种类较少，且非经营性资源的提供主体基本为政府，因此非经营性资源的总量统计方法较之于可经营性资源更为简单。在官方提供的政府财政报表中，一般预算支出在经过一系列计算后即可以作为非经营性资源的总量的估量值，一般预算支出中包括一般公共服务支出、财政教育支出、科学技术支出、文化体育与传媒支出、医疗卫生支出等。在财政统计支出中去除与可经营性资源及准经营性资源相关的支出后，得到的便是与非经营性资源有关的支出总量。而实际上，在采取这种方法的时候需要去除通胀率的影响，因为公共物品或非经营性资源是实体或服务，通胀率高，政府在保证一定的非经营性资源总量的基础上就需要加大支出。以广东省为例，地方政府在排除一般性支出中的科学技术支出后得到含通胀率与不含通胀率两种情况下的支出，如图2-12所示。

从图2-12、图2-13可以看出，广东省非经营性资源的总量在不考虑政府执行力与影响力的情况下呈增长趋势，且除2014—2015年的数据以外，其余时间政府对非经营性资源或公共物品的预算支出呈匀速增长态势，因此可以判断广东区域范围内的非经营性资源与时间基本呈线性关系。而在考虑政府的执行效率、影响力及通胀率的情况下，可以得到非经营性资源实际总量 x_m 的图。

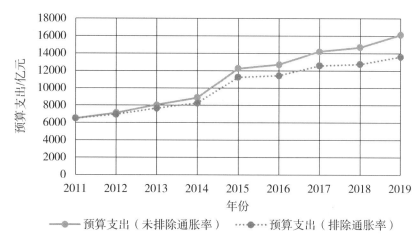

图 2-12 2011—2019 年不同情况下广东区域预算支出

[资料来源：本图由笔者根据政府官方报告（https://data.stats.gov.cn/easyquery.htm?cn=E0103&zb=A0802&reg=440000&sj=2020）制作而成。]

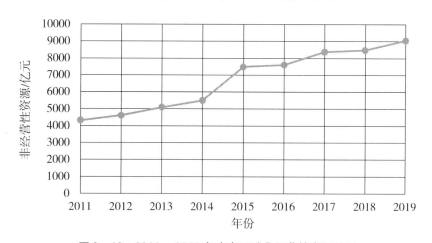

图 2-13 2011—2019 年广东区域非经营性资源总量

[资料来源：本图由笔者根据政府官方报告（https://data.stats.gov.cn/easyquery.htm?cn=E0103&zb=A0802&reg=440000&sj=2020）制作而成。]

非经营性资源总量实际的变化趋势与未计算执行效率、影响力及通胀率情况下得到的变化趋势基本一致。政府的执行效率及影响力在短期内并不会发生变化。由于在图 2-12、图 2-13 中有关数据的时间跨度只有 8 年，因此笔者只采取 2019 年的相关数据作为参考。在时间跨度较大的情况下，例如需要采集 20 年的数据，则执行效率与影响力两个参数需要变化，但是并不需要每年都采用不同的值，而是选取一定长度的周期，譬如5年为一个周期。

执行效率以及影响力的具体计算方式笔者会在第四章中给出，图2-12采取的是2019年广东省的相关数据，得到的结果是执行效率为90%，影响力为70%。

综上，随着时间推移，社会中的各个个体对非经营性资源及公共物品的需求越来越大，因此，政府要加大在相关方面的支出，以保证提供的非经营性资源能够及时满足不同个体的需求。近年来，广东政府通过提升医疗服务能力和水平、支持教育高质量发展、深入实施重点生态工程这些主要措施来增加社会非经营性资源的总量。政府可以通过完善已有的民生政策并加大监督力度，保证社会中已有的非经营性资源不会减少；同时，政府可以简化执行政策步骤，提高执行效率，为社会中的群众或个体提供更加细致的公共服务或物品，以提高自身的影响力。在完成上述步骤后，政府能够保证所处区域的非经营性资源或公共物品不会减少。在同等区域大小水平下的不同区域，政府对非经营性资源总量的变化要求也有所不同。在非经营性资源总量高于平均水平的区域，政府更多地把侧重点放在完善已有政策及提高政府本身属性上；而在低于平均水平的区域，政府更多是参考其他高于平均水平的区域政府的政策并结合自己的实际情况制定相关政策，以保证非经营性资源种类及总量同时增加。

第三节 准经营性资源——城市经济

可经营性资源/私人产品和非经营性资源/公共物品在国家经济资源/社会产品中是典型的两极。在现实中，随着世界各国经济的发展和时代的进步，一些原有的非经营性资源或公共物品在一定程度上具备转变为可经营性资源的潜质，从而兼备公共物品与私人产品的特征，这类资源称为"准经营性资源"或"准公共物品"。该类资源只具有不充分的非竞争性和不充分的非排他性，其转变程度是由不同区域的市场经济发展程度、政府财政收支状况和社会民众的认知程度决定的。

准经营性资源是与城市建设相对应的资源，它以各区域的城市资源为主，包括保证国家或区域的社会经济活动正常进行的公共服务系统，为社会生产、居民生活提供公共服务的软硬件基础设施，即城市基础设施，如交通、邮电、供电供水、园林绿化、环境保护、教育、科技、文化、卫生、体育事业等城市公共设施和公共生活服务设施。这类基础设施的软硬件水平直接影响一个国家或区域的外观、特征、品位、功能和作用。另外，准经营性资源并不仅限于城市建设，还与一些其他资源如太空资源等有关，笔者将在下文阐述。

完善的软硬件基础设施能够促进各国、各区域社会、经济等各项事业的发展，推动优化城市空间分布形态和结构。而这类资源之所以被称为准经营性资源，原因在于这一部分资源在传统经济学中还属于"模糊板块"，可被归类为政府与企业的"交叉领域"，即与准经营性资源相关的城市基础设施的投资建设是可由企业来承担，也可由政府来完成，或同时由企业和政府合作完成的促进经济发展和社会民生的事业。在中国，政府协调、监督、管理此类资源的机构可以通过机构所涉及的资源种类细分为五种：第一种是国有资产、重大项目相关机构，第二种是国土资源、环境保护、城乡建设相关机构，第三种是人力资源、公共资源交易相关机构，第四种是教育、科技、文化、卫生、体育、新闻出版、广播影视、研究院所等相关机构，第五种是农业、林业、水利、海洋渔业等相关机构。

准经营性资源作为新的资源生成领域，具有动态性、经济性、生产性和高风险性四大特征。动态性是指该系统永远处于运动和发展过程的一种特性。在这里，准经营性资源的动态性代表着准经营性资源的总量永远处于变化的一种状态，且准经营性资源的资源归属（是否会转变为可经营性资源或非经营性资源，或是完全不变）同样处于可能变化的一种状态；经济性代表着准经营性资源具有经济价值；生产性也可以称为"创造性"，是指准经营性资源具备增加产出的性质；而高风险性则代表着准经营性资源的风险较高。准经营性资源大多属于资本密集型行业，并且具有以下特点：第一，前期投资大；第二，建设周期长；第三，成本高，市场窄小；第四，投资可能失败；第五，可能面临一定的突发事件等。因此，准经营性资源向可经营性资源转变是伴随着特有的投资、运营和管理风险的，并且还面临着诸多限制：非政府投资是由具有独立法人资格的企业或个人从事的投资，因此这些社会上的投资者要追求微观上的盈利性；企业或个体主要依靠自身的积累和社会筹资来为其投资提供资金，因此其投资规模通常会受到种种限制；同时，企业或个体拘泥于一行一业，难以顾及非经济的社会事业，因此部分准经营性资源经过技术处理后，可以具有排他性和竞争性，但是成本过高、风险过大导致按照可经营性资源去运作的方式不可行。对于这类准经营性资源，政府仍然会按照非经营性资源的标准去开发，提供公共物品的政策目标并做出相对应的投资决策：资本—产出比率最小化标准（稀缺要素标准，政府应当选择单位资本投入获得产出最大的投资项目）、资本—劳动比率最大化标准（政府应当选择使边际人均投资额最大化的投资项目）、就业创造标准（政府应当选择单位资本投入能够动员最多数劳动力的投资项目）。

在这里，笔者用变量 λ（$0<\lambda<1$）来表示社会上准经营性资源在公共部门当中的配置比例。在理论上的极端情况下，如果 λ 为 0，则此时准经营性资源完全属于企业或个人，即转变为完全的可经营性资源；如果 λ 为 1，准经营性资源则完全为公共部门所有，即在定义上是完全的非经营性资源。λ 是指准经营性资源向非经营性资源或可经营性资源转换的程度，该变量受到市场经济发展程度 Y、财政收支情况（财政预算 B 和财政支出 FE）以及居民认知程度 γ 的影响，可表示如下：

$$\lambda = F(Y, B, FE, \gamma) \quad (2-10)$$

首先，市场经济发展程度 Y 介于 0 到 1 之间，代表着区域中的经济发展水平在高度不发达（$Y=0$）和高度发达（$Y=1$）之间的状态。市场经济发展程度 Y 会影响可支配收入水平，而可支配收入水平又会影响流入准经营性资源领域的资金量大小。在经济发展程度较高的情况下，居民可支配收入较高，此时私人部门将有足够的能力和较强的意愿投资准经营性资源，即 λ 变小，准经营性资源转换为可经营性资源的比例变大。如果原有的 λ 的数值较大，则意味着准经营性资源市场上原本的私人资金供给较少。在总需求不变的情况下，市场会给予新入资金更高的收益率，从而加速私人部门的资金流入。因此，λ 的增长率与 Y 负相关，a 为正的常数，即：

$$\frac{\partial \lambda / \lambda}{\partial Y} = -a \quad (2-11)$$

其次，政府对准经营性资源的投入会受到政府财政收支状况的影响。如果政府财政预算 B 低于其财政支出 FE，则表示政府资金不足，将可能推动准经营性资源向可经营性资源转换，以减少政府开支；政府由于财政资金供给不足，同样愿意在使私人部门获得更高收益率的同时，减轻区域政府本身的财政压力,因此,私人部门资金流入该领域的速度也会加快。在这种情况下,准经营性资源转向私人部门的比例升高,λ 变小。因此,λ 与财政收支状况,即财政支出与财政预算的比值(FE/B)负相关。另外,政府财政支出受到原有的 λ 水平的影响,如果原有的 λ 值较高,即准经营性资源由公共部门出资的比例较高,则意味着政府具有更高的财政支出。因此,与财政收支状况的关系可用式(2-12)表示:

$$\frac{\partial \lambda / \lambda}{\partial \left(\dfrac{FE}{B}\right)} = -b \qquad (2-12)$$

式(2-12)中,b 为正的常数。

最后,私人部门对准经营性资源的投入不仅受到资金供求的影响,还受到居民认知程度 γ 的影响。居民认知程度对其投入资金意愿的影响在不同的经济阶段是不同的:如果经济发展处于落后阶段,即 $Y < Y^*$(Y^* 为经济成熟的临界值,根据各国标准而定),社会个体认知程度越高,其越能意识到基础设施投资对经济发展的带动价值,从而越愿意将资金投入准经营性资源,这时 λ 与 γ 负相关;如果经济发展处于成熟阶段,即 $Y > Y^*$,则表示社会个体认知程度越高,其越能意识到过度的基础设施投资对环境可持续发展具有负面影响,因此,在同样的收益率水平下,这些有足够认知的社会个体更愿意投资其他资源而非准经营性资源,这时 λ 与 γ 正相关。因此,在公式中加入 $\ln(Y/Y^*)$ 作为上述讨论的校正系数。原有的 λ 水平对居民认知程度有较大影响。如果市场发展落后,此时 λ 越高,越会增强居民投资公共资源的偏好;反之,如果市场发展成熟,则 λ 越高,越会加强居民控制基建规模的期望,这时他们不愿投资公共资源。

因此,λ 与居民认知程度的关系可用下列公式表达:

$$\frac{\partial \lambda / \lambda}{\partial \left[\gamma \ln\left(\dfrac{Y}{Y^*}\right)\right]} = -c \qquad (2-13)$$

式(2-13)中,c 为正的常数。

基于上述分析,可以建立一个公式来表达准经营性资源在公共部门当中的配置比例的变化率与市场经济发展程度 Y、财政收支状况(包括财政预算 B 和财政支出 FE)及居民认知程度 γ 的关系:

$$\frac{d\lambda}{\lambda} = -aY - b\frac{FE}{B} - c\gamma\ln\left(\frac{Y}{Y^*}\right) \qquad (2-14)$$

式（2-14）表达了准经营性资源向可经营性资源和非经营性资源转换时对不同变量的依赖性。值得注意的是，在极端情况下，即 λ 为 0（准经营性资源完全转换为可经营性资源）时，该资源的运作将与财政收支状况、居民接受程度等变量完全无关，不可以也不可能借助财政收支等变量影响可经营性资源的性质。

通过式（2-14）可以求解得到显式解如下：

$$\lambda = e^{-(aY+b\frac{FE}{H})}\left(\frac{Y}{Y^*}\right)^{-c\gamma} \qquad (2-15)$$

式（2-15）给出了准经营性资源在公共部门的配置比例，不同时期的经济状况会引起该配置比例的变化。

而在实际应用中，准经营性资源在公共部门的配置比例的计算结果准确度并不确定，理由是：Y 以及 Y^* 是一对相对的值，即其单独存在并无意义，因此，在比对不同区域准经营性资源总量的过程中，需要统一 Y^* 后才有参考价值；居民认知程度 γ 的量化标准在不同区域可能有所不同。

准经营性资源就是资源生成，或是生成性资源，它包括原生性、次生性和逆生性三大类。次生性资源以城市经济作为对应主体进行分析（现实中是最普遍、最主要的，也是凯恩斯一直推崇运用，却在经济学理论上没有解决的问题），但次生性资源或城市经济并不是全部准经营性资源的概括，它只是其中的一个方面或一个领域。

原生性生成性资源指的是在自然界中一直存在的准经营性资源，即原生性资源直接生成的。之所以没有被归入可经营性资源，是因为这些资源一直都被社会所知道且具有战略性意义，但是由于其前期投资过大，且短期内（至少十年）并不能创造实质性的价值，因此前期均为政府投资，在技术知识较为成熟且能创造一定价值后，个体才会介入投资，故被定义为准经营性资源中的原生性生成性资源。以太空资源为例，太空资源在客观上一直存在，但是由于太空环境过于复杂，并且由于若干物理因素，探索太空环境并将太空资源利用起来需要大量的投资以及先进的技术知识，因此，时至今日，太空资源的主要负责主体是政府，而当技术知识足以支撑社会日常化利用太空资源时，社会个体可以参与进来作为该资源的一部分享有者，因此定义太空资源为准经营性资源。

次生性生成性资源指在原生性资源的基础上进行二次或多次生成后得到的资源，该类资源没有归入非经营性资源的原因是政府无法完全承担这部分资源的支出，会将一部分该资源交由社会不同个体负责，因此被定义为准经营性资源。部分城市基础设施建设归属于该类资源，基础设施建设部分的支出较高，全部交由政府部门负责不现实，因此政府会通过竞标等措施，筛选出符合标准的企业来承担这部分投资。

逆生性生成性资源指原为不可利用的资源（原生或次生），在经过一系列操作后变成存在经济性的资源。这类资源不能被归入可经营性资源或非经营性资源，因为主导将这些不可利用资源转变的主体是政府，而社会个体对这种资源的交易使其具备一定的经济性，因此将这类资源定义为准经营性资源。二氧化碳排放是逆生性生成性资源的一个例子。二氧化碳是一种不可利用的资源，但是在政府发布了有关二氧化碳排放权的相关政策后，二氧化碳的排放成为一种资源。减排困难的企业可以向减排容易的企业购买碳排放权，后者替前者完成减排任务，同时也能获得收益。

在计算准经营性资源的总量时，需要分别对三种生成性资源进行求解，最后再加总得到总量。计算公式如下：

$$x_z = \sum_{k=1}^{n=3} x_z^i \qquad (2-16)$$

在式（2-16）中，x_z 为第 z 个区域范围内准经营性资源的总量，$n=3$ 代表三种准经营性资源，$k=1$，2，3 的情况分别代表着原生性、次生性和逆生性生成性资源；x_z^i 为第 i 种准经营性资源在第 z 个区域范围内的总量。在式（2-16）中，准经营性资源的总量等于每一个个人或企业 i 对这种准经营性资源拥有的数量之和，准经营性资源在个人或企业之间是可分的。

一、不同生成性资源（准经营性资源）总量的计量

在已知时间为 t、区域大小为 s、区域为 z 的情况下，可通过下列式子计算出原生性生成性资源的总量：

$$x_{s,z,t} = \left[\sum_{i=1}^{N}\left(\frac{w'_{s,i,z,t}}{w_{s,i,z,t}} \times \eta_{s,i,z,t}\right)\right] \times GDP_{s,z,t} \qquad (2-17)$$

式中的相关参数已在本章第一节中解释。与可经营性资源的不同之处在于，在计算过程中，可以通过调研得到准经营性资源和非经营性资源相关的产出占比，并且由于非经营性资源的产出占比较小，因此可以全部视作准经营性资源的产出，将式（2-17）中各参数相乘即可得到原生性生成性资源的总量（不需要用总产值进行相减），得到的名义原生性生成性

资源总量如图2-14所示。

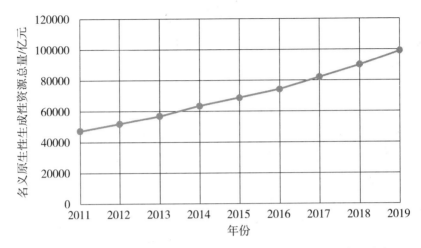

图2-14 2011—2019年名义原生性生成性资源总量（未考虑通胀率）

[资料来源：本图由笔者根据国家统计局官方网站（https://data.stats.gov.cn/easyquery.htm? cn=C01&zb=A0201&sj=2021）相关数据制作而成。]

在求解原生性生成性资源的总量时，需要考虑通胀率对产值的影响，因此可以求出真实原生性生成性资源的总量（如图2-15所示）。

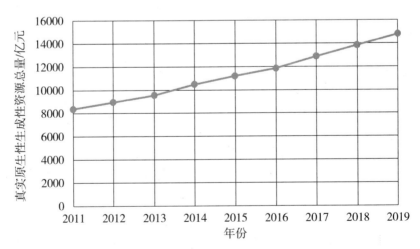

图2-15 2011—2019年真实原生性生成性资源总量（考虑通胀率）

[资料来源：本图由笔者根据国家统计局官方网站（https://data.stats.gov.cn/easyquery.htm? cn=C01&zb=A0201&sj=2021）相关数据制作而成。]

而对于次生性生成性资源，其计算公式如下：

$$x_m^i = x_m = \sum_{k=1}^{m} \omega_{k,i} \times \gamma_{k,i} \times x_k \qquad (2-18)$$

式（2-18）中，$\omega_{k,i}$ 表示在第 i 个区域的地方政府针对第 k 种次生性生成性资源（准经营性资源）的执行效率。执行效率代表政府对这项准经营性资源的重视程度、政策的数量、政策的执行力度等因素。$\gamma_{k,i}$ 表示在第 i 个区域的民众或个体对第 k 种准经营性资源的认知，或者是第 i 个区域的地方政府针对第 k 种准经营性资源在社会的影响力大小。以上两个参数在一定程度上有所联系（与非经营性资源的参数类似）。x_k 表示第 k 种次生性生成性资源的总量/支出。

但是在单独计算次生性生成性资源的时候，由于很难通过生产总值或政府支出来区分该类资源的支出是属于政府的还是企业（生产总值中次生性生成性资源的占比无法确定，政府支出无法确定非经营性资源和准经营性资源的各自占比），因此一般计算的是其密度或总量多少而不是相关支出。以基础设施为例，一般通过统计公路密度、水运货运量等数据来判断相关准经营性资源的变化，如图 2-16、图 2-17 所示。

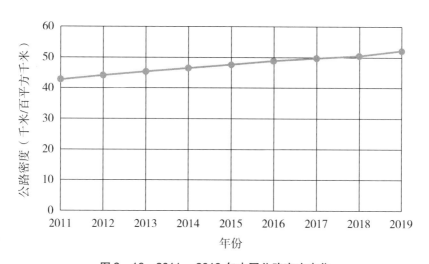

图 2-16 2011—2019 年中国公路密度变化

［资料来源：本图由笔者根据国家统计局官方网站（https://data.stats.gov.cn/easyquery.htm?cn=C01&zb=A0G02&sj=2020）数据制作而成。］

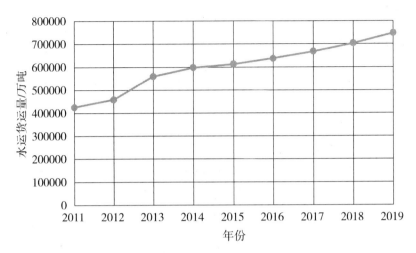

图 2-17　2011—2019 年中国水运货运量变化

［资料来源：本图由笔者根据国家统计局官方网站（https://data.stats.gov.cn/easyquery.htm?cn=C01&zb=A0G02&sj=2020）数据制作而成。］

从图 2-16、图 2-17 中可以看出，全国范围内的公路密度和水运货运量均逐年上涨且增长速度基本维持不变，即相关的次生性生成性资源均逐年稳定增长。

逆生性生成性资源可以根据生态系统生产总值（GEP）进行估量。生态系统生产总值中一级指标包括物质产品、调节服务和文化旅游服务。其中每个一级指标含有个若干二级指标，但并不是所有二级指标都与准经营性资源有关，生态系统生产总值各级指标、功能量（生态系统产品与服务的物理量）及是否与准经营性资源有关见表 2-4。

表 2-4　GEP 各级指标功能量及属性

一级指标	二级指标	功能量	是否属于逆生性生成性资源
物质产品	农林牧渔产品	相关产品产值	否
	生态能源	生产数量	否
	水资源	本地自然水体供水量	否
调节服务	减少泥沙淤积	减少泥沙淤积量	是
	减少面源污染	减少各类面源污染物量	是

续表 2-4

一级指标	二级指标	功能量	是否属于逆生性生成性资源
调节服务	调节气候	消耗的热量	否
	固定二氧化碳	二氧化碳固定量	是
	消减洪涝	区域调蓄洪水量	否
	涵养水源	水源涵养量	否
	消减交通噪声	平均消减噪声分贝量	是
	防护海岸带	自然岸线长度（达到标准）	否
	净化空气	净化各类大气污染物量	是
	净化水体	净化各类水体污染物量	是
文化旅游服务	旅游休闲服务	旅游休闲人次与时间	否
	自然景观溢价	景观溢价价值	否
	康养服务	减少呼吸道疾病就医与死亡量	否

在表 2-4 中，属于逆生性生成性资源的计算方法各不相同，且在数据收集条件不同的情况下，也会有不同的计算公式。以固定二氧化碳为例，在净生态系统生产力（net ecosystem productivity，NEP）数据可得的情况下，生态系统二氧化碳固定量核算公式如下：

$$Q_{tCO_2} = M_{CO_2}/M_{C \times NEP} t \cdot CO_2 \quad (2-19)$$

式（2-19）中，Q_{tCO_2} 表示生态二氧化碳固定量（单位为 $t \cdot CO_2/a$）；M_{CO_2}/M_C 表示碳转化为二氧化碳的系数，大小为 44/12，是一个常系数；NEP 是净生态系统生产力（单位为 $t \cdot C/a$）。

而在净生态系统生产力 NEP 数据无法获得或难以获得的情况下，采用生物量法测量生态系统二氧化碳的固定量，核算方法如下：

$$Q_{CO_2} = M_{CO_2}/M_C \times A \times C_C \times (AGB_{t_2} - AGB_{t_1}) \quad (2-20)$$

式（2-20）中，A 表示生态系统面积（单位为 ha），C_C 表示生物量—碳转换系数，AGB_{t_1} 和 AGB_{t_2} 表示第 t_1 年和第 t_2 年的生物量（单位为 t/ha 或吨/公顷）。

如果净生态系统生产力（NEP）和生物量数据均不可得，采用固碳速率法计算生态系统的二氧化碳固定量，如下式：

$$Q_{tCO_2} = M_{CO_2}/M_C \times (FCS + GSCS + WCS + CSCS) \quad (2-21)$$

式（2-21）中，FCS 为森林（或灌丛）固碳量（单位为 $t \cdot C/a$），$GSCS$

为草地固碳量（单位为 $t\cdot C/a$），WCS 为湿地固碳量（单位为 $t\cdot C/a$），CSCS 为农田固碳量（单位为 $t\cdot C/a$）。

通过以上三个公式，可以求出生态系统的二氧化碳固定量（区域），而计算出来的二氧化碳固定量即为该项逆生性生成性资源在区域内的总量。

二、城市经济及准经营性资源总量的计量

城市经济是准经营性资源的重要的组成部分之一，此外，还包括太空资源等。城市经济是指由工业、商业等各种非农业经济部门聚集而成的地区经济。城市经济是以城市为载体和发展空间，经济结构不断优化，资本、技术、劳动力、信息等生产要素高度聚集，规模效应、聚集效应和扩散效应十分突出的地区经济，城市经济发展是城市功能得以发挥作用的重要物质基础。

城市经济的特点是，人口、财富和经济活动在空间上集中，非农业经济在整个经济活动中占支配地位，经济活动具有对外开放性。城市劳动力市场、人力资本、产业结构以及城市基础设施是影响城市经济发展的关键因素。城市经济增长指城市经济的动态演变过程，是城市经济作为一个整体规模的扩展与质量的提高。

城市经济，以狭义的基础设施建设为例，一定包括三个层面：一是城市基础设施软硬件投资建设，二是城乡一体化进程中的投资建设，三是智能城市的开发建设（也就是现在新基建概念的应用开发）。

在现实经济运行中，某些政府在区域基础设施的建设和发展中可能出现只为社会提供无偿服务性及共享性的公共物品；只投入，不受益；只建设，不经营；只注重社会性，忽略经济性；只注重公益性，忽略效益性，从而造成城市资源的大量损耗，城市基础设施建设的重复浪费，城市经济管理的低层次、低水平和无序性运转。

因此，政府在对准经营性资源的管理过程中，更多的是考虑如何推动准经营性资源向可经营性资源转化，区域政府经济行为的目标是使其财政收入最大化。世界各国区域政府通常会采取以下方式投资：独立投资、租赁式投资、合伙式投资、股份式投资、社会性投资及其他方式投资。

政府在转化准经营性资源时，可以对原已存在的城市基础设施资源，即存量资产的平台载体进行产权改造，根据市场规则和经济发展的客观要求，使其与资本市场的融资需求相适应，即将存量资产的平台载体改制为

国有、民营、股份制、合资、合作等形式，或者拍卖给国内外投资者经营管理等，原则是使其成为符合市场经济规则的股权载体，参与市场竞争。

另外，对新增城市基础设施即增量资产的平台载体，政府可以从一开始就遵循市场经济规则，采用独资、合资、合作或股份制等形式组建项目公司，奠定好股权载体基础，使其成为城市资源投资、开发、运营的竞争参与者。

在城市基础设施投资、开发、运营的过程中，政府主要通过资本市场融资的方式筹集资金，形式包括发行债券或可转换债券，发行股票，设立项目基金或借力于海内外基金投资项目，以基本建设项目为实体买壳上市，将基建项目资产证券化，将基建项目以并购组合的方式与其他项目一起捆绑经营，采用项目租赁、项目抵押、项目置换或项目拍卖等方式。另外，在实际经济运行中，政府也会通过收费权、定价权等手段，实施特许经营权的资本运营。政府还会根据各准经营性资源，即基础设施项目的不同特点和条件，采取不同的资本运营方式，或交叉运用不同的资本运营方式。

归根结底，世界各国政府进行资源转化的时候，其目标是使城市基础设施领域的投资合理、投资规模适度、投资效益提升，其方式是政府与其他投资者一起参与城市基础设施的投资、开发、运营、管理和竞争，遵循市场经济的公开性、公正性和竞争性规则。

在对区域内所有准经营性资源求总和的时候，需要统一单位（单位为准经营性资源所创造的实际价值），原生性生成性资源可以直接利用产值进行求和，次生性生成性资源需要收集该项准经营性资源的收入数据，而逆生性生成性资源需要在求出总量大小的前提下乘以政府对其的定价，最后三者求和得到区域内准经营性资源的总量。

原生性生成性资源创造的价值如图2-15所示。

次生性生成性资源所创造的价值等于该类资源的总量与每单位该类资源所创造的价值相乘的总和。

以中国水运货运为例，在已知区域水运货运量（如图2-17所示）的前提下，将其与平均水运货运的价值相乘，即可得到水运货运这类准经营性资源的价值（如图2-18所示），水运货运平均定价以长江水运为准（18元/吨）。这里之所以不考虑执行效率及影响力大小，是因为在这种计算方式下，执行效率和影响力大小两个参数已包含在货运量中。

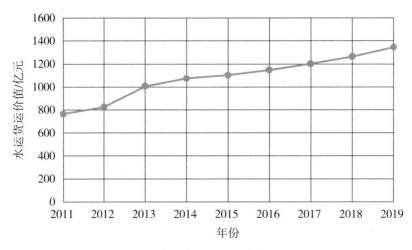

图 2-18　水运货运创造的价值

[资料来源：本图由笔者根据国家统计局官方网站（https://data.stats.gov.cn/easyquery.htm? cn = C01&zb = A0G02&sj = 2020）数据制作而成。]

从图 2-18 可知，自 2011 年至 2019 年，水运货运创造的价值逐年增加且保持稳定的增长速率，因此水运货运的资源总量将会逐年稳定增长。

对于逆生性生成性资源，在通过生态系统生产总值的估量方式算出不同准经营性资源的总量后，需要与其最佳定价相乘，得到的结果即为其所创造的价值。确认最佳定价的公式如下：

$$S = R \times D \times T \tag{2-22}$$

式（2-22）中，S 是价格参数优先评分，R 是定价依据文件适用范围，D 是定价依据文件效力，而 T 是定价依据文件距今时间，具体得分对应、得分 S 分布情况及优先级排序见表 2-5、表 2-6。比对不同定价得到的 S，取最佳组合 S 所对应的定价作为最佳定价。

表 2-5　得分对应

适用范围（R）	R	文件效力（D）	D	距今时间（T）	T
本市	4	政府公文（指导）*	4	1 年内	4
本省	3	政府实践（市场）	3	2 年内	3
本国	2	学术文章（市场）	2	5 年内	2
国外	1	网络公告（市场）	1	5 年外	1

（注：表 2-5 中，"*"表示对于未指出考虑年际间通货膨胀的政府定价公告，本定价不进行年际间的价格平减。）

表 2-6 得分 S 分布情况及优先级排序

优先级 S	组合（左优先于右）
64	4, 4, 4
48	4, 4, 3; 4, 3, 4; 3, 4, 4
36	4, 3, 3; 3, 3, 4; 3, 4, 3
32	4, 4, 2; 4, 2, 4; 2, 4, 4
27	3, 3, 3
24	4, 3, 2; 4, 2, 3; 3, 4, 2; 3, 2, 4; 2, 4, 3; 2, 3, 4
18	3, 3, 2; 2, 3, 3; 3, 2, 3
16	4, 4, 1; 4, 2, 2; 4, 1, 4; 2, 4, 2; 2, 2, 4; 1, 4, 4
12	4, 3, 1; 4, 1, 3; 3, 4, 1; 3, 2, 2; 3, 1, 4; 2, 3, 2; 2, 2, 3; 1, 4, 3; 1, 3, 4
9	3, 3, 1; 3, 1, 3; 1, 3, 3
8	4, 2, 1; 4, 1, 2; 2, 4, 1; 2, 2, 2; 2, 1, 4; 1, 4, 2; 1, 2, 4
6	3, 1, 2; 3, 2, 1; 2, 3, 1; 2, 1, 3; 1, 3, 2; 1, 2, 3
4	4, 1, 1; 2, 2, 1; 2, 1, 2; 1, 4, 1; 1, 2, 2; 1, 1, 4
3	1, 3, 1; 3, 1, 1; 1, 3, 1
2	1, 2, 1; 1, 1, 2; 2, 1, 1
1	1, 1, 1

因此，逆生性生成性资源的总量如下：

$$x_z^{(3)} = \sum_{k=1}^{m} (Q_k \times P_k) \quad (2-23)$$

式（2-23）中，Q_k 是第 k 种逆生性生成性资源的总量，P_k 是第 k 种逆生性生成性资源的区域最佳定价，m 是逆生性生成性资源的种类数量。$x_z^{(3)}$ 中的（3）表示逆生性生成性资源。

再以二氧化碳固定量为例，通过调查历年来的政策文件并进行比对，可以得到最优或推荐定价。例如，在深圳区域范围内，碳交易的最优定价为 22 元/吨CO_2[①]。以同样的方法可以得到在深圳区域范围内其他逆生性生成性资源的最优定价，见表 2-7。

---

① 详见《深圳市生态系统生产总值核算技术规范》。

表2-7 逆生性生成性资源定价

二级指标	进一步细分	推荐定价	数据来源及依据
减少泥沙淤积	减少泥沙淤积价值	土方清运成本 12.6元/米^3	LY/T 1721—2008 中第五章推荐使用价格
减少面源污染	减少面源氮价值	3500元/吨	《广东省人民代表大会常务委员会2017年关于广东省大气污染物和水污染物环境保护税适用税额决定》
	减少面源磷价值	11200元/吨	
固定二氧化碳	固碳价值	22元/吨 CO_2	深圳碳排放交易所（2019年）
消减交通噪声	消减交通噪声价值	人工降噪幕墙建造成本 6.1107元/米^3	综合比较，取低配置的平均价格
净化空气	净化二氧化硫价值	1895元/吨	《广东省人民代表大会常务委员会2017年关于广东省大气污染物和水污染物环境保护税适用税额决定》
	净化氮氧化物价值	1895元/吨	
	净化工业粉尘价值	450元/吨	
净化水体	净化COD（化学需氧量，chemical oxygen demand）价值	2800元/吨	《广东省人民代表大会常务委员会2017年关于广东省大气污染物和水污染物环境保护税适用税额决定》
	净化总氮价值	3500元/吨	
	净化总磷价值	11200元/吨	

（资料来源：本表由笔者根据政府相关官方报告制作而成。）

综合以上所有式子以及相关数据，最终可以得到区域内准经营性资源的总量。在求解过程中，对次生性生成性资源以及逆生性生成性资源，同样需要考虑通胀率，以保证和原生性生成性资源处于同一定量条件下。

在求出准经营性资源所创造的价值（准经营性资源的总量）x_z后，可以通过准经营性资源在公共部门的配置比例λ计算出政府或社会个体在准经营性资源方面所创造的价值。

❋ 本章小结 ❋

在本章中，笔者通过不同的实例，论述了可经营性资源、非经营性资源及准经营性资源，并提及与其有关的产业经济、民生经济及城市经济。对于区域三类经济资源，笔者阐述了这些资源的定义、分类、特点及计算公式。笔者把阐述重心更多地放在计算过程及实例演示中，计算公式等也随着条件及情况的改变而发生变化。计算过程同样涉及政府政策及政府分类方面的内容，譬如计算非经营性资源中的政府执行力等，涉及政府是否有为即政府方面的内容，这部分计算会在第三章和第四章中论述。区域三类资源之间的关联及内容如图 2-19 所示。

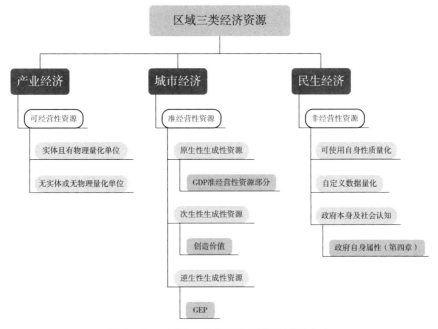

图 2-19　区域三类资源之间的关联及内容

思考讨论题

1. 请自行选择一两种可经营性资源，通过企业数量等因素判断其发展过程（什么时候是形成期，什么时候是成长期等），并解释原因。

2. 选择一种可经营性资源，对比其通过自身量化单位得到的变化曲

线及产值的变化曲线，在政策、产业发展等不同方面解释其相同或存在不同的原因。

3. 疫苗作为一种非经营性资源，同样是民生经济的一部分，为什么社会上并不是所有人都接种了疫苗？请用笔者在本章第二节中提及的理论进行解释。

4. 比较若干非经营性资源的总量或支出（总值）的变化，结合区域政策、非经营性资源自身的特性，解释造成异同的原因。

5. 在第三节中的图表中，笔者阐述了关于部分逆生性生成性资源的定价。选择自己感兴趣的一项，统计其历年来创造的价值的变化。可以结合最新的政策对笔者的定价进行定义并解释。

第三章 三类资源的政策界定

政策是国家政权机关、政党组织和其他社会政治集团为了实现自己所代表的阶级、阶层的利益与意志,以权威形式标准化地规定在一定的历史时期内应该达到的奋斗目标、遵循的行动原则、完成的明确任务、实行的工作方式、采取的一般步骤和具体措施。

资源政策则是国家为实现一定时期内社会经济发展战略目标而制定的指导资源开发、利用、管理、保护等活动的策略。其中,资源包括可经营性资源、非经营性资源及准经营性资源。

政府所制定的资源政策会涉及单个或多个资源,即可能同时涉及不同的资源,例如部分政策会因为准经营性资源正在向可经营性资源转变而导致同时涉及这两项资源。因此,笔者在本章中重点讨论对资源政策的界定及通过定量方法判定政策对不同资源的影响。

第一节 产业经济调节政策与边界

产业经济调节政策,字面上即是政府制定用于调节产业经济的政策,以确保产业经济在政策的影响下能够平稳发展。在调节方面,可以视作对产业经济的总量和结构两方面的调整。产业经济调节政策与民生经济调节政策和城市经济调节政策之间存在一定程度的交集,即某项准经营性资源在有条件进行转变的过程中,与这种资源有关的政策性质会发生转变。

产业经济调节政策同样遵循"规划、引导,扶持、调节,监督、管理"的基本原则,政府通过制定这类政策使企业充分发挥在市场经济中的主体作用。而相对应的制定这类政策的主体,可以是不同区域范围内的政府,大至国家政府,小至县政府。产业经济调节政策不仅是已颁布的政策,还包括正在讨论的,或某些重要会议上讨论的内容。

而产业经济调节政策相较于民生经济调节政策及城市经济调节政策，其区别在于虽然同样是政府制定的用于调节经济总量及结构的政策，但是针对的目标不同。对产业经济的调节过程可以视作对可经营性资源的调节过程，两者是近似的。

而不同学者对产业政策或产业经济调节政策是否有效以及政府是否应该制定相关政策来干预市场方面意见有所分歧。近年来，经济学家张维迎教授和林毅夫教授针对产业政策是否有效进行了一次激烈的学术思想之争。20年前，两位经济学家就"市场外部竞争"和"企业内部激励机制"两大因素哪个更为重要已发生过学术之争。最近这次争论的核心是：张维迎教授认为产业政策是计划经济的后遗症，在缺乏足够信息的制约下，政府很难制定出有效的产业政策，从而对产业形成促进作用；而林毅夫教授则认为在发展中国家的赶超过程中，政府的作用很重要，产业政策是有效的。

这两位学者的学术切入点不同导致对产业政策是否有效得出了完全不同的结论。张维迎教授引用了80多年前哈耶克和兰格关于计划和市场的著名争论，认为这种支持市场经济的保守思想是主流经济学关于价格机制的基本假设，但在经济现实中市场失灵的现象经常发生，因此学者对传统经济理论关于企业内部运行的简单假设并不满意。林毅夫教授则从宏观经济学角度出发，借用国际贸易理论中的要素禀赋结构假设和新经济增长理论成果，尝试突破主流经济学认可的分析框架瓶颈，给发展经济学引入新古典分析框架。

虽然产业政策或产业经济调节政策由于其天然的政府主导性质，一直以来不"招人待见"，且学者在政府是否应该通过产业政策干涉社会经济发展和产业政策是否真正有效等论题上意见颇有分歧，但无论从经济学上的理论基础还是现在主要经济体的实际情况来看，无论过去还是现在，产业政策的客观存在都是一个不可否认的事实，即现在世界各国各区域政府都在采用产业政策干预市场经济的方法来维持区域经济的稳定发展。

因此，界定一个政策是产业经济调节政策需要几个条件：首先，制定这项政策的主体是所研究区域的区域政府；其次，该政策会直接或间接地对产业经济的总量及结构造成影响；最后，政策以最新修订的为准，如某政策修改若干次，则以最后一次修改得到的产业政策作为产业经济调节政策。

由此衍生出一个相对应的问题，即部分政策尤其是国家政府在很多重大会议中讨论的可能是多个资源，可能同时包括可经营性资源、非经营性资源和准经营性资源。例如，第一章中提及的《国家"十二五"科学技术发展规划》，其中不仅包括可经营性资源（电动汽车等），还包括各种准经营性资源（太空资源等），因此对这部分政策的分类定义存在一定的分歧。且在某些特殊情况下（譬如未来太空资源逐渐有社会上的企业进行投资，即从准经营性资源转变为非经营性资源或可经营性资源后），如何确定与这类资源有关的政策类别也存在一定的问题。

一、产业经济调节政策的"度"

为了能够在之后定量分析产业经济调节政策与产业经济发展之间的关系，甚至是另外两种调节政策与相关经济发展之间的关系，笔者以资源现在的状态作为根源定义相关政策，即产业经济调节政策是以现实中现在这一时刻作为可经营性资源相关的政策。不论这种资源过去是作为非经营性资源还是准经营性资源存在，因为其现在是作为可经营性资源而交由社会上的不同个体进行分配，所以与该项可经营性资源有关的调节政策即是产业经济调节政策（不论过去还是现在）。

由于产业经济的主体是企业，因此在产业经济调节政策制定合理的情况下，企业能够稳步发展；若此类政策用偏或用错了，则会阻碍企业发展，产生不公平公正的竞争问题。因此，政府制定产业经济调节政策所参考的"度"也是十分重要的。

在这里，笔者通过分析产业政策的评估方法，探讨制定产业经济调节政策的"度"。产业评估所采用的标准如下。

（1）最大多数人的最大福利标准。福利经济学是产业政策评估的重要理论基础。根据福利经济学的观点，产业政策作为公共意志的产物，应当努力追求最大多数人的最大福利，而其是否符合最大多数人的最大福利，应当作为产业政策成败优劣的重要尺度。有助于实现最大多数人的最大福利的产业政策就是合理的政策；相反，背离最大多数人的最大福利原则的产业政策是较为不合理的政策。

（2）综合效益标准。一项产业政策实施的结果既有经济效益，也有社会效益、政治效益和生态效益；既有直接效益，也有间接效益。因此，在进行产业政策评估的时候，要全盘考虑各种效益因素，避免评估的片面性和失误。综合效益标准是具有普遍意义的政策评估框架，其方法是通过对实施某一政策所涉及的各种成本和收益进行全面的综合性比较分析,最后以政策总成本和总收益的比率来判别该项产业政策效果的优劣。综合效益标准要求投资者以最小的投入获得最大的综合收益,或者以等量的投入获得最大的综合收益。同样,忽视环境和资源的代价,片面追求产值增长的传统观念是不符合综合效益标准的。

(3) 生产力标准。在产业政策评估中,生产力标准是具有普遍性的又一重要尺度。无论各国的政治经济体制如何不同,也无论各国的历史文化差异多大,生产力水平的高低都可以成为统一的衡量标准。各国的产业政策虽然多种多样,但它们的共同目标都与提高生产力水平密切相关。因此,是否有利于生产力水平的提高就成为各个国家衡量产业政策优劣与成败的标准。

(4) 国际竞争力标准。在经济全球化和世界经济一体化趋势日益显著的今天,增强产业的国际竞争力已成为各国产业政策的核心目标。因此,是否有利于增强本国产业的国际竞争力,必然成为21世纪各国衡量产业政策成败的重要尺度。产业国际竞争力标准要求在制定产业政策时,不仅要注重对民族工业的保护和扶植,而且要充分考虑本国的资源禀赋,通过有选择地扩大对国际市场的参与,来发挥本国的比较优势,通过增强本国产业的国际竞争力来提高公众福利并使之最大化。

通过以上四个评估产业政策的标准,笔者总结出衡量产业经济调节政策的"度"的标准:人数(受益人数或企业数)、综合效益、生产力、竞争力。可以说,"度"是以上四个标准的总称。

在人数方面,在处于产业形成期及成长期的前期的时候,产业经济调节政策在调节产业经济结构的时候,会允许企业数较少(即存在寡头垄断的现象),这是因为处于这两个时期的时候,由于相关的技术知识并不成熟,可能只有少数企业拥有相关技术,因此区域政府在制定产业经济调节政策时允许受益人数或企业数较少。而在其他时期,区域政府制定产业经济调节政策的时候会让受益人数或企业数保持稳定,且具有一定数量,这样既可以避免数量变化波动过大导致的产业经济总量和结构波动,也可以避免出现垄断的现象。

在综合效益方面,在制定产业经济调节政策的时候,要全盘考虑各种效益因素,避免片面地制定相关政策而忽略某些方面的效益。譬如在制定与衰退期产业有关的经济调节政策的时候,要考虑辞退工人的问题,即在考虑减少相关产业经济总量（增加了环境保护的效益）的同时，也要考虑就业方面的效益。这也意味着政府在制定产业经济调节政策的时候需要考虑经济发展、人口分布等情况。

在生产力方面，产业经济调节政策需要在改变产业经济结构的时候保证产业经济的总量不变或增加（衰退期产业除外）。这意味着在区域政府制定相关政策的同时，例如分配项目给不同企业的时候，要保证所有企业加起来的生产力水平是能够被高效地利用的。

竞争力是最重要的一方面。竞争力分为外部竞争力和内部竞争力。制定产业经济调节政策对于内部竞争力的影响极大，因此区域政府要考虑的是平衡社会中各个个体的竞争力，避免发生恶性竞争而最终导致生产力及区域的总体竞争力下降。对于外部竞争力，产业经济调节政策的宗旨是增强区域的外部竞争力。大部分产业经济调节政策是为了增强区域的外部竞争力，以保证区域的产业经济发展比其他区域更好。对于衰退期的产业，则需要结合具体的产业进行分析。

在以上四个方面中，综合效益和内部竞争力是现阶段最需要通过定量分析的"度"，内部竞争力包括政府对国有企业和民营企业的帮助不同而导致的资源分配不公平，而综合效益中政府过度的帮助可能导致实际上同等量的政府政策帮助对生产力的影响越来越小。前者可以通过"竞争中性"理论解释，后者则需要通过定量分析。

"竞争中性"（competitive neutrality）也被称为"竞争中立"，它强调国有企业和民营企业间的平等市场竞争地位，通过公平的市场竞争机制消除国有企业在资源配置上的扭曲状态，实现市场配置资源，增强所有市场参与者的竞争力。

"竞争中性"的理念源自20世纪90年代的澳大利亚。澳大利亚实施十多年后，2012年，经济合作与发展组织（OECD）竞争委员会与工作组秘书处共同形成《竞争中性：维持国有与私人企业公平竞争的环境》，将竞争中性政策归纳为国有企业组织合理化、成本确认、商业回报率、公共服务义务、税收中性、监管中性、债务中性与补贴约束、政府采购八大要素，并与OECD《国有企业治理准则指南》衔接，向成员国推广。

"竞争中性"原则是指在要素获取、准入许可、经营运营、政府采购和招投标等方面对各类所有制企业平等对待，提高民营企业使用土地、资金等要素的机会和可得性。

中国通过以下方法达到"竞争中性"。

（1）建立健全相关法律法规。法律体系的完善是实施"竞争中性"原则的前提。政府应在现有法律体系的基础上，对不同所有制性质的市场主体之间的竞争进行规制，包括具体的激励机制、定期评估制度、信息披露评价制度等，确保所有市场主体在公平的竞争环境下经营发展，明确市场监管部门的职责，维护市场主体的权益。只有对立法、政策、细则、标准、程序等进行全面及时的改革，形成系统性支撑，"竞争中性"才能得到真正的推进，从而为市场健康发展奠定基础。

（2）规范政府各种优惠政策。政府在面对各种所有制企业时应保持中立的立场，要谨慎规范地运用各种优惠政策，提高全社会资源分配的效率，维护市场化经济的健康运行；对国有企业经营制定详细的标准，对于一些国有企业同时参与具有商业性和非商业性的活动，要严格规定其资金管理方式，政策性的补贴资金不得用于补贴商业活动，防止出现交叉补贴的情况。还要注意将国有企业的经营活动与政府职能分离，防止国有企业利用与政府的关系获得正常商业竞争中的不当优势，以此消除市场竞争中的各种不合理因素。

（3）持续推进国有企业改革。国有企业政企不分是市场竞争中许多不公平的症结所在，因此，国有企业改革是推进"竞争中性"的重要环节。国企改革的关键是建立完善的现代国有企业治理结构和机制，稳妥推进分层分类所有制改革，确保商业性国有企业与私营企业在市场中处于平等的竞争地位。而对于公益性国有企业，要给予特殊的政策支持，保证公益类国有企业有效履行公共服务职能。实现国有企业和私营企业在商业领域的公平竞争，也符合国际贸易规则，有利于减少海外投资贸易摩擦。

相对地，由于不同企业的自身属性和情况不同，因此政府很难通过"三类九要素"来确保与可经营性资源相关的市场中各企业的竞争力完全相等，只能确保各企业竞争力相对较为均衡，而衡量这个均衡的标准则为市场的生产力是否因为企业之间的竞争而发生频繁的波动，若波动较大，则市场竞争力不平衡，反之则市场竞争力较为均衡。可以总结为没有绝对的"竞争中性"，只有相对的"竞争中性"，而在维持相对的"竞争中性"的过程中，政府需要通过"三类九要素"不断地对不同个体的竞争力进行调整。

"三类九要素"具体指：第一类是区域经济发展水平，其三个要素是项目、产业链、进出口；第二类是区域经济政策措施，其三个要素是基础设施投资政策，人才、科技扶持，财政、金融支持政策；第三类是区域经济管理效率，其三个要素是政策体系效率、环境体系效率、管理体系效率。本节重点讲述的产业经济调节政策均是通过对这"三类九要素"进行调整分配，以达到政府对产业经济结构和总量进行调节的目的。

但是，过多地通过"三类九要素"确保"竞争中性"会导致企业过度根据政府产业经济调节政策来发展，而忽视了通过提高技术、加大投入来促进生产力增长。因此，政府在发现通过"三类九要素"促进的生产力或产值增速逐渐减缓到一定程度的时候，需要减少或停止颁布相关的产业经济调节政策，以避免企业过度依赖。

结合以上实例和笔者所定义的"度"，以及产业经济调节政策其本身的特性，笔者尝试用一个更加直观的模型来解释"度"的含义，并定量解释政府政策力度的"度"。笔者将产业经济（可以是单个或多个）视作一个"飓风飞椅"（以下简称"飞椅"）。飞椅顶部的圆盘代表产业规模，同时也可以视作可经营性资源的总量。在产业的形成期至成熟期期间，飞椅顶部的圆盘越来越大；在产业的成熟期期间，顶部圆盘达到最大且可经营性资源不可用的部分可以视为0；在产业的衰退期，由于可经营性资源的总量可能减少，因此模型顶部圆盘也会减小。可经营性资源由于技术知识的不足和相关投资的缺少，会导致其存在不可用的部分，即作为潜在的经济资源但是不能作为经济资源的一部分（详见第二章），随着产业经济的发展，该部分会越来越少，而可用部分会越来越多。飞椅所能承载的游客人数即产业经济中的企业数量，可经营性资源的总量越大，意味着产业规模越成熟，即顶部圆盘变大，其所能承载的游客数量增多（企业数量越多）。游客的重量（且这个重量足以影响飞椅的平衡）代表企业的竞争力，如果某些游客的重量远超其他游客的重量（某个或某些企业的竞争力远超其他企业的竞争力），那么会导致顶部圆盘的倾斜（可经营性资源的倾斜），从而导致顶部圆盘彻底倒向重量更大的一方游客（市场形成垄断）。因此，这里需要第三方对产业经济或可经营性资源相关的分配及总量进行规则制定和调整。这个第三方就是区域政府，在模型中可以将其视作管理飞椅的工作人员。工作人员（区域政府）需要重点考虑两个方面的因素。一方面，需要通过沙包（"三类九要素"）来确保不同游客（企业）的重量（竞争力），以保持相对的平衡。另一方面，需要确保不会因为沙包过多而导致飞椅的支柱支撑的重量到达极限。这个极限笔者将其定义为边际政策生产力比率,这个比率表示在边际情况下,每增加一单位政策所导致的有关可经营性资源的生产力增加量,生产力可以通过产量或产值衡量(产值是考虑了通胀率的真实产值)。生产力本身可以由模型中游客所愿意给出的门票价格表示,即游客对分配到的可经营性资源进行一系列操作得到的产值或产量。而边际政策生产力比率则可以由图 3-1 中中央的支柱的支撑重量极限表示,但当边际政策生产力比率小于一个既定的值时,则政府会减少"三类九要素"(产业经济调节政策)的数量或是停止颁布相关政策,以确保企业不会过度依赖政府。

总而言之,在本模型中,游客(企业)因为其本身属性而导致其重量(竞争力)的不同,如果没有第三方管理者加入,很可能会导致圆盘(可经营性资源)向一方倾斜形成垄断。因此,第三方管理者(区域政府)需要通过加入沙包("三类九要素"或产业经济调节政策),以维持圆盘的相对稳定(可经营性资源分配或结果的稳定)。第三方管理者在加入沙包的同时需要考虑是否会因为沙包过多而导致支柱(边际政策生产力比率)达到极限。此外,在加入沙包的同时,也要保证飞椅顶部圆盘面积最大(可经营性资源保持最大化)且游客数量(企业数量)不会发生太大的波动,并能最大化地从游客那里得到收入(生产力——产值或产量)。

除此之外,第三方管理者(政府)也需要考虑一些特殊的原因,例如飞椅的运作是否会带来环境污染(如纺织业会产生大量的工业污水),是否能有更好的飞椅替代原来的飞椅(有更加高效清洁的可经营性资源进行替代)。在这些情况下,第三方管理者(政府)可能会重点考虑这些飞椅在运作时所带来的负面效应(综合效益)而不是带来的收益(生产力——产量或产值)。

以上模型中的边际政策生产力比率可以表示如下:

$$\left.\frac{\partial \omega}{\partial n}\right|_{n=N} \geq K \qquad (3-1)$$

式(3-1)中,ω 为所求区域内的某项准经营性资源的生产力,可以用产值或者产量进行计算;n 为政策数量;N 为已有的政策数量;K 为标准边际政策生产力比率,可以通过调查该区域内的企业发展情况随产业经济调节政策数量的增加而发生的变化,由政府制定。式(3-1)左侧为边际政策生产力比率。式(3-1)为边际政策生产力比率必须大于或等于标准边际政策生产力比率,否则会导致企业过度依赖政府通过产业经济调节政策或"三类九要素"对其的扶持帮助。

在模型中提及的大部分限制条件均为笔者在前文提及的政府制定产业经济调节政策时所应该考虑的"度"。以上所应用的模型如图 3-1 所示。

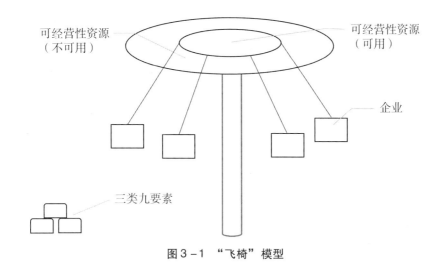

图 3-1 "飞椅"模型

二、不同区域产业经济调节政策重要性的比对及衡量

在大小不同的区域中,产业经济调节政策的重要程度(或重要性)存在明显的差异;而在同等大小的条件下,不同区域的相关调节政策的重要程度同样存在一定的差异。在区域大小不同的情况下,如果区域 B 小于区域 A 且 B 属于 A(例如,区域 A 是中国,区域 B 是广东省),那么区域 B 的产业经济调节政策一般会在区域 A 所指定的同样的调节政策上结合区域 B 自身的条件而制定,且在大部分情况下,区域 B 不会在区域 A 制定并颁布针对某一可经营性资源的产业经济调节政策前制定相关的调节政策,尤其是对于刚从准经营性资源转变为可经营性资源的产业(如第二章中提及的可燃冰)。因此,这种情况下,区域 B 会晚于区域 A 制定产业经济调节政策,且区域 A 的产业经济调节政策的重要程度会高于区域 B 的。

同样,在区域大小不同的情况下,如果区域 B 小于区域 A,但不属于区域 A 而属于区域 C(例如,区域 A 是美国,区域 B 是广东省,区域 C 是中国),由于区域 B 在制定产业经济调节政策方面会有滞后性,即在区域 A 制定并颁布了相关的调节政策一段时间后区域 B 才会制定相关政策，因此在这种情况下，区域 B 与区域 C 制定政策的时间先后无法判断。虽然区域 B 的范围大小小于区域 A，但是不排除存在区域 C 的相关可经营性资源的产值远远高于区域 A 而导致区域 B 的产业产值高于区域 A 的可能性，那么，此时区域 B 与区域 A 的产业经济调节政策对比需要通过其相关产业的产值进行对比才可以判断。

在区域同等大小的条件下，如果区域 A 与区域 B 同属于区域 C（例如，区域 A 是广东省，区域 B 是广西壮族自治区，区域 C 是中国），那么可以直接通过产值来对比区域 A 与区域 B 的产业经济调节政策的重要性。若区域 A 的某项可经营性资源的产值高于区域 B，则区域 A 的与该项可经营性资源有关的调节政策的重要性高于区域 B；反之亦然。而制定政策的时间，在不同情况下亦有不同。

如果区域 A 与区域 B 区域同等大小但归属不一样（例如，区域 A 是广东省，归属于区域 C 是中国，区域 B 是旧金山，归属于区域 D 是美国），那么不能只用产值来对比区域 A 与区域 B 的调节政策的重要性，而同时要考虑到区域 A 在区域 C 及区域 B 在区域 D 中产值的占比。那么，在这种情况下，笔者设定用于判断区域调节政策重要性的公式如下：

$$\varphi_Q = \frac{\omega_Q}{\omega_P} \times \omega_Q = \frac{\omega_Q^2}{\omega_P} \qquad (3-2)$$

式（3-2）中，φ_Q 表示判断区域 Q 调节政策重要性的指标，ω_Q 表示区域 Q 的关于某项可经营性资源的产值或总量，ω_P 表示区域 P 的关于该项可经营性资源的产值或总量。其中，区域 Q 的范围小于区域 P 且属于区域 P，区域 Q 的范围大小并不一定需要只稍小于区域 P 的范围大小（例如，区域 P 表示中国，区域 Q 的范围大小并不一定是省份，也可以是区）。以上所有变量的单位均为亿元或万元（取决于产量的多少）。

而对比不同区域的 φ_Q 的前置条件是在计算过程中区域 P 及区域 Q 分别处于同一范围大小内。

以区域 Q 为广东省、区域 P 为中国为例，在这种条件下，将广东省、全国的农业产值代入式（3-2），则广东省在农业这项可经营性资源上的产业经济调节政策重要性的计算结果为 5.04×10^{10}。

三、产业经济调节政策与相关产业经济的关系

怎么判定产业经济调节政策对于某一限定区域范围大小的区域 A 的实

际产值的作用是需要解决的问题？从整体上看，区域 A 的可经营性资源总量及结构会受到其归属区域及其本身区域的产业经济调节政策的影响，即若区域 A 属于区域 B，则区域 A 的产业经济总量及结构会受到区域 B 的产业经济调节政策的影响。但是，在同时存在以上两种产业经济调节政策的情况下，区域 A 更多是在遵循区域 B 制定的产业经济调节政策的原则之上执行自己本身制定的经济调节政策。因此，在区域 A 拥有自己的产业经济调节政策的情况下，笔者将区域 B 视作关于某项可经营性资源的总量只受其本区域范围内的调节政策的影响。而在区域 A 暂时没有产业经济调节政策的情况下，在区域 A 范围内的可经营性资源受到其所归属区域即区域 B 的产业经济调节政策的影响，但是需要乘以区域 A 产量占区域 B 总产量的比值。

在这里，笔者会建立模型并结合相关数据，得到政策数量与产业规模的关系。

首先，需要明确政策数量的定义。政策数量表示在已知的区域大小范围内的区域 A 从某一确定年限开始计算，政府针对该项可经营性资源所指定的政策的总数量。这里的总数量包括政府之后对政策的修改（如对某份政府文件的修改），因为对产业经济调节政策的调整或修改可以视为颁布新的调节政策对旧的调节政策进行补充。

其次，可以初步建立模型，认为政策数量与可经营性资源的产值或产业规模呈线性关系。这是基于一个假设：每个新增的调节政策或针对旧调节政策的修改均对可经营性资源的产值有同等的影响。大多数关于产业经济的调节政策中并没有具体提及政府投入多少资金来改变产业结构及增加产业总量，而是通过不同方法来增加可经营性资源的总量并把该项可经营性资源更合理地分配到市场中。例如，2019 年广东省人民政府颁布的《广东省省级高新技术产业开发区管理办法的通知》（同时具备产业经济调节政策及城市经济调节政策两种调节政策的属性），除去总则与附则外，共将管理方法分为认定、调区、扩区、更名、升级和管理六类。而在该项政策中并没有具体提及政府会投资或补助多少资金到这些可经营性资源有关的产业中。

最后，在求解模型的时候需要对因变量即产值或产业规模进行定义。在大部分情况下可以将可经营性资源所产生的效益作为产值，将可经营性资源的总量作为产业规模，但是对于某些具备实体（详见第一章）且可以通过自身物理单位量化的可经营性资源，可以直接以其产量替代产业规模。

对于没有实体或者不能用物理单位计量的可经营性资源，下面以在中

国区域范围内的大数据产业为例进行讨论。

党中央、国务院高度重视大数据在推进经济社会发展中的地位和作用，2014年首次将其写入政府工作报告，大数据逐渐成为各级政府关注的热点，政府数据开放共享、数据流通与交易、利用大数据保障和改善民生等概念深入人心。

此后，国家相关部门出台了一系列政策，鼓励大数据产业发展。自2015年起至2020年，国家针对大数据产业颁布了一系列政策，见表3-1。

表3-1 2015—2020年中国大数据产业相关政策汇总

发布时间	政策名称	发布单位
2015年8月	《促进大数据发展行动纲要》	国务院
2016年3月	《生态环境大数据建设总体方案》	环境保护部（今生态环境部）
2016年6月	《关于促进和规范健康医疗大数据应用发展的指导意见》	国务院
2016年10月	《关于组织实施促进大数据发展重大工程的通知》	国家发改委办公室
2016年10月	《农业农村大数据试点方案》	农业部（今农业农村部）
2017年1月	《大数据产业发展规划（2016—2020年）》	工业和信息化部
2017年4月	《云计算发展三年行动计划（2017—2019年）》	工业和信息化部
2017年5月	《关于推进水利大数据发展的指导意见》	水利部
2017年5月	《政务信息系统整合共享实施方案》	国务院
2018年3月	《关于加快推进交通旅游服务大数据应用试点工作的通知》	交通运输办公厅、国家文广旅体局
2018年4月	《推动企业上云实施指南（2018—2020年）》	工业和信息化部
2018年4月	《科学数据管理办法》	国务院
2019年2月	《电信和互联网行业提升网络数据安全能力专项行动方案》	工业和信息化部、国家机关事务管理局、国家能源局
2019年7月	《电信和互联网提升网络安全能力专项行动方案》	工业和信息化部
2020年2月	《工业数据分类分级指南（试行）》	工业和信息化部

续表 3-1

发布时间	政策名称	发布单位
2020年2月	《关于做好个人信息保护利用大数据支撑联防联控工作的通知》	中央网信办
2020年4月	《关于公布支撑疫情防控和复工复产复课大数据产品和解决方案》	工业和信息化部
2020年5月	《关于工业大数据发展的指导意见》	工业和信息化部

以上总共18项由国家政府机关颁布的与大数据有关的产业政策均对大数据这项可经营性资源的结构及总量有所影响，因此均可将其定义为产业经济调节政策。以上18项产业经济调节政策中，较为重要的是《促进大数据发展行动纲要》《大数据产业发展规划（2016—2020年）》及《关于工业大数据发展的指导意见》。

《促进大数据发展行动纲要》（以下简称《行动纲要》）的核心是推动数据资源共享开放。《行动纲要》以"加快建设数据强国，释放数据红利、制度红利和创新红利"为宗旨，以"加快政府数据开放共享，推动资源整合，提升治理能力"及"推动产业创新发展，培育新兴业态，助力经济转型"两方面内容为载体和依托，以"强化安全保障，提高管理水平，促进健康发展"为保障和平衡。

《大数据产业发展规划（2016—2020年）》在分析总结产业发展现状及形势的基础上，围绕强化大数据产业创新发展能力"一个核心"，推动数据开放与共享、加强技术产品研发、深化应用创新"三大重点"，完善发展环境和安全保障能力"两个支撑"，打造一个"数据、技术、应用与安全协同发展的自主产业生态体系"，提升中国对大数据的资源掌控、技术支撑和价值挖掘"三大能力"。具体设置了7项重点任务、8个重点工程和5个方面的保障措施。

《关于工业大数据发展的指导意见》在工业数据采集汇聚方面部署了3项重点任务，推动全面采集、高效互通和高质量汇聚，包括加快工业企业信息化"补课"、推动工业设备数据接口开放、推动工业通信协议兼容化、组织开展工业数据资源调查"摸家底"、加快多源异构数据的融合和汇聚等具体手段，目的是形成完整贯通的高质量数据链，为更好地支撑企业在整体层面、在产业链维度推动全局性数字化转型奠定基础。而在促进工业数据共享流通方面,该项政策部署了两项重点任务,通过探索建立工业数据空间、加快区块链等技术在数据流通中的应用、完善工业大数据资产价值评估体系等方式,从技术手段、定价机制、交易规则等多个方面着手,激发工业数据市场活力,促进数据市场化配置。

除了以上3个直接提及大数据产业发展规划的经济调节政策外,其余15个政策均从侧面或间接提及大数据,虽然在直观上这18个政策对大数据的产业结构变化及总量的影响作用有所不同,但是基于之前提及的假设,假定所有政策的作用均是一样的。由于2014年大数据才首次被写入政府工作报告,因此将2014年有关大数据的产业经济调节政策数量假定为0。政策的总数量(累计数量)与时间的关系如图3-2所示。

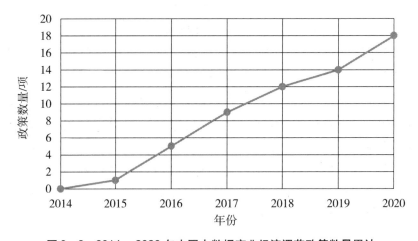

图3-2 2014—2020年中国大数据产业经济调节政策数量累计

由于大数据及其衍生出来的副产品种类繁多且诸多其他产业与大数据产业有所关联,因此统计其总产量(或产值)的过程极其复杂且计算出来的结果误差极大。这里笔者之所以用产业规模作为其产值的替代品,是因为大数据作为一项第三产业,产业规模的大小与产值具有明显的线性关系。

从图3-2中可以看出,自2014年起,除去2014—2015年的阶段,即2015—2020年间,中国关于大数据产业的经济调节政策的数量呈现匀速增长的趋势,在假设的条件成立的情况下,可以近似认为2015—2020年间政府通过产业经济调节政策对大数据这项可经营性资源的影响程度呈现匀速增加的趋势。同样,通过调研可以得到中国国内大数据的产业规模变化,如图3-3所示。

第三章 三类资源政策界定

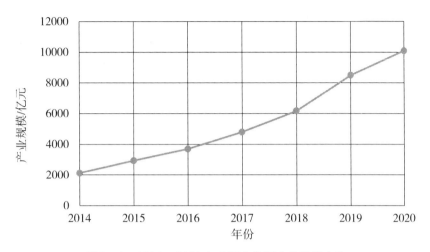

图3-3 2014—2020年中国大数据产业规模变化

［资料来源：本图由笔者根据中国信息通信研究院发布的《大数据白皮书（2021年）》数据制作而成。］

从图3-3中可以看出，自2014年中国政府开始重视大数据产业起，大数据的相关产业规模呈现逐年稳速增长的趋势，与大数据相关的产业经济调节政策的数量具有同样的变化趋势，由此可以初步认为两者之间存在线性关系，因此在图3-4中作出两者之间的线性回归结果。从图3-4中可以粗略看出，政策数量与产业规模基本呈线性关系，且在回归线两边具有同样数量的数值点（政策数量—产业规模）。

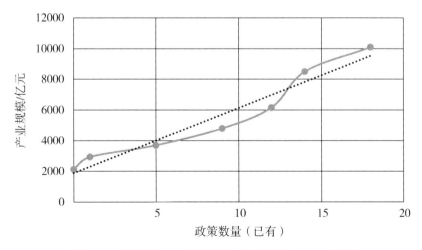

图3-4 线性回归（政策数量与产业规模）——大数据

接下来可以通过计算线性回归公式的显著性水平来判断该线性回归是否可靠。通过 Eviews 软件可以计算出线性回归公式的显著性水平等数值，见表 3-2。

表 3-2　线性回归显著性水平等参数（大数据）

变量	系数	标准误差	t 统计量	Prob.
C	1895.322	475.2533	3.988025	0.0104
$Policies$	424.9754	45.28423	9.384622	0.0002
可决系数	0.946278	因变量均值		5477.257
修正可决系数	0.935533	因变量标准差		2750.717
回归标准差	749.1964	赤池信息量		16.31084
残差平方和	280.6476	施瓦兹准则 SC		16.29538
对数似然值	-55.08793	汉南·奎因准则		16.11982
F 统计量	88.07113	杜宾·沃森统计量		1.282922
Prob.（F 统计量）	0.000232			

从表 3-2 中可以看出，线性回归拟合得出的公式为：

产业规模（亿元）= 424.9754 × 政策数量 + 1895.322 　（3-3）

其中，变量一列中的 C 表示式（3-3）的常系数，$Policies$ 表示中国国内（国家政府机关）与大数据有关的经济调节政策数量。通过表 3-2 可以得到式（3-3）。可决系数和修正可决系数的值越接近 1，表明线性回归对于原数据的拟合越好。表 3-2 中显示两个值分别为 0.946278 和 0.935533，均较接近 1，因此可以判定，利用线性回归，政策数量与产业规模是可以拟合得较好的。Prob. 表示两个系数的显著性水平，其中，常系数的显著性水平是 0.0104，而政策数量的相关系数的显著性水平是 0.0002。在假定置信区间为 95% 的情况下，显著性水平小于 0.05 就拒绝原假设（变量系数显著不为零），而两个求解的系数显著性水平均满足该条件，因此可以使用该系数来拟合。可以通过式（3-3）来拟合政策数量与大数据产业规模，甚至可以通过预计政策数量变化的多少来判断未来大数据产业规模的发展情况。

式（3-3）表述的详细内容为：在 2014 年前，由于中国国家政府并没有颁布与大数据产业相关的经济调节政策，因此政策数量可以视为 0，此时中国的产业规模大约为 1895.322 亿元；而在 2014 年后，国家政府机关每发布一个与大数据产业直接或间接相关的经济调节政策,均会使产业规模增加424.9754亿元。

而对于具有实体且可以通过其本身物理单位量化的可经营性资源,以中国农业行业为例,2015—2020年间出台了一系列中国农业行业相关的政策,见表3-3。

表3-3 2015—2020年中国农业行业相关政策汇总

发布时间	政策名称	备注
2015年	《关于加大改革创新力度,加快农业现代化建设的若干意见》(2015年中央一号文件)	—
2015年	《贯彻实施质量发展纲要2015年行动计划》	提及以质量推动品牌建设,推进农业企业的品牌培育能力建设;加强农产品质量安全监测;推动修订农产品质量安全法、食品安全法实施条件
2015年	《关于加快转变农业发展方式的意见》	
2016年	《关于落实发展新理念加快农业现代化实现全面小康目标的若干意见》(2016年中央一号文件)	—
2016年	《全国农业现代化规划(2016—2020年)》	以推进农业供给侧结构性改革为主线,加快转变农业发展方式
2016年	《关于做好2017年国家农业综合开发产业化发展项目申报工作的通知》	
2017年	《关于深入推进农业供给侧结构性改革加快培育农业农村发展新动能的若干意见》(2017年中央一号文件)	
2018年	《关于实施乡村振兴战略的意见》(2018年中央一号文件)	坚持质量兴农、绿色兴农,加快构建现代农业产业体系、生产体系、经营体系,提高农业创新力、竞争力和全要素生产率,加快实现由农业大国向农业强国转变

续表 3-3

发布时间	政策名称	备注
2018 年	《乡村振兴战略规划（2018—2022 年）》	构建现代农业产业体系、生产体系、经营体系，实现农村一、二、三产业融合发展，增强中国农业的创新力和竞争力
2019 年	《关于坚持农业农村优先发展做好"三农"工作的若干意见》（2019 年中央一号文件）	—
2020 年	《关于抓好"三农"领域重点工作 确保如期实现全面小康的意见》（2020 年中央一号文件）	—

从表 3-3 中可以看出，自 2015 年起国家政府机关总共颁布了 11 项与中国农业行业相关的政策。同大数据有关的政策一样，由于以上政策都会直接或间接地导致中国农业中的可经营性资源总量及结构发生变化，因此均将其视作产业经济调节政策且对农业的总量及产业结构有同样的影响。政策的总数量（累计数量）与时间的关系如图 3-5 所示。

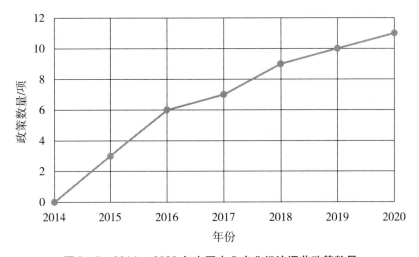

图 3-5　2014—2020 年中国农业产业经济调节政策数量

由于笔者从 2014 年开始统计中国农业的总产值及相关数据并进行线性回归分析,且从大数据中的拟合中可以粗略判断政策数量与产值存在线性关系,因此在这次拟合中,将 2014 年作为基点,即 2014 年国家政府机关涉及农业的产业经济调节政策数量为 0。

从图 3-5 中可以看出,2014—2020 年间中国关于农业的经济调节政策的数量呈现匀速增长的趋势,在假设条件成立(即政策数量与产值存在线性关系)的情况下,可以近似认为在 2015—2020 年间国家政府的产业经济调节政策对农业的影响程度呈现匀速增强的趋势。同样,通过调研可以得到中国国内农业的总产值变化,如图 3-6 所示。

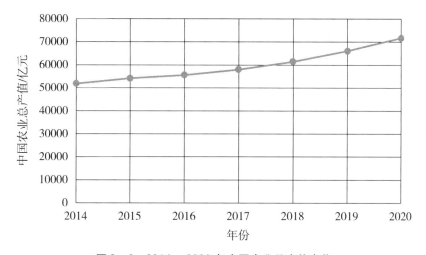

图 3-6 2014—2020 年中国农业总产值变化

[资料来源:本图由笔者根据国家统计局官方网站(https://data.stats.gov.cn/easyquery.htm?cn=C01&zb=A0D04&sj=2020)数据制作而成。]

从图 3-6 中可以看出,自 2014 年起,中国农业的总产值呈现逐年稳定增长的趋势,其变化趋势与农业相关的产业经济调节政策的变化趋势相同,因此可以初步判断两者之间存在线性关系,得出这两者之间的线性回归结果,如图 3-7 所示。

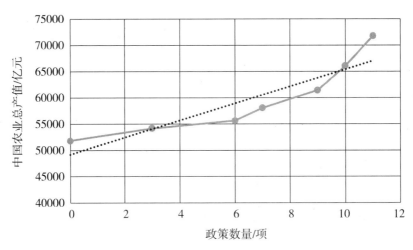

图 3-7 线性回归（政策数量—农业总产值）

从图 3-7 中可以粗略看出，政策数量与农业的总产值呈线性关系，且在回归线两旁都具有同样数量的数值点（政策数量—农业总产值）。同样，可以通过 Eviews 计算出线性回归公式的显著性水平等数值，见表 3-4。

表 3-4 线性回归显著性水平等参数 1（农业）

变量	系数	标准误差	t 统计量	Prob.
C	49187.38	2506.627	19.62294	0.0000
$Policies$	1624.604	333.2661	4.874795	0.0046
可决系数	0.8264169	因变量均值		59863.35
修正可决系数	0.791403	因变量标准差		7063.829
回归标准差	3226.220	赤池信息差		19.23097
残差平方和	52042478	施瓦兹准则 SC		19.21551
对数似然值	-65.30838	汉南·奎因准则		19.03995
F 统计量	23.76363	杜宾·沃森统计量		0.846568
Prob.（F 统计量）	0.004574			

从表 3-4 中可以看出，线性回归拟合得出的公式为：

$$总产值（亿元） = 1624.604 \times Policies + 49187.38 \quad (3-4)$$

其中，变量一列中的 C 表示式（3-4）的常系数，$Policies$ 表示在中国区域大小内与农业相关的经济调节政策数量。

表 3-4 中显示，可决系数和修正可决系数两个值分别为 0.8264169 和 0.791403，均较接近 1，因此可以判定，利用线性回归，政策数量与产业规模是可以拟合得较好的，但是相较于大数据的拟合结果来看则差一点。Prob. 表示两个系数的显著性水平，其中，常系数的显著性水平是 0.000，政策数量的相关系数的显著性水平是 0.0046。在假定置信区间为 95% 的情况下，由于两个系数的显著性水平均小于 0.05，因此可以通过式 (3-4) 来拟合政策数量与农业的总产值。

式 (3-4) 表述的详细内容为：2014 年，中国的农业总产值大约为 49187.38 亿元；而在 2014 年后，国家政府机关每发布一个与农业直接或间接相关的经济调节政策，就会使农业的总产值增加 1624.604 亿元。

以上是根据总产值得到的线性拟合，而实际上，农业总产值的变化需要在以上基础之上除去通胀率得到，这种情况仅对常系数以及政策数量的相关系数产生一定比例的变化，对于其显著性水平并没有太大的影响。

由于农业相关的可经营性资源可以通过自身物理单位量化，因此可以将线性拟合得到的显著性水平进行对比，得到与政策数量线性相关的更多的是产值或产量。2015—2020 年间，中国的主要粮食产量见表 3-5。

表 3-5 2015—2020 年中国主要粮食产量

（单位：万吨）

年份	粮食	谷物	小麦	玉米	夏粮	秋粮	早稻
2015	66060	61818	13256	26499	14075	48778	3207
2016	66044	61667	13319	26361	14050	48891	3103
2017	66161	61521	13424	25907	14174	48999	2987
2018	65789	61004	13144	25717	13881	49049	2859
2019	66384	61370	13360	26078	14160	49597	2627
2020	66949	61674	13168	26067	14281	49934	2729

[资料来源：本表由笔者根据政府官方报告 (https://data.stats.gov.cn/easyquery.htm? cn = C01&zb = A0D0F&sj = 2020) 制作而成。]

由表 3-5 可以看出，不论粮食还是其他农业产物，2015—2020 年间的产量均处于小幅度波动的状态。这是由于中国农业已经是处于成熟期的一种产业，因此其总产量的变化并不会太大，只有产业结构发生变化。

中国的粮食总产量在2015—2020年的变化如图3-8所示。

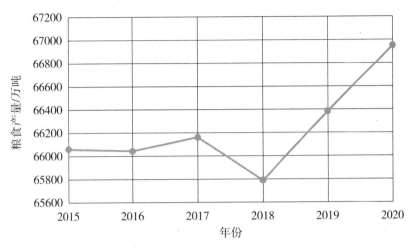

图3-8　2015—2020年中国粮食总产量变化

[资料来源：本图由笔者根据国家统计局官方网站（https://data.stats.gov.cn/easyquery.htm？cn=C01&zb=A0D0F&sj=2020）数据制作而成。]

从图3-8中可以看出，2015—2018年间，中国粮食的总产量变化不大，而在2018—2020年间，中国粮食总产量略微增长。政策数量与粮食总产量的线性拟合及显著性水平等如图3-9、表3-6所示。

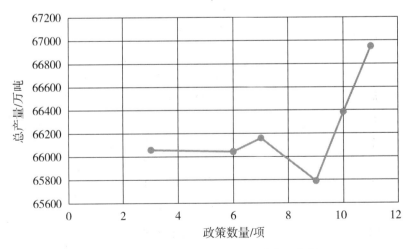

图3-9　线性回归（政策数量—粮食总产量）

表3-6中显示，可决系数和修正可决系数两个值分别为0.316097和0.145121，均与1相差较大，因此可以判定政策数量与农业的总产值利用线性回归是不能较好地符合的，且相较于农业经济调节政策与总产值的拟合，结果更差。Prob.表示两个系数的显著性水平，其中，常系数的显著性水平是0.000，政策数量的相关系数的显著性水平是0.2455。在假定置信区间为95%的情况下，由于常系数的显著性水平小于0.05，而政策数量的相关系数远远大于0.05，因此，可以表述为中国农业中粮食的总产量能保持在约65644.25万吨的水平浮动，且政策数量与中国农业中粮食总产量并没有较高的相关性。

表3-6 线性回归显著性水平等参数2（农业）

变量	系数	标准误差	t统计量	Prob.
C	65644.25	457.3997	143.5162	0.0000
$Policies$	76.55385	56.30201	1.359700	0.2455
可决系数	0.316097	因变量均值		66231.17
修正可决系数	0.145121	因变量标准差		400.8508
回归标准差	370.6252	赤池信息量		14.92946
残差平方和	549452.2	施瓦兹准则SC		14.86005
对数似然值	-42.78838	汉南·奎因准则		14.65159
F统计量	1.848784	杜宾·沃森统计量		1.538058
Prob.（F统计量）	0.245521			

综上，对于中国的农业来说，政府的经济调节政策与该产业总产值的相关性高于与总产量的相关性，且与总产量的相关性可以近似为0。那么，笔者可以大胆提出一个猜想：对于形成期及成长期的产业（可以通过自身单位量化且具备实体的产业），产业经济调节政策与总产值必定呈线性关系，而与总产量可能呈线性关系；对于成熟期的产业，产业经济调节政策与总产值可能呈现线性关系，而总产量则会保持不变或只会小幅度波动，因为成熟期的产业可经营性资源总量变化并不会太大，但是政府的产业经济调节政策可以通过调节或优化产业结构来达到增加产值的效果。至于衰退期的产业，将与无实体的可经营性资源（衰退期）一同讨论。

对比大数据的政策数量与其产业规模的拟合以及农业的政策数量与其

总产值的拟合，可以发现，大数据的线性拟合结果中的常系数及政策数量的相关系数均小于农业的常系数及相关系数，这是因为：首先，两者使用的单位并不相同，前者是用产业规模进行拟合，后者是通过总产值进行拟合；其次，两个产业的总量并不一样且发展时间不同，大数据产业是一项处于成长期或成熟期的产业，而农业作为一项发展了较长时间的产业，是已经处于成熟期的，因此，农业相关的可经营性资源在直观上会远远大于大数据产业相关的可经营性资源；最后，大数据相关的政策是从2014年开始计算的，在2014年之前并没有太多经济调节政策与大数据有关，而农业的经济调节政策基本上每年都有，因此，农业的常系数更多是作为其2014年的总产值而不是没有政策情况下的初始值。

通过对比也可以发现，大数据的拟合结果上，政策数量的显著性水平明显低于农业的显著性水平且可决系数大于农业。这意味着农业的拟合结果比大数据的拟合结果更差。这是由于其产业属性的不同：农业属于实体产业（第一产业），而大数据更多是属于虚拟产业（第三产业），政策从颁布到实行再到落实存在一定的滞后性，而农业因为是第一产业，这个过程相较于大数据会更长，因此，政策并不能在颁布后立刻对其总产值生效，从而导致了一部分的误差；农业处于成熟期，而大数据处于成长期或成熟期初期，政策对农业只能作用于其结构，而对大数据产业能同时作用于总量及结构，因此，政策对大数据的影响生效更快，即更贴近于线性拟合；政策的具体内容并不一样，从表3-1及表3-3中可以看出，有些政策并不是直接与其相关的产业有关，而是从侧面提及，如表3-3中的《乡村振兴战略规划（2018—2022年）》，因此，这部分政策在进行计算时其作用效力与直接相关的产业经济调节政策可能有所差别，计算时可能只能算0.8个政策。

综上，在线性拟合政策数量与产业总产值或产业规模的过程中，拟合虚拟产业（或类似）的结果较之于拟合实体产业更为合理。这个原理是基于政策实施的滞后性及产业本身的属性的。

在这里，笔者需要对衰退期的产业进行额外的补充，因为部分衰退期产业并不是由于其存在替代品而步入衰退期，而是由于其存在一定的弊端（如污染过大）。以纺织业为例，由于污染过于严重，因此近年来国家政府机关针对纺织业的政策均为精简结构，将其绿色化且尽量降低其总量。以2018年开始施行的《中华人民共和国环境保护税法》为例，其中明确了纺织废水包括印染废水、化纤生产废水、洗毛废水、麻脱胶废水和化纤浆粗废水5种，该项政策对纺织业的总产值、总产量和产业规模的发展均有规制的作用。

因此，对于衰退期的产业，在进行政策数量的统计时，需要额外统计这部分具有规制作用的政策。这部分政策并不能直接加入现有的政策数量中，而是要作为负数统计进政策汇总中。例如，现政策数量为5，如果政府颁布了一项政策用于调整产业结构且具有减少可经营性资源总量的作用，则需要在现有政策数量之上减1，即之后的政策数量为4。那么，在这种计算方法下，政策数量与衰退期产业的总产值或产业规模同样具有线性关系，但是从时间跨度来看，政策数量（这里甚至可以说是所有政策效用的总和）随着时间推移会不变甚至减少。

第二节 民生经济调节政策与边界

从字面上理解，民生经济调节政策即政府制定的调节民生经济的政策，以确保在增加民生经济总量的同时能让社会上每个个体都享受到自己应得的民生福利。而在调节方面，可以视作对民生经济的总量及结构两方面的同时调整。与产业经济调节政策类似，民生经济调节政策同样与产业经济调节政策及城市经济调节政策之间存在一定程度的交叉，不仅在某项准经营性资源进行有条件转变的过程中，与这种资源有关的政策性质会发生转变，而且部分经济调节政策会同时与民生经济及产业经济或城市经济有关。

在中国，民生经济调节政策同样坚持以人为本，充分体现了崇尚劳动、崇尚创造、崇尚平等、崇尚和谐的原则，体现了对劳动者在经济社会生活中主体地位的尊重。与产业经济调节政策类似，制定这类政策的主体可以是不同区域范围的政府，大至国家政府，小至县政府。民生经济调节政策不仅包括已颁布的政策，还包括正在讨论的，或某些重要会议上讨论的内容。

民生经济调节政策相较于产业经济调节政策及城市经济调节政策，区别在于针对的目标不同。民生经济调节政策的着重点更多是社会个体的受益及政府如何确保民生经济的结构是最优的等方面。对民生经济的调节过程可以同样视作对非经营性资源的调节过程，两者是近似的。

一、民生经济调节政策的"度"

界定一个政策是民生经济调节政策需要几个条件：首先，制定这项政

策的主体是所求区域的区域政府；其次，该政策会直接或间接地对民生经济的总量及结构造成影响，或是完善政府对民生经济分配的监管；最后，政策以最新修订的为准，如某政策修改若干次，则以最后一次修改得到的产业政策作为产业经济调节政策。

笔者以资源现在的状态作为根源定义相关政策，即民生经济调节政策是与现实中现在这一时刻作为非经营性资源相关的政策。不论这种资源过去是否作为非经营性资源存在，由于其现在是作为非经营性资源而由社会上的所有所需要的个体享有，因此与该项非经营性资源有关的调节政策即是民生经济调节政策（不论过去还是现在）。

在区域不同大小的条件下，民生经济调节政策的重要程度（或重要性）也存在明显的差异；而在区域同等大小的条件下，不同区域的民生经济调节政策的重要程度同样存在一定的差异，这是因为不同区域的人口基数及社会公众满意度均有所不同。

相较于产业经济调节政策，制定民生经济调节政策的"度"在直观上较好控制，但是实际上则需要政府在执行上更费心思。这个"度"可以总结为人数及效益。

这里，人数指社会上能够享受到非经营性资源的人数。笔者在第一、第二章中定义了非经营性资源及民生经济，其中心主旨即是社会上每个个体都能享有同等量的非经营性资源，而这个主旨至今仍处于理想状态。为了能让民生经济调节政策帮助这个理想化的主旨成为现实，区域政府首先要做的便是产业经济调节政策所涉及的非经营性资源能够分配到尽可能多的应该享有该非经营性资源的个体手上，因此，人数便是一个"度"。

效益主要包括政府的支出效益、民生方面的效益及生产力方面的效益。政府的支出效益表示政府在制定民生经济调节政策的时候更多地考虑政府支出及政府补助两方面所造成的民生经济增加的量足够多，即这两方面的收益率是最高的。在民生方面的效益既可以表示为社会群众的归属感，也可以表示为社会公众的满意度，这两项可以通过调查得到。一项民生经济调节政策能够帮助完善民生经济的结构的前提是，社会上的各个个体都自愿配合该项政策，因此，这方面的效益尤为重要。而生产力方面的效益则是间接因素，代表着政府在制定民生经济调节政策时不能在增加民生经济总量的同时影响到区域生产力。例如，如果民生经济调节政策帮助一个社会人士不工作也能够正常生活，那么这项民生经济调节政策即会影响生产力。并且,过度的民生经济调节政策会导致非经营性资源影响区域的总产值。因此,在制定民生经济调节政策的同时需要考虑到是否会影响生产力的因素(区域内平均个体生产力)。

以希腊为例,数据显示,2018年希腊的人均GDP是20324美元(合约人民币14万元),是中国人均GDP的两倍多。但是,在最夸张的时候,整个希腊1100万人中有10%的人是公务员。这些公务员可以花时间健身、旅游,而拿着国家给予的高额薪水,并且到了40岁,就开始领取国家发放的每年14个月的养老金。庞大的公务员工资支出财政赤字占国内生产总值的比重为13.6%,远高于欧盟允许的3%;且公务员占比过大,导致真正从事产业的人较少。而同时期,中国公务员的总数量为716万人,仅占总人口的0.5%。这些公务员在本书中可以认定为政府机关这项非经营性资源中的一部分。由于希腊政府的民生经济调节政策不合理,虽然部分人口享受到了应有的非经营性资源,但是整个区域在非经营性资源的支出上远远超过合理的水平,影响了正常的国家生产力水平,同时让这部分人产生了依赖性(不事生产)。

因此,笔者在下文将通过数值量化制定民生经济调节政策的"度"。在人数方面,可以近似为区域内的常住人口。流动人口是指人户分离人口中不包括市辖区内人户分离的人口。市辖区内人户分离的人口是指一个直辖市或地级市所辖区内和区与区之间,居住地和户口登记地不在同一乡镇街道且离开户口登记地半年以上的人口。常住人口指全年经常在家或在家居住6个月以上的人口,也包括流动人口在所在的城市居住。而能够享受到区域内绝大部分非经营性资源的人口是常年定居在该区域的居民,因此,人数可近似为区域内常住人口而非流动人口。

在效益方面,需要同时确保社会群众的归属感得到保证,不会让部分个体产生依赖感而影响社会的生产力,不会因为过度的民生经济调节政策,导致生产力不足以提供所需的非经营性资源。可以通过两种界限限制民生经济调节政策,以确保总和效益不会受到影响:为了确保社会群众的归属感得到保证,区域内每个个体所能享有的非经营性资源总量需要高于一个确切的值;为了避免部分个体产生过度的依赖感而影响区域总生产力,区域内个体所能享有的非经营性资源总量不能高于一个确切的值;为了避免区域内产值无法满足过度的非经营性资源需求,非经营性资源的提供总量在满足前两个条件的情况下,增速不得高于区域内生产总值的增速。可以通过以下3个公式来表示制定民生经济调节政策应该参考的"度"：

$$n_i \approx N \qquad (3-5)$$

$$\alpha_l \leq \alpha_i \leq \alpha_h \qquad (3-6)$$

$$G_i < G_{OR} \qquad (3-7)$$

式（3-5）中，n_i 表示区域内能享有的非经营性资源的人数，N 表示区域内的常住人口数量。式（3-6）中，α_l、α_i、α_h 分别表示区域内平均每个个体所能享有的非经营性资源总量（换算为价值）占基本生活费用的最低、实际及最高比例。其中，最低比例和最高比例作为参考项，是固定不变的，其作用是作为限制条件，避免发生社会群众归属感不足或区域内部分个体产生依赖性的情况。式（3-7）中，G_i 和 G_{OR} 分别表示区域内非经营性资源和可经营性资源的增长速率。这个公式的作用是限制非经营性资源的支出，以避免影响政府的财政。

式（3-5）中的常住人口数量 N 可以通过调研得到。式（3-6）的 α_l 和 α_h，各个区域需要通过一定的测量得到（可以通过不同年龄段人口的补助及人口年龄分布得到实际的 α_i）。在这里，笔者定义 α_l 和 α_h 分别为 20% 和 60%。式（3-7）中的 G_i 可通过调查区域内非经营性资源支出得到，G_{OR} 则可以参考区域的生产总值数据。

二、不同区域民生经济调节政策重要性的对比及衡量

在不同区域大小的情况下，如果区域 B 小于区域 A，但不属于区域 A 而属于区域 C（例如，区域 A 是美国，区域 B 是广东省，区域 C 是中国），则区域 B 与区域 C 制定政策的时间先后无法判断。虽然区域 B 范围大小小于区域 A，但是不排除存在区域 C 的人口基数及社会公众满意度远远高于区域 A 而导致区域 B 的非经营性资源高于区域 A 的可能性，那么，此时区域 B 与区域 A 的民生经济调节政策对比需要通过非经营性资源、社会公众满意度及政策执行力度才可以判断。

而同样在不同区域大小的情况下，如果区域 B 小于区域 A 且 B 属于 A（例如，区域 A 是中国，区域 B 是广东省），那么区域 B 的民生经济调节政策必定是在区域 A 所指定的同样的调节政策上结合区域 B 自身的情况制定的，且区域 B 不会在区域 A 制定并颁布某项特定的非经营性资源相关的经济调节政策前制定相关的调节政策。在这种情况下，区域 B 会晚于区域 A 制定民生经济调节政策，且区域 A 的民生经济调节政策的重要程度会高于

区域 B。笔者假设判断区域民生经济调节政策的重要性的公式为：

$$\theta_Q = \frac{\alpha_Q}{\alpha_P} \times \omega_Q \quad (3-8)$$

式（3-8）中，θ_Q 表示判断区域 Q 民生经济调节政策重要程度（或重要性）的指标，而 α_Q 表示区域 Q 的人口基数，α_P 表示区域 P 的人口基数，ω_Q 表示区域 Q 的社会公众满意度。其中，区域 Q 范围小于区域 P 且属于区域 P，而区域 Q 的范围大小并不一定需要只稍小于区域 P 的范围大小（例如，区域 P 表示中国，区域 Q 的范围大小并不一定是省份，也可以是区）。以上人口基数的单位为个或万个，社会公众满意度的单位为分。

而对比不同区域的 θ_Q 的前置条件与产业经济调节政策一致。以区域 Q 为广东省、区域 P 为中国为例，2020 年广东省民生经济调节政策的重要性计算的结果为 6.035（2020 年中国总人口 140005 万人[①]，广东省人口 10849 万人[②]，广东省地方政府总体满意度为 77.89）。

三、民生经济调节政策与相关民生经济的关系

首先需要定义与民生经济调节政策有关的量是什么。从第一节的内容可知，与产业经济调节政策有关的是总产值或产业规模，总产值或产业规模也可以视作可经营性资源，因此，与民生经济调节政策存在关系的是非经营性资源。从整体上看，区域 A 的非经营性资源总量及结构会受到其归属区域及其本身区域的民生经济调节政策的影响，即若区域 A 属于区域 B，则区域 A 的民生经济结构及总量会同时受到区域 B 与区域 A 的民生经济调节政策的影响。但是，在同时存在以上两种产业经济调节政策的情况下，区域 A 会优先执行自己制定的民生经济政策。因此，在区域 A 拥有自己的民生经济调节政策的情况下，区域 A 内的非经营性资源只受区域 A 的民生经济调节政策的影响。而在区域 B 暂时没有相关的民生经济调节政策的情况下，在区域 B 范围内的非经营性资源受到其所归属区域即区域 A 的产业经济调节政策的影响。而民生经济调节政策与产业经济调节政策不同的是，由于社会上不同的个体可以享用同等的非经营性资源，因此无须

---

① 参见国家统计局官网（https://data.stats.gov.cn/easyquery.htm?cn=C01&zb=A0301&sj=2020）。

② 参见国家统计局官网（https://data.stats.gov.cn/easyquery.htm?cn=C0103&zb=A0301&reg=440000&sj=2020）。

乘以区域 A 占区域 B 的人口比例。

与本章第一节类似，笔者需要通过拟合来验证民生经济调节政策与非经营性资源的关系。

首先，需要明确民生经济调节政策数量的定义。同与产业相关的调节政策一样，政策数量表示在已知的区域大小范围内的区域 A 从某一确定年份开始计算，政府针对该项可经营性资源所指定的政策总数量。总数量包括政府之后对政策的修改（如对某份政府文件的修改等）。

其次，可以初步建立模型，认为政策数量与非经营性资源的总量呈线性关系。这是基于一个假设：每个新增的调节政策或针对旧调节政策的修改均对非经营性资源的总量有同等的影响。而在条件允许的情况下，可以拓展政策数量为政策效力，政策效力代表着政府对非经营性资源的补助的多少或政府对非经营性资源预期增量的预测。例如，《广东省教育发展"十三五"规划（2016—2020年）》预期将为1300万农业转移人口市民化提供教育服务，这1300万市民即可作为政策效力的数据补充。

最后，在求解模型的时候需要对因变量即非经营性资源的总量进行定义。在大部分情况下，可以用政府在非经营性资源中的预算支出作为因变量；而在单独求解对于单项非经营性资源的拟合时，可以以其自身量化单位（如医疗床位）替代总量。

对于可以以自身量化单位替代总量的非经营性资源，笔者以医药行业为例。虽然医药行业是一项可经营性资源，但是与医药有关的政策会同时涉及医保这项非经营性资源，因此可以定义医药相关的产业经济调节政策兼具民生经济调节政策的作用。另外，由于大部分医药相关的非经营性资源都互相有所关联，如医保这项非经营性资源又与医疗、医药及医师数量等因素有所关联，因此对于医药相关的非经营性资源，笔者将其统一进行拟合。笔者会通过统计医药相关的总政策数量与医师数量、床位数及该项资源的总量，再进行拟合，从而得到更为贴切的结果。由于医疗与医药互相有所关联，笔者假设其同样可以作为医疗政策的总数量（存在一定的比例关系）。

近几年，针对制药行业中存在药物上市审批缓慢、创新品种缺乏、仿制药整体质量良莠不齐等现状，监管层陆续出台多项行业监管改革政策，涉及研发、生产等多个环节，目的在于改变行业以往存在的一些问题，积极引导行业发展向优质和创新转型。行业政策的不断出台为医药行业发展和创新营造了良好的政策环境。自2015年起至2020年，国家政府机关颁布的医药政策汇总见表3-7。

表3-7 2015—2020年国家医药行业相关政策汇总

发布时间	政策名称	发布单位
2015年	《关于完善公立医院药品集中采购的指导意见》	国务院办公厅
2015年	《关于城市公立医院综合改革试点的指导意见》	国务院办公厅
2015年	《关于完善基本医疗保险定点医药机构协议管理的指导意见》	国家人力资源和社会保障部
2015年	《关于印发推进药品价格改革意见的通知》	国家发展和改革委员会
2015年	《关于全面推进县级公立医院综合改革的实施意见》	国务院办公厅
2016年	《关于印发深化医药卫生体制改革2016年重点工作任务的通知》	国务院办公厅
2016年	《关于在公立医疗机构药品采购中推行"两票制"的实施意见的通知（试行）》	国务院、医改办等
2016年	《全国药品流通行业发展规划（2016—2020年）》	国家商务部
2016年	《关于促进医药产业健康发展的指导意见》	国务院办公厅
2016年	《"健康中国2030"规划纲要》	中共中央、国务院
2016年	《关于印发"十三五"深化医药卫生体制改革规划的通知》	国务院办公厅
2017年	《关于进一步深化基本医疗保险支付方式改革的指导意见》	国务院办公厅
2017年	《深化医药卫生体制改革2017年重点工作任务》	国务院办公厅
2017年	《关于进一步改革完善药品生产流通使用政策的若干意见》	国务院办公厅
2017年	《关于全面推进公立医院综合改革工作的通知》	国家卫生和计划生育委员会（今国家卫生健康委员会）、财政部等
2018年	《关于巩固破除以药补医成果持续深化公立医院综合改革的通知》	国家卫生和计划生育委员会（今国家卫生健康委员会）、财政部等

续表 3-7

发布时间	政策名称	发布单位
2018 年	《关于做好 2018 年城乡居民基本医疗保险工作的通知》	国家医疗保障局、财政部等
2018 年	《关于促进"互联网+医疗健康"发展的意见》	国务院办公厅
2018 年	《深化医药卫生体制改革 2018 年下半年重点工作任务》	国务院办公厅
2018 年	《关于〈全国零售药店分类分级管理指导意见（征求意见稿）〉公开征求意见的通知》	国家商务部市场秩序司
2019 年	《国家组织药品集中采购和使用试点方案》	国务院办公厅
2019 年	《关于国家组织药品集中采购和使用试点扩大区域范围的实施意见》	国家医保局、工业和信息化部等
2019 年	《关于开展药品零售企业执业医师"挂证"行为政治工作的通知》	国家药监局综合司
2019 年	《关于印发疾病诊断相关分组付费国家试点城市名单的通知》	国家医保局、财政部、国家卫健委、国家中医药局
2020 年	《关于推进新冠肺炎疫情防控期间开展"互联网+"医保服务的指导意见》	国家医保局、国家卫健委
2020 年	《关于深化医疗保障制度改革的意见》	中共中央、国务院

表 3-7 中涵盖的所有医药行业相关的政策中，除去 2018 年的《关于〈全国零售药店分类分级管理指导意见（征求意见稿）〉公开征求意见的通知》（该政策主要涉及中国国内范围的药店有关的管理，因此只属于医药行业的产业经济调节政策，并不具备民生经济调节政策作用于民生经济结构及总量的作用），均与医保医疗相关的非经营性资源存在直接的联系。由于同样假设政策数量与非经营性资源相关的因变量存在线性关系，且 2014 年之前已存在一定数量的民生经济调节政策，因此笔者将 2014 年的政策数量视作 0，这样方便统计及拟合，得到政策数量变化如图 3-10 所示。

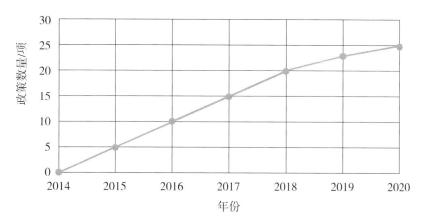

图 3-10 2014—2020 年中国医疗相关的民生经济调节政策累计数量

从图 3-10 中可以看出，2014—2020 年，与医疗相关的民生经济调节政策数量呈现匀速增长的趋势，同样可以假设国家政府机关通过民生经济调节政策对医疗相关的非经营性资源的影响程度匀速增加。

在这里，笔者对政策累计数量与执业（助理）医师数及医院总床位数进行拟合得到的结果进行对应的分析。执业医师数及床位数可以视作医疗相关的非经营性资源的总量（相对应为可经营性资源中的产业规模）。执业医师数以及床位数随时间的变化曲线如图 3-11、图 3-12 所示。

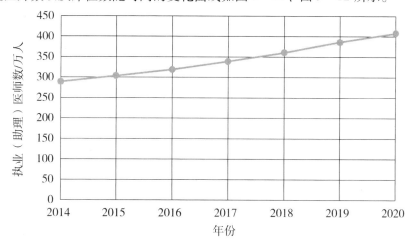

图 3-11 2014—2020 年中国全国执业（助理）医师人数变化曲线

［资料来源：本图由笔者根据国家统计局官方网站（https://data.stats.gov.cn/easyquery.htm？cn＝C01&zb＝A0002&sj＝2020）数据制作而成。］

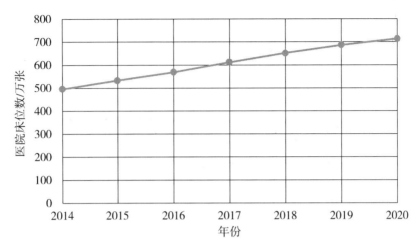

图 3-12　2014—2020 年中国全国医院床位数变化曲线

[资料来源：本图由笔者根据国家统计局官方网站（https://data.stats.gov.cn/easyquery.htm? cn = C01&zb = A00O5&sj = 2020）数据制作而成。]

从图 3-11、图 3-12 中可以看出，自 2014 年起，中国全国医师人数及医院床位数均呈现匀速增加的趋势，并且与医疗相关的民生经济调节政策具有同样的变化趋势，因此可以初步认为两者之间为线性关系。

政策数量与医师人数的拟合曲线如图 3-13 所示。

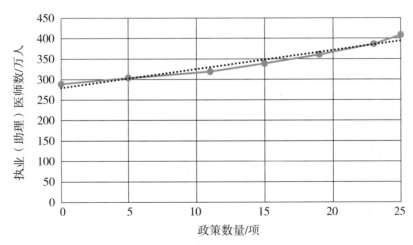

图 3-13　线性回归 [政策数量（项）—医师人数（万人）]——医疗

从图3-13中可以粗略看出，几乎所有的点都分布在拟合线的两边且非常相近，并且处于拟合线两边的数据点的数量近似，因此可以进一步认定其存在线性关系。通过Eviews计算出线性回归公式的显著性水平等参数，见表3-8。

表3-8 线性回归显著性水平等参数［医疗——医师人数（万人）］

变量	系数	标准误差	t统计量	Prob.
C	279.2796	7.503125	37.22177	0.0000
$Policies$	4.611868	0.457110	10.08919	0.0002
可决系数	0.953180	因变量均值		343.8457
修正可决系数	0.943816	因变量标准差		43.72153
回归标准差	10.36339	赤池信息量		7.749392
残差平方和	536.9994	施瓦兹准则SC		7.733938
对数似然值	-25.12287	汉南·奎因准则		73558381
F统计量	101.7919	杜宾·沃森统计量		0.833067
Prob.（F统计量）	0.000164			

可以通过表3-8得到如下线性回归拟合的公式：

$$执业（助理）医师人数（万人）= 4.611868 × 政策数量 + 279.2796 \quad (3-9)$$

式（3-9）中各变量与产业经济调节政策的定义基本一致，因此可以通过图3-13得到式（3-9）中的所有系数大小。

从表3-8中可以看出，可决系数和修正可决系数分别为0.953180和0.943816，均较接近1，因此可以判断数据点均分布在离拟合较近的地方，拟合公式的结果较好。常系数和政策数量的相关系数的显著性水平分别为0.0000和0.0002，均远小于在置信度为95%情况下的显著性水平（0.05），因此，在这种情况下拒绝变量系数为零的原假设，即变量的系数显著不为零。综上，可以通过式（3-9）拟合政策数量与医师人数的关系且两者关系为线性。

式（3-9）可以表述为：在假定所有与医疗有关的民生经济调节政策作用均为1的情况下（或每增加一个政策，政策数量加1），政策数量与医师人数存在线性关系；在2014年中国的医师人数大约为279.2796万人的情况下，2014年后，中国政府机关每发布一项新的或修改过的与医疗相关的调节政策，中国的执业医师数量约增加4.611868万人。

政策数量与医院床位数的拟合曲线如图3-14所示。

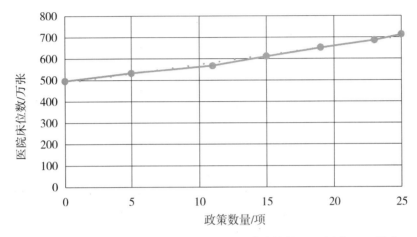

图3-14 线性回归［政策数量（项）—医院床位数（万张）］——医疗

从图3-14中同样可以粗略看出，几乎所有的点都分布在拟合线的两边且非常靠近，并且处于拟合线两边的数据点的数量近似，因此可以进一步认定其存在线性关系。计算出线性回归公式的显著性水平等参数见表3-9。

表3-9 线性回归显著性水平等参数［医疗——医院床位数（万张）］

变量	系数	标准误差	t统计量	Prob.
C	487.6928	6.383800	76.39537	0.0000
Policies	8.656128	0.388917	22.25698	0.0000
可决系数	0.99007	因变量均值		608.8786
修正可决系数	0.988009	因变量标准差		80.52123
回归标准差	8.817369	赤池信息量		7.426280
残差平方和	388.7300	施瓦兹准则SC		7.410826
对数似然值	-23.99198	汉南·奎因准则		7.235269
F统计量	495.3732	杜宾·沃森统计量		1.259597
Prob.（F统计量）	0.000003			

可以通过表3-9得到如下线性回归拟合的公式：

医院床位数(万张) = 8.656128 × 政策数量 + 487.6928　　(3-10)

式（3-10）中各变量定义基本不变，因此可以通过图3-14得到式（3-10）中的所有系数大小。

从表3-9中可以看出，可决系数和修正可决系数分别为0.99007和0.988009，均较接近1，因此可以判断数据点均分布在离拟合较近的地方，拟合公式的结果较好，且这两个值稍大于执业医师拟合中对应的两个值。另外，其常系数和政策数量的相关系数的显著性水平均为0.0000，均远小于在置信度为95%情况下的显著性水平（0.05），因此，在这种情况下拒绝变量系数为零的原假设，即变量的系数显著不为零。综上，可以通过式（3-10）拟合政策数量与医院床位数的关系得到两者关系为线性。且由于上述所有的值均优于通过执业医师数量拟合出来的模型，因此判断政策数量能够迅速在医院床位数这项因变量上产生相对应的影响。

式（3-10）可以表述为：在假定所有与医疗有关的民生经济调节政策作用均为1的情况下（或每增加一个政策，政策数量加1），政策数量与医院床位数存在线性关系；2014年中国的医院床位数大约为487.6928万张的情况下，2014年后，中国政府机关每发布一项新的或修改过的与医疗相关的调节政策，中国的医院床位会增加8.656128万张。

而对应医疗相关的政府支出（非经营性资源总量）是国家财政医疗卫生支出且包括一部分的国家财政社会保障和就业支出。在这里，笔者假设国家财政社会保障和就业支出占据医疗有关的非经营性资源总量的一部分，且存在固定比例，因此在拟合中，可以仅仅对国家财政医疗卫生支出进行政策数量的拟合，这里只与常系数及政策的大小有关而与拟合程度及显著性大小无关。中国国内的国家财政医疗卫生支出变化如图3-15所示。

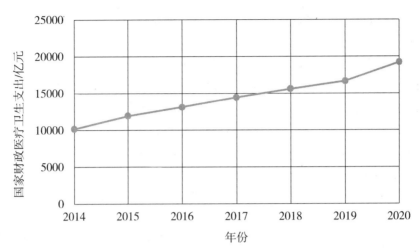

图 3-15　2014—2020 年中国国家财政医疗卫生支出变化曲线

（资料来源：本图由笔者根据国家统计局官方网站数据制作而成。）

从图 3-15 中可以看出，2014—2020 年中国国家财政医疗卫生支出呈匀速增长的趋势，可以认为与医疗相关的政策数量具有同样的变化趋势。同样，可以计算出线性回归的显著性水平等参数，见表 3-10。

表 3-10　线性回归显著性水平等参数［医疗——国家财政医疗卫生支出（亿元）］

变量	系数	标准误差	t 统计量	Prob.
C	9987.907	516.0067	19.35616	0.0000
$Policies$	319.5324	31.43645	10.16439	0.0002
可决系数	0.953838	因变量均值		14461.36
修正可决系数	0.944606	因变量标准差		3028.192
回归标准差	712.7136	赤池信息量		16.21099
残差平方和	2539803	施瓦兹准则 SC		16.19554
对数似然值	-54.73847	汉南·奎因准则		16.01998
F 统计量	103.3149	杜宾·沃森统计量		1.654970
Prob.（F 统计量）	0.000158			

可以通过表 3-10 得到如下线性回归拟合的公式：

国家财政医疗卫生支出（亿元）= 319.5324 × 政策数量 + 9987.907

(3-11)

式（3-11）中各变量定义基本不变，因此可以通过图3-15得到式（3-11）中的所有系数大小。

从表3-10中可以看出，可决系数和修正可决系数分别为0.953838和0.944606，均较接近1，因此可以判断数据点均分布在离拟合较近的地方，拟合公式的结果较好。同时，常系数和政策数量的相关系数的显著性水平分别为0.0000和0.0002，均远小于在置信度为95%情况下的显著性水平（0.05），因此，在这种情况下拒绝变量系数为零的原假设，即变量的系数显著不为零。综上，可以通过式（3-11）拟合政策数量与国家财政医疗卫生支出或医疗相关的非经营性资源总量的关系得到两者关系为线性。

式（3-11）可以表述为：在与之前假定条件相同的情况下，政策数量与医疗相关的非经营性资源总量存在线性关系；在2014年中国的国家财政医疗卫生支出大约为9987.907亿元的情况下，2014年后，中国政府机关每发布一项新的或修改过的与医疗相关的调节政策，中国国家财政医疗卫生支出增加的值为319.5324亿元。

在以上3个模型中，均可以较好地用线性拟合模拟政策数量与非经营性资源相关的因变量。通过对比3个模型中的可决系数和修正可决系数，可以得出对医院床位数的拟合最好，其他两个并无太大的差别。相较于产业经济调节政策，产业政策与可经营性资源总量、民生政策与非经营性资源总量两者的拟合结果存在一定的差异，对比可经营性资源的总量与非经营性资源的总量，发现两者的拟合均较为接近于线性，即可决系数和修正可决系数均接近1。但是，可经营性资源的产量与非经营性资源的总量（通过固有单位，如床位数等得到）拟合得到的结果具有较大的差别。可经营性资源的产量，如所提及的农业总产量的可决系数及修正可决系数与1相差甚远，非经营性资源的总量（固有单位）反而较接近1。并且不论是非经营性资源的哪种拟合模型，其显著性水平均小于可经营性资源拟合得到的显著性水平。

综上，政策数量对非经营性资源的线性拟合较之可经营性资源的线性拟合更准确，其原因可以总结如下。

（1）制定政策的主体、行使政策的主体及受益的主体不一致。不论是产业经济调节政策还是民生经济调节政策，其制定的主体均是政府，但是两者行使政策以及受益的主体并不一样。产业经济调节政策的行使政策主体不仅有政府，还有社会上的不同个体、企业等。政府更多是辅助及监督；社会上不同个体、企业等则是增加可经营性资源的总量及在政府的帮助和监督下对可经营性资源进行再分配，完善其结构。而民生经济调节政策的行使政策主体是政府，由于非经营性资源的属性，只能由政府作为全权行使该政策的主体。产业经济调节政策的受益主体和民生经济调节政策的受益主体均为社会个体，但是存在一点差异，可经营性资源的排他性使其面对的社会个体是特定的，而非经营性资源的非排他性使其受益的可以是社会全部个体。并且，由于非经营性资源更多是属于服务，可经营性资源更多是属于实体，因此产业经济调节政策产生影响的时间可能会稍慢于民生经济调节政策。

（2）针对的资源种类不一样。产业经济调节政策针对的可经营性资源会较之民生经济调节政策对应的非经营性资源更需要技术知识及相关投入作为基础，因此，虽然政策会对资源产生或积极或消极的影响，但是技术知识及相关投入限制了可经营性资源的总量或结构变化能如政府政策所期望的一致。而民生经济调节政策并不需要过多的技术知识，且相关投入或支出的主体是政府，因此，实际上民生经济调节政策的影响力会接近于政府的预期值。

（3）政策的属性不同。由于在产业经济调节的政策方面，政府起的作用更多的是辅助、协调及监管，且小部分相关政策是帮助扶持处于形成期或成长期的产业，因此，政府执行政策的效率对其影响并不大。而民生经济调节政策方面，政府具有制定政策、行使政策及落实政策的职能，因此，政府执行政策的效率对非经营性资源的结构及总量变化是否能达到预期目标极为重要。

考虑到国家财政社会保障和就业支出的情况以及式（3-11），中国的医疗相关的非经营性资源可以具体表示为：

非经营性资源（医疗）
= 国家财政医疗卫生支出 + 国家财政社会保障和就业部分支出
$$= (319.5324 \times 政策数量 + 9987.907) \times \left(\frac{国家财政社会保障和就业部分支出}{国家财政医疗卫生支出} + 1 \right)$$
(3-12)

式（3-12）是没有考虑社会公众满意度及政策执行力度和通胀率的（第二章中有所提及），因此，实际上民生经济调节政策所造成的医疗相关的非经营性资源的增加是小于式（3-12）的。通过加入以上几个参数，可以计算出实际的非经营性资源（医疗）的公式，表示如下：

实际非经营性资源增量(医疗)

$= \dfrac{\text{社会公众满意度参数} \times \text{政策执行力度}}{1 + \text{通胀率}} \times \text{非经营性资源(医疗)}$ （3-13）

式（3-13）为实际上医疗相关的非经营性资源的拟合公式。其中，显著性水平、可决系数及修正可决系数这几个代表拟合程度的参数的大小并不会发生变化。社会公众满意度及政策执行力度会在第四章"有为政府分类"的相关章节中具体定义并给出公式。

式（3-13）可以充分表现出实际情况中非经营性资源受到多方面因素（社会群体、政府执行政策力度及政策数量等）的影响，因此，通过式（3-13）可以拓展出式（3-14）：

$$NOR_Q = \dfrac{\varepsilon_Q \times \in_Q}{1 + r} \times Equation_Q \qquad (3-14)$$

式（3-14）中，Q 定义为所求的区域名称，NOR_Q（non-operating resources）表示区域 Q 的实际非经营性资源的总量（单个或多个均可），r 表示通胀率，ε_Q 表示社会公众满意度参数，$\in_Q$ 表示政策执行力度，$Equation_Q$ 表示拟合公式（在不计算以上参数的情况下）。

通过上述公式可以得出所求非经营性资源的拟合曲线（政策数量与非经营性资源总量的关系），而对于已用自身量化单位量化的非经营性资源则无须考虑上述因素，但是在统计区域内所有非经营性资源总和的时候，同样需要将其转化为统一的金额单位。

在实际计算过程中，政策数量并不一定均为整数。与产业经济调节政策一样，使用者可以通过政策的实际情况定义其究竟是不是完全作用于所求的非经营性资源。若不是，则可以取小于 1 的数表示该政策并不是作为一个完整的作用于所求非经营性资源的政策。且在小部分情况下，由于某些非经营性资源的不适用性，政府制定相关政策修改或取消该项非经营性资源，此时政策的作用并非积极的，因此需要在政策原有数量基础上减少。

第三节 城市经济调节政策与边界

顾名思义，城市经济调节政策是政府用于调节城市经济，以确保城市经济总量稳步增长的政策。而调节方面，可以视为对城市经济的结构及总量两方面的同时调节。城市经济调节政策与产业经济调节政策及民生经济调节政策之间存在一定程度的交叉，即在某项准经营性资源有条件进行转变的过程中，与这种资源有关的政策性质会发生转变，尤其是城市经济调节政策，其转变路线主要为准经营性资源向其他两项资源转变，因此，其政策的特性在大部分情况下会转变为另外两项经济调节政策。

由于与城市经济调节政策相关的准经营性资源在传统经济学中还属于"模糊板块"，可归类为政府和企业的"交叉领域"，因此制定其政策的原则在一定程度上为产业经济调节政策及民生经济调节政策的融合。由于城市经济存在广义和狭义的区别，在本章中笔者侧重于狭义的城市基础设施建设。区域采取的制定城市经济调节政策的原则是：科学规划，有序管理，参与建设。而相对应的制定这类政策的主体可以是不同区域范围内的政府。与前两节提及的经济调节政策一样，城市经济调节政策不仅仅局限于已颁布的政策，还包括正在讨论的，或某些重要会议上的讨论内容。

城市经济调节政策相较于产业经济调节政策及民生经济调节政策，其区别在于，虽然同样是政府制定的用于调节经济总量及结构的政策，但是针对的目标不同，且其政策的属性具有可变性，即会转变为其他两种调节政策。对城市经济的调节过程可以同样视作对部分准经营性资源的调节过程，两者是近似的。

因此，界定一个政策是城市经济调节政策需要几个条件：首先，制定这项政策的主体是所研究区域的区域政府；其次，该政策会直接或间接地对城市经济的总量及结构造成影响；最后，政策是以最新修订的版本为准，该政策涉及的准经营资源是由企业以及政府相互竞争的。

城市经济调节政策与其他两类调节政策的不同之处在于，由于准经营性资源的特殊性（即准经营性资源可以在特定条件下转变为非经营性资源及可经营性资源），城市经济调节政策会更大可能地同时具有其他两类调节政策的特性。如第一节中提及的《国家"十二五"科学技术发展规划》，当中同时提及可经营性资源及准经营性资源，因此该政策同时具备城市经济调节政策和产业经济调节政策两种属性。

对于城市经济调节政策，它更需要有一个明确的定义。笔者同样以资源现在的状态作为定义城市经济调节政策的根据，若资源现属于与城市经济有关的准经营性资源，那么与其相关的政策才能被称为城市经济调节政策或具有城市经济调节政策的功能或属性。资源是否属于城市经济有关的准经营性资源的判断标准为：确定与城市建设相关的资源有关，现资源被政府及企业同时竞争，且该项资源具有转变为完全由政府提供或完全由企业之间分配的可能性。

在不同区域大小中，城市经济调节政策的重要程度或重要性存在明显的差异；而在同等区域大小的条件下，不同区域的城市经济调节政策的重要程度同样存在一定的差异。这是由于不同区域的人口基数及社会公众的满意度均有所不同。

一、城市经济调节政策的"度"

与前两个经济调节政策的不同之处在于，城市经济调节政策不仅与政府有关，还与社会上的个体有关。因此，用来衡量其是否合理的"度"应该是人数（受益个体数量）、综合效益、竞争力。

在人数方面，政府需要衡量的是与产业经济调节政策类似的因素，而城市经济调节政策需要在此基础上增加"政府"作为个体数。对于城市经济资源，政府在保证城市经济中社会的受益个体数量在一定基数的同时，还需要考虑自身的参与度。参与度可以通过综合效益方面中的合约转让率来表示。

在综合效益方面，在制定城市经济调节政策的时候，同样要全盘考虑各种效益因素，既要关注政府方面的效益，也要关注企业方面的效益，避免片面地制定相关政策而忽略某些方面的效益。从政府角度，城市经济调节政策需要保证政府的每一笔在准经营性资源上的支出都能够有效地增加城市经济总量。从企业角度，城市经济调节政策需要保证企业能够在城市经济上的投资产量及产值均有增加，且保证企业数量或受益者数量变化不大。而从两个角度上需要同时考虑效益的相关，即确保本章中提及的合约转让率保持在政府所认定的准经营性资源的标准之中。

在竞争力方面，同样可以分为外部竞争力及内部竞争力。制定城市经济调节政策对内部竞争力的影响极大，因此，区域政府要考虑的是平衡社会中各个个体的竞争力，特别是政府与社会受益个体之间的竞争，避免出现恶性竞争而最终导致生产力及区域的总体竞争力下降。这要求政府在制定相关政策的时候不能表明单独对一方有利，需要在确保调节城市经济总量及结构的时候不会特意偏袒任何一边。对于外部竞争力，城市经济调节政策的宗旨是增加自己的外部竞争力。大部分城市经济调节政策是为了增加自己的外部竞争力，以保证自己的城市经济发展较之其他区域更好，且在这方面城市经济的多少会间接影响民生经济及产业经济（城市环境、城市安全问题等）。

以上三个"度"中前两个可以量化：在人数方面，由于相关的企业都可以参与经营准经营性资源的一部分（即都可以通过投标等方式参与），因此人数或数量可以近似为与该项准经营性资源有关的企业数量及政府数量；在综合效益方面，可以通过合约转让率来衡量综合效益；而在竞争力方面，则是属于城市经济调节政策中"规划"部分的"度"，这个"度"更多地反映在 GEP 上，因此可以通过判断 GEP 是否会随着城市经济调节政策的发布而变化来判定城市经济调节政策是否处于"度"内。而在实际应用中，政府是基于与竞争力相关的"度"，参考人数及综合效益方面的"度"来制定城市经济调节政策的，因此，实际上只需要考虑人数及综合效益方面的城市经济调节政策的"度"。

合约转让率（contract transfer rate）可以近似理解为平时所使用的"承包"这一概念，笔者将合约转让率定义为准经营性资源中社会个体或企业所占的比例，从字面上理解，合约转让率为政府通过合同或合约的形式将非经营性资源进行转让，由社会的不同企业承包的占比。合约转让率与第二章中笔者用变量 $\lambda(0 < \lambda < 1)$ 来表示社会上准经营性资源在公共部门当中的配置比例的不同之处在于，λ 是指准经营性资源向非经营性资源和可经营性资源的转换程度，该变量受到市场经济发展程度（Y）、财政收支情况（财政预算 B 和财政支出 FE）及居民认知程度（γ）的影响，并通过第二章中的计算公式得到转换程度，而非直接通过测度测量出来的；而合约转让率是可以通过调查数据计算得到的。且 λ 中居民认知程度、市场经济发展程度及经济成熟的临界值 Y^* 没有一个得到广泛认可的测量方法以及数据汇总。实际上，一类资源是否属于准经营性资源，可以直接利用其本身的数据进行判断，而非像计算 λ 一样需要通过诸多与社会发展相

关的数据来进行计算分析。并且在定义上和代表的意义上，λ 与本章中描述的合约转让率属于同种结果，只是计算方法并不一样。可以通过下式计算合约转让率：

$$\eta_{CTR} = \frac{w_E}{w_{QOR}} \times 100\% \qquad (3-15)$$

式（3-15）中，η_{CTR} 表示合约转让率，w_{QOR} 表示准经营性资源总量，w_E 表示企业所拥有的准经营性资源总量。其中，w_{QOR} 和 w_E 需要统一单位，但是可以采用不同的方式进行调研，即可以使用其产量或产值作为计算过程中的数据。笔者定义合约转让率介于20%和80%之间，否则会导致综合效益不能最大化的同时让准经营性资源的性质转变为非经营性资源或可经营性资源。

二、不同区域城市经济调节政策重要性的对比及衡量

在不同区域大小的情况下，如果区域 B 小于区域 A，但不属于区域 A 而属于区域 C，那么区域 B 与区域 C 制定政策的时间先后无法判断。且虽然区域 B 范围大小小于区域 A，但是不排除存在区域 C 准经营性资源总量远远高于区域 A 而导致区域 B 的准经营性资源高于区域 A 的可能性，那么，此时区域 B 与区域 A 的城市经济调节政策对比需要通过准经营性资源的总量及政策执行力度才可以判断。

而同样在不同区域大小的情况下，如果区域 B 小于区域 A 且 B 属于 A（例如，区域 A 是中国，区域 B 是广东省），那么区域 B 的城市经济调节政策必定是在区域 A 所指定同样的调节政策上结合区域 B 自身的情况制定的，但是与前两种经济调节政策有所不同，部分非经营性资源由于其限制条件，并不是所有属于区域 A 的小范围区域都会出台相关的城市经济调节政策。同理，区域 B 是不会在区域 A 制定并颁布某项特定的准经营性资源相关的经济调节政策前制定相关的调节政策的。在这种情况下，区域 B 会晚于区域 A 制定城市经济调节政策，且区域 A 的城市经济调节政策的重要程度会高于区域 B。该方法适用于同样区域大小的情况，在此条件下，区域 B 与区域 A 同属于区域 C。在这种情况下，笔者假设判断区域城市经济调节政策重要性的公式为：

$$\varphi_Q = \frac{\omega_Q}{\omega_P} \times \omega_Q = \frac{\omega_Q^2}{\omega_P} \qquad (3-16)$$

式（3-16）中，φ_Q 表示判断区域 Q 城市经济调节政策重要性的指标，而 ω_Q 表示区域 Q 的关于某项准经营性资源的产值或总量，ω_P 表示区域 P 的该项准经营性资源的产值或总量，其中区域 Q 范围小于区域 P 且属于区域 P，区域 Q 的范围大小并不一定需要只稍小于区域 P 的范围大小（例如，区域 P 表示中国，区域 Q 的范围大小并不一定是省份，也可以是区）。

从整体上看，区域 A 的准经营性资源总量及结构会受到其归属区域及其本身区域的城市经济调节政策的影响，其原理与其他两项经济调节政策一致。在同时存在以上两种城市经济调节政策的情况下，区域 A 更多是在遵循区域 B 制定的城市经济调节政策的原则之上执行自己本身制定的经济调节政策。因此，在区域 A 拥有自己的城市经济调节政策的情况下，区域 A 的城市经济调节政策的优先级更高。而在区域 A 暂时没有城市经济调节政策的情况下，在区域 A 范围内的准经营性资源受到其所归属区域即区域 B 的城市经济调节政策的影响。此方法由于准经营性资源的特性，计算起来较为麻烦，因此一般以两区域之间的 GDP 比值作为关联。

三、城市经济调节政策与相关城市经济的关系

后面，笔者会根据调研得到的政策数量及准经营性资源的总量或者总值建立模型，得到两者之间的关系。

首先，需要明确政策数量的定义。政策数量表示在已知的区域大小范围内的区域 A 从某一确定年限开始计算，之后政府针对该项准经营性资源所指定的政策总数量。这里的总数量包括政府之后对政策的修改。需要注意的是，由于准经营性资源可能转变为另外两种资源，因此在计算政策数量之前需要明确资源的属性。

其次，可以初步建立模型，认为政策数量与准经营性资源的总量或总值呈线性关系。这是基于一个假设：每个新增的调节政策或针对旧调节政策的修改对准经营性资源均有同等的影响。由于大多数关于城市经济的调节政策中并没有具体提及政府投入多少资金来改变城市经济结构或总量，而是通过不同方法来增加准经营性资源的总量，并更合理地把该项准经营性资源分配到政府及企业手中，因此模型中假设所有城市经济调节政策对准经营性资源的影响力相同。

最后，在求解模型的时候需要对因变量即准经营性资源的总量及总值进行定义。对于某些可以量化的准经营性资源，可以直接将其总量作为因

变量；对于大部分准经营性资源，则使用政府支出与企业的投入作为因变量。而在将准经营性资源总和作为因变量时，只能用政府支出及企业投入代表准经营性资源的总和。

对于准经营性资源的总量作为因变量的模型，笔者以中国国家范围内的公路建设为例，公路建设的竞争主体为社会企业和政府，因此可以作为准经营性资源。

2010 年以来，国家颁布了一系列关于公路建设的政策法规，着力点是提升公路建设质量和安全性能，促进公路运输的网络化、规范化。在这里，为了与前文产业、民生经济调节政策的模型相对应，笔者从 2015 年开始统计政策数量，且假设 2014 年的政策数量为 0。2015—2020 年国家政府机关针对公路建设颁布的政策见表 3-11。

表 3-11　2015—2020 年中国公路建设政策汇总

发布时间	政策名称	备注
2015 年	《关于深化公路建设管理体制改革的若干意见》	—
2016 年	《交通运输标准化"十三五"发展规划》	—
2016 年	《关于实施绿色公路建设的指导意见》	—
2017 年	《西部大开发"十三五"规划》	—
2017 年	《"十三五"现代综合交通运输体系发展规划》	—
2018 年	《关于推进公路钢结构桥梁建设的指导意见》	—
2018 年	《交通运输服务决胜全面建成小康社会开启全面建设社会主义现代化国家新征程三年行动计划（2018—2020 年)》	—
2018 年	《农村公路建设质量管理办法》	—
2019 年	《绿色出行行动计划（2019—2022 年)》	规划到 2022 年，初步建成布局合理、生态友好、清洁低碳、集约高效的绿色出行服务体系，公共交通服务品质显著提高
2019 年	《关于推动"四好农村路"高质量发展的指导意见》	—

续表 3-11

发布时间	政策名称	备注
2019 年	《交通强国建设纲要》	—
2020 年	《关于贯彻落实习近平总书记重要指示精神统筹做好疫情防控加快公路水运工程复工开工建设加大交通投资力度的通知》	—
2020 年	《关于公路水运工程建设领域保障农民工工资支付的意见》	—
2020 年	《公路工程建设标准管理办法》	—
2020 年	《关于组织开展深入农村公路管理养护体制改革试点工作的通知》	—

表 3-11 中列出了自 2015 年到 2020 年的有关中国公路建设的政策，除去 2019 年颁布的《绿色出行行动计划（2019—2020 年）》，可以发现其余 14 项政策均与公路建设相关的城市经济有直接的联系。政策的总数量变化曲线如图 3-16 所示，假设 2014 年的政策数量为 0。

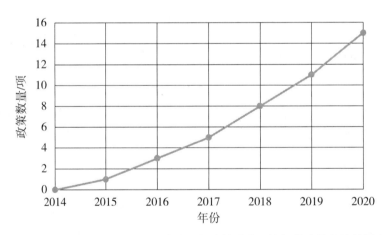

图 3-16 2014—2020 年中国公路建设相关的城市经济调节政策累计数量变化

从图 3-16 中可以看出，2014—2020 年公路建设相关的城市经济调节政策数量呈现匀速增长的趋势，同样可以假设国家政府机关通过城市经济调节政策对公路建设相关的准经营性资源的影响程度匀速增加。

在这里，笔者通过对政策累计数量与全国公路里程数进行拟合得到的结果进行对应的分析。中国区域范围内的公路里程数可以视作与公路建设相关的准经营性资源的总量（相对应为可经营性资源中的产业规模）。公路里程数随时间的变化曲线如图 3-17 所示。

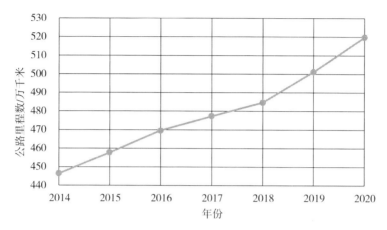

图 3-17 2014—2020 年中国公路里程数变化曲线

［资料来源：本图由笔者根据国家统计局官方网站（https://data.stats.gov.cn/easyquery.htm? cn = C01&zb = A0G02&sj = 2020）数据制作而成。］

从图 3-17 中可以看出，自 2014 年起，中国公路里程数呈现匀速增加的趋势，并且与公路建设相关的城市经济调节政策具有同样的变化趋势，因此可以初步认为两者之间为线性关系。

政策数量与公路里程数的拟合曲线如图 3-18 所示。

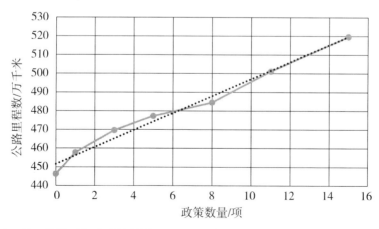

图 3-18 线性回归［政策数量（项）—公路里程数（万千米）］——公路建设

从图 3-18 中可以粗略看出，几乎所有的点都分布在拟合线的两边，并且处于拟合线两边的数据点的数量近似，因此可以进一步认定其存在线性关系。通过 Eviews 可计算出线性回归公式的显著性水平等数值，见表 3-12。

表 3-12　线性回归显著性水平等参数（公路建设）

变量	系数	标准误差	t 统计量	Prob.
C	451.6566	2.205466	204.7897	0.0000
$Policies$	4.539858	0.276611	16.41243	0.0000
可决系数	0.981776	因变量均值		479.5443
修正可决系数	0.978132	因变量标准差		25.15522
回归标准差	3.719951	赤池信息量		5.700254
残差平方和	69.19017	施瓦兹准则 SC		5.684800
对数似然值	-17.95089	汉南·奎因准则		5.509243
F 统计量	269.3679	杜宾·沃森统计量		1.517920
Prob.（F 统计量）	0.000015			

可以通过表 3-12 得到如下线性回归拟合的公式：

公路里程数(万千米) = 4.539858 × 政策数量 + 451.6566　　（3-17）

式（3-17）中，各变量定义基本不变，因此可以通过图 3-18 得到式（3-17）中的所有系数大小。

从表 3-12 中可以看出，可决系数和修正可决系数分别为 0.981776 和 0.978132，均较接近 1，因此可以判断数据点均分布在离拟合较近的地方，或拟合的公式结果较好。同时，常系数和政策数量的相关系数的显著性水平均为 0.0000，均远小于在置信度为 95% 情况下的显著性水平（0.05），因此，在这种情况下拒绝变量系数为零的原假设，即变量的系数显著不为零。综上，可以通过式（3-17）拟合政策数量与公路里程数或公路建设相关的准经营性资源的关系，并且得到两者关系为线性的结论。

式（3-17）可以表述如下：在与之前假定条件相同的情况下，政策数量与公路建设相关的非经营性资源总量存在线性关系，在 2014 年中国的公路里程总数大约为 451.6566 万千米的情况下，在 2014 年后中国政府机关每发布或颁布一项新的或修改过的与公路建设相关的调节政策，中国国内公路里程数增加的值为4.539858万千米。

对于因变量为总值的线性拟合,笔者所采用的数据为水利行业的数据,水利行业的竞争者为政府以及各类企业,因此也属于准经营性资源。

近年来,中国出台了一系列与水利相关的政策,这些政策确定了该类资源的战略性地位,助推了产业总体规模持续扩大,对企业经营发展具有促进作用。2015—2020年的政策汇总见表3-13。

表3-13 2015—2020年中国水利方面的生态环保工程政策汇总

发布时间	政策名称	发布时间	政策名称
2015年	《关于深入推进城市执法体制改革改进城市管理工作的指导意见》	2017年	《国家发展改革委关于印发重点流域水环境综合治理中央预算内投资计划管理办法的通知》
2016年	《工业绿色发展规划(2016—2020年)》	2018年	《中华人民共和国水污染防治法》
2016年	《"十三五"生态环境保护规划》	2018年	《排污许可管理办法(试行)》
2016年	《中华人民共和国环境保护税法》	2018年	《关于全面加强生态环境保护坚决打好污染防治攻坚战的意见》
2017年	《"十三五"节能减排综合工作方案》	2018年	《城市成套化、标准化的一体化攻坚战实施方案》
2017年	《"十三五"环境领域科技创新专项规划》	2018年	《乡村振兴战略规划》
2017年	《工业集聚区水污染治理任务推进方案》	2018年	《中华人民共和国循环经济促进法》
2017年	《环境保护部关于推进环境污染第三方治理的实施意见》	2018年	《农业农村污染治理攻坚战行动计划》
2017年	《工业和信息化部关于加快推进环保装备制造业发展的指导意见》	2019年	《长江保护修复攻坚战行动计划》
2017年	《重点流域水污染防治(2016—2020年)》		

续表 3-13

发布时间	政策名称	发布时间	政策名称
2019 年	《2019 年国务院政府工作报告》	2019 年	《农村黑臭水体治理工作指南》
2019 年	《绿色产业指导目录（2019 年版）》	2020 年	《污水处理和垃圾处理领域 PPP 项目合同示范文本》
2019 年	《国家节水行动方案》	2020 年	《关于构建现代环境治理体系的指导意见》
2019 年	《关于推进农村生活污水治理的指导意见》		
2019 年	《城市管网及污水处理补助资金管理办法》	2020 年	《关于完善长江经济带污水处理收费机制有关的指导意见》

表 3-13 中显示了 2015—2020 年中国水利方面的生态环保工程的城市经济调节政策，除去 2020 年颁布的《污水处理和垃圾处理领域 PPP 项目合同示范文本》，其余 27 项政策均与水利方面的生态环保工程的城市经济有直接的联系。政策的总数量变化曲线如图 3-19 所示，假设 2014 年的政策数量为 0。

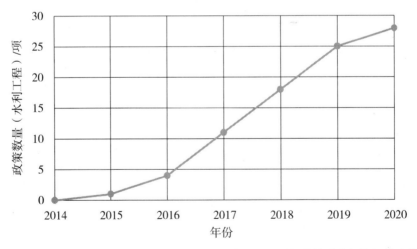

图 3-19 2014—2020 年中国水利方面的生态环保工程相关的城市经济调节政策累计数量变化

从图 3-19 中可以看出，2014—2020 年间，中国水利方面的生态环保工程相关的城市经济调节政策数量并不是完全呈现匀速增长的趋势，政策数量在 2016—2019 年增加的速率较快。在此基础上，假设国家政府机关通过城市经济调节政策对水利方面的生态环保工程相关的准经营性资源的影响程度逐渐增加，且增速与时间存在一定的线性关系。

在这里，笔者通过对政策累计数量与水利方面的生态环保工程的营业收入进行拟合得到的结果进行对应的分析。中国区域范围内水利方面的生态环保工程营业收入可以视为相关的准经营性资源的总值（相对应为可经营性资源中的产值）。水利方面的生态环保工程营业收入随时间的变化曲线如图 3-20 所示。

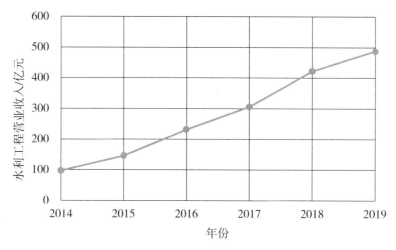

图 3-20 中国水利方面的生态环保工程营业收入变化曲线

[资料来源：本图由笔者根据国家统计局官方网站（https://data.stats.gov.cn/easyquery.htm? cn = C01&zb = A0F0U01&sj = 2020）数据制作而成。]

由于缺乏数据，因此在图 3-20 中只统计了中国水利方面的生态环保工程 2014—2019 年的营业收入数据。从图 3-20 中可以看出，自 2014 年起，营业收入呈现匀速增加的趋势，且该变化趋势与水利方面的生态环保工程相关的城市经济调节政策具有同样的变化趋势，因此可以初步认为两者之间为线性关系。政策数量与水利工程营业收入的拟合曲线如图 3-21 所示。

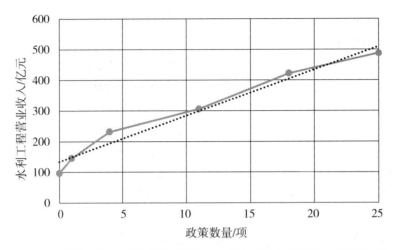

图3-21 线性回归[政策数量（项）—水利方面的生态环保工程营业收入（亿元）]——水利

从图3-21中可以粗略看出，在拟合线上端的点稍多于在拟合线下端的点，但是总体来说拟合结果是较为接近实际情况的，因此可以进一步认定其存在线性关系。计算出线性回归公式的显著性水平等数值见表3-14。

表3-14 线性回归显著性水平等参数（水利工程）

变量	系数	标准误差	t 统计量	Prob.
C	1342839	180262.7	7.449343	0.0017
$Policies$	150191.2	13392.66	11.21444	0.0004
可决系数	0.969175	因变量均值		2819719
修正可决系数	0.961468	因变量标准差		1535999
回归标准差	301508.4	赤池信息量		28.33218
残差平方和	3.64×10^{11}	施瓦兹准则 SC		28.26277
对数似然值	-82.99655	汉南·奎因准则		28.05432
F 统计量	125.7637	杜宾·沃森统计量		1.499156
Prob.（F 统计量）	0.000360			

可以通过表3-14得到如下线性回归拟合的公式：

生态环保工程营业收入(万元) = 150191.2 × 政策数量 + 1342839

(3-18)

式（3-18）中各变量定义基本不变，因此可以通过图3-21得到式（3-18）中的所有系数大小。

从表3-14中可以看出，可决系数和修正可决系数分别为0.969175和0.961468，均较接近1，因此可以判断数据点均分布在离拟合较近的地方，拟合的公式结果较好，但是相较于对准经营性资源的总量的拟合稍差，原因会在之后提及。同时，常系数和政策数量的相关系数的显著性水平分别为0.0017和0.0004，远小于在置信度为95%情况下的显著性水平（0.05），因此，在这种情况下拒绝变量系数为零的原假设，即变量的系数显著不为零，同样，这两个显著性水平大于对总量的拟合。综上，可以通过式（3-18）拟合政策数量与水利方面的生态环保工程或生态环保相关的准经营性资源的关系，并且得到两者关系为线性的结论。

式（3-18）可以表述为：在与之前假定条件相同的情况下，政策数量与水利方面的生态环保工程相关的准经营性资源总量存在线性关系；在2014年中国的水利营业收入大约为1342839万元的情况下，2014年后，中国政府机关每发布一项新的或修改过的与水利相关的生态环保相关的调节政策，中国国内水利方面的营业收入增加的值为150191.2万元。

以上两个模型均可以较好地模拟政策数量与准经营性资源的关系。其中通过对比两个模型的可决系数和修正可决系数，可以得出对准经营性资源的总量的拟合最好。两者的拟合结果存在一定的差异，对比两个模型的显著性水平和可决系数，发现对准经营性资源的总量（公路里程数）的拟合更好。对于产业经济调节政策和民生经济调节政策，发现其拟合结果的显著性水平等参数的数值更接近于民生经济调节政策和产业经济调节政策的产业总值部分，而产业经济调节政策的产业总量拟合部分差距较大。

政策数量对准经营性资源总量以及总值的拟合结果存在差异的原因可以归纳如下。

（1）准经营性资源的总量由于是由政府和企业共同创造出来的，因此能反映真实情况下的准经营性资源的增量。而准经营性资源的总值则代表准经营性资源的价值，该价值会受到多方面的影响，且企业和政府负责的准经营性资源的价值有可能不同。

（2）准经营性资源（城市经济）从形成到创造价值存在一定的滞后性，因此在总量已经达到政府和企业预期的情况下，总值有可能仍然没有达到预期。例如，政府和企业期望从修建一座公园中获得充足的收益，但是由于公园建成后仍然需要一定的时间才能创造价值，在这个过程中准经营性资源的总量增加了，然而统计出来所造成的城市经济的增量有可能没有增加。

由于准经营性资源的受益者或竞争者为政府和企业，因此可以对准经营性资源的总值进行简化。准经营性资源的总量由于是由政府和企业共同负责的，且该部分可直接由合约转让率等数值表示，因此准经营性资源可以表示为：

准经营性资源 = 准经营性资源（企业） + 准经营性资源（政府）

(3-19)

通过合约转让率的定义可以分别计算出企业和政府拥有的准经营性资源的总量或总值的变化，且在城市经济调节政策数量已知的情况下，可以得到拟合。

在短期内且合约转让率的变化不大的情况下，可以直接对准经营性资源总量或总值的拟合得到的常系数和政策数量的相关系数进行拆分，得到政策数量对企业和政府拥有的准经营性资源的拟合公式。

而在长期或合约转让率变化较大的情况下，需要另外求解拟合公式，即企业和政府的拟合公式中系数相加的结果并不是总的准经营性资源的拟合公式中的系数。例如，总的准经营性资源和企业的及政府的准经营性资源拟合公式表示如下：

$$QOR_T = \beta_T \times N + c_T \quad (3-20)$$

$$QOR_E = \beta_E \times N + c_E \quad (3-21)$$

$$QOR_G = \beta_G \times N + c_G \quad (3-22)$$

上述三个公式分别代表政策数量对准经营性资源（城市经济）的拟合（总体、企业、政府）。其中，c_T、c_E、c_G 为常系数，β_T、β_E、β_G 为政策数量 N 对准经营性资源 QOR_T、QOR_E、QOR_G 的影响系数。N 表示政策数量，由于不论哪方拥有的准经营性资源，均受到同等数量的城市经济调节政策的影响，因此，上述三个公式中的政策数量是一样的。c 表示常系数。

在之前阐述的短期且合约转让率变化不大的情况下，式（3-20）、式（3-21）、式（3-22）中的量之间的关系可以表述为：

$$QOR_T = QOR_E + QOR_G \quad (3-23)$$

$$\beta_T = \beta_E + \beta_G \quad (3-24)$$

$$c_T = c_E + c_G \quad (3-25)$$

同样，可以将短期且合约转让率变化不大这一项前置条件表示为如下公式：

$$\frac{QOR_E}{QOR_T} = a \qquad (3-26)$$

式（3-26）中，a 表示合约转让率。在该情况下，根据数据统计得到的关于合约转让率的定义，即可知道 QOR 代表的是准经营性资源的总量或总值。在该公式中 a 与时间无关，即：

$$\frac{\partial a}{\partial t} = 0 \qquad (3-27)$$

上述五个公式可以表现出在短期且合约转让率变化不大的情况下，有关的准经营性资源或城市经济的拟合公式。而对于长期或合约转让率变化较大的情况，式（3-24）、式（3-25）及式（3-26）不成立，且式（3-27）并不为零，表示合约转让率会随着时间产生变化。

与产业经济调节政策和民生经济调节政策一样，部分城市经济调节政策也对城市经济有结构调节及稍微降低城市经济的总量的作用。因此，为了得到更加实际和准确的模型结果，使用者可以将该政策的数量记为小于 1 的数甚至是负数。在此情况下，政策数量与准经营性资源的线性关系不受影响。

✹ 本章小结 ✹

综合上述所有关于经济调节政策的拟合模型，可以发现除去产业经济调节政策的产量方面的拟合，其余拟合得到的结果均接近于实际数据，且均为线性拟合。因此可以判定经济调节政策在一定程度上与有关经济存在线性关系。而在政策的界定方面，则以该政策相关的资源在现在这一时刻的所属为准。且产业经济调节政策、民生经济调节政策和城市经济调节政策不仅仅作为一种政策，还可以代表一种政策的属性。例如，一种包含产业经济和民生经济的调节政策既可以被认为是产业经济调节政策，也可以被认为是民生经济调节政策，还可以被描述为同时具有产业经济调节政策和民生经济调节政策的属性。对于这种政策，可以同时计入两种经济调节政策的政策数量中。最后，笔者通过合约转让率这一新的概念来对准经营性资源进行更直观的定义，这有助于对经济调节政策的划分。

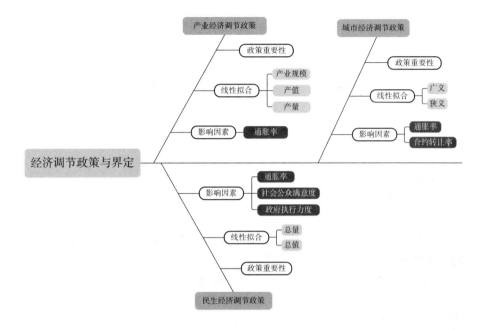

思考讨论题

1. 统计汽车行业的产业经济调节政策数量、产值及产量等数据,并进行拟合,判定其是否符合线性拟合。若不是,请解释造成该现象的原因。(提示:政策数量不一定为正整数,需要考虑通胀率)

2. 对比不同时期(形成期、成长期等)的产业的线性拟合结果,结合拟合结果分析其不同之处,并加以解释。

3. 在假设社会公众满意度为 0.9,政府执行力度为 0.8 且通胀率采用中国的数据的情况下,选择一项非经营性资源进行拟合。

4. 选择一项准经营性资源(长期或合约转让率变化较大)进行拟合(不论是资源的总量还是总值),并验证是否与公式符合。

第四章　有为政府的分类

在对"有为政府"这一概念进行分类之前，需要对"有为政府"这一概念有较为明确的定义。

林毅夫教授对有为政府的定义从肯定及否定两个层面加以概括：从肯定的角度，有为政府是指在经济发展结构转型的过程中，当软硬基础设施的完善出现了市场不能做或不能为的失灵时，促使无效市场变成有效市场而采取因势利导的行动，以推动经济结构按照要素禀赋结构和相应的比较优势变化而调整的政府；从否定的角度，有为政府是与无为政府及乱为政府相对应的政府，只有一个行为主体所为的结果是好的、符合社会预期的，这样的行为才是"有为"的，因而有为政府必然是给国家发展和社会进步做出贡献的政府。总体上，这两方面的界定本身没有明显缺陷，不过，正面定义主要从产业政策着手，似乎比较狭窄；反面定义则从词义着手，又似乎显得过于宏大和含糊。

在本书中，笔者将有为政府定义为：有为政府主要是指承担积极功能，以高效地弥补市场缺陷而维护社会分工合作并推动社会秩序发展的政府。即一个成熟的有为政府应该做好超前引领，做好企业做不了、做不好的事，同时让企业做企业该做的事。从否定层面讲，与有为政府相对应的是另外两种政府行为：无为政府，即无视市场缺陷而放任它自由运行而无所作为的"卸责政府"，这往往是政府对市场缺陷的认识不足或者政府本身缺乏足够能力造成的；乱为政府，即不仅没有采取积极行动以弥补市场缺陷，反而采取恶意行动抑制市场积极作用的"恶棍政府"，这往往是对个人私利的追求或其他政治的、社会的或文化的因素造成的。而有为政府则是在所有区域政府范围内排除了无为政府及乱为政府之后的政府。

在本章中，笔者讨论的重点为有为政府，但是由于有为政府中不同区域政府在政策执行效率等方面有所不同，为了更加细致地区分这些政府的类别，笔者将有为政府细分为三类：弱式有为政府、半强式有为政府及强式有为政府。

第一节　弱式有为政府

在详细说明弱式有为政府的定义及具体界定调节前，笔者需要对弱式有为政府、半强式有为政府、强式有为政府、无为政府及乱为政府进行一定的对比。基于政府对社会秩序及市场作用的利弊，笔者将政府类型由最优至最劣排列如下：强式有为政府、半强式有为政府、弱式有为政府、无为政府、乱为政府。前三者的排列依据正如其字面意义所表示。对于弱式有为政府，虽然其作为有为政府中较劣的类型，履行政府三大经济职能的过程及结果都不尽如人意，但是该类政府仍然优于无为政府和乱为政府。而基于政府对市场缺陷的处理方式，可以判断出无为政府优于乱为政府，其原因可以视作无为政府对市场缺陷处理上的作用为零，而乱为政府的作为则会加剧市场缺陷现象，因此其作用为负数。假如以可以反映市场波动幅度的量为纵轴（以与某项产业经济市场有关的投资组合或指数为纵轴为例，纵轴为0代表该股票或指数在市场波动之前的大小），时间序列为横轴，那么可以通过图4-1描述出有为政府、无为政府及乱为政府的区别。

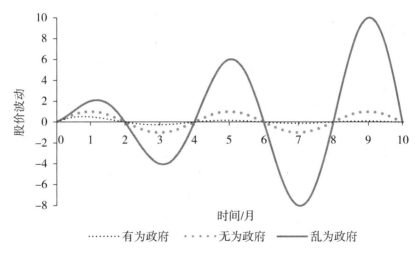

图4-1　有为政府、无为政府及乱为政府的股价变动

图 4-1 中纵坐标的单位可以根据实际情况判断,而横坐标的单位可以是周以上的单位。考虑到政府需要一定的时间对市场波动进行评估,制定相关政策并实行,因此时间单位一般为一个月。

一、乱为政府及无为政府

由于乱为政府的性质,该类政府往往会由于对个人私利的追求或其他政治的、社会的或文化的因素更多地采取恶意行动抑制市场的积极作用,从而导致已经产生的市场波动更加剧烈直至最后无法控制。乱为政府的恶劣行为还会使非经营性资源无法被合理分配到区域内每个个体上,从而导致混乱,且在该政府的恶劣管制下,该区域范围内不太可能存在准经营性资源。

在伊迪·阿明·达达统治下的乌干达独裁政府(1971—1979 年)可以视作乱为政府。在其执政的 8 年里,乌干达的经济停滞不前,储蓄率降低到 8%,通货膨胀率高达 1000%;基础设施衰败,生产性产业遭到破坏;许多农业生产装置关停,设备频繁损坏也得不到维修;乌干达最主要的出口商品咖啡的产量也下降了。

在可经营性资源及准经营性资源方面,乌干达在 20 世纪 70 年代早期实现扩张的半国营部门,由于增加了大量废弃的和没收的工业(其他的则交给了一些缺乏经验的私营业主)而变得臃肿不堪。整个扩张过程是以一种随意和无序的方式进行的,几乎没有考虑所有制的合理转变、补偿和资金管控,也没有考虑对半国营部门的管理约束。政府和半国营部门的管理体制需要适应恐惧和偏袒。许多行政部门和半官方机构的岗位由出于政治考虑而任命的人员所占据。同时,没有对技术竞争的激励,也没有给予有关经济战略或政策开放的讨论空间。财政责任事实上并不存在,这导致了普遍的资金滥用和腐败。

1972 年,阿明向境内所有亚洲人发布驱逐令。虽然当时乌干达的经济命脉掌握在境内亚洲人手中,但是排外思想加上对财富的觊觎,令阿明完全不计后果,这给乌干达经济带来了灭顶之灾。90 天内,50000 多个印度和巴基斯坦家庭全部被驱逐出境,而且仅限带走随身物品。亚洲人被驱逐后,整个乌干达的经济立刻陷入崩溃,乌干达首都坎帕拉连盐、火柴、食糖都供应不上。

而非经营性资源则在该独裁政府的集权统治下几乎被全部取消。该时

间段内,乌干达独裁政府用铁腕手段统治乌干达,通过处决和强行流放的途径铲除潜在的异己分子,并且利用乌干达各部落和少数民族间的分歧使国家处于分崩离析的状态,以免威胁到该政府的统治。此外,发动军队使暴力合法化,以维护其权力。这些都导致乌干达范围内的部分个体不能享有足够的非经营性资源,甚至生命也受到威胁。

而无为政府的性质,往往是其对市场缺陷的认识不足或者政府本身缺乏足够能力导致的,并不是所有无为政府都想无视市场缺陷并放任其自有运作,而是没能力去制定并施行政策,以确保市场有所运作。在无为政府所管辖的区域范围内,市场的波动在没有特殊情况下是不会有所改善的,但是从长时间来看,其市场的波动幅度变化是随机的,其变化趋势与该区域的市场本身性质有关。

2021年8月由塔利班所建立的阿富汗政府可以视作为无为政府。塔利班组织高层下令赦免包括政府军军官和士兵在内的所有人,无论公务人员是否曾"为前政府或外国人工作"都将不予追究。但是由于其特殊国情,大部分公务人员和平民并不愿意上班。这一方面导致了阿富汗现政府缺少可以制定并实施政策的人才及能力;另一方面,市场中的参与者变少,导致了市场的波动。现阶段阿富汗面临着现金短缺、货币贬值、经济困难的状况。

在现金短缺方面,外国赠款和援助是阿富汗的主要资金来源。世界银行的数据显示,2020年阿富汗所获外来援助总额占其GDP的42.9%。目前,一些主要捐助方已经停止对阿富汗的支持,其中包括国际货币基金组织(IMF)。阿富汗前央行行长在社交媒体上称阿富汗央行持有约90亿美元的外汇储备,其中约70亿美元存放于美国,但美国已经冻结了这部分资产。他认为,目前塔利班可动用的资金约为阿富汗国际储备总额的0.1%。

在货币贬值方面,2021年8月阿富汗尼兑美元已贬值7%以上。当地人急于将阿富汗尼兑换成美元,或是急于用手上的现金囤积商品,进一步推高了物价。而美国国会研究服务部指出,2021年以来,90%的阿富汗人口平均每天生活成本只有2美元。

在经济困难方面,根据世界银行的统计,2020年阿富汗的GDP为198.07亿美元,人均GDP仅为508.8美元,是全球最贫穷的国家之一,全世界只有六个国家的人均GDP低于阿富汗。由于政局动荡,阿富汗的安保支出高达 GDP 的 29%，而世界低收入国家的安保平均水平仅为 GDP 的 3%。

综上，现阶段阿富汗政府更多的是被定义为"缺少能力"的无为政府而不是"不想为"的无为政府。总而言之，其归属于无为政府的范畴内。

从定义上看，有为政府包括弱式有为政府、半强式有为政府及强式有为政府，指的是无为政府、乱为政府在所有政府中的绝对补集。在市场产生波动一段时间后，有为政府会迅速制定相关政策措施并落实，以确保市场的稳定，确保各种资源的分配没有发生过多的变化。因此，在一段时间后，市场波动幅度会逐渐变小。中观经济学认为政府更应该实施"超前引领"，而不能囿于"顺势而为"。中国政府超前引领的思想阐明了政府在市场经济中的全方位作用：能对非经营性资源有效调配并配套政策，维护社会和谐稳定，提升和优化经济发展环境；能对可经营性资源有效调配并配套政策，维护市场公开、公平、公正，有效提高社会整体生产效率；能对准经营性资源有效调配并参与竞争，推动城市建设以及经济和社会的全面、可持续发展。另外，与现有研究有为政府的文献相比，中观经济学还明确了政府有为的领域，即作为城市资源存在的城市软硬件公共设施。城市资源具有基础性、非贸易性和准公共物品属性，是促进一国经济增长的新领域，城市资源的生成和配置效率体现了区域政府的竞争能力。① 区域政府为企业所提供的良好的技术服务、人才服务、资金服务、文化氛围、创新扶持、政策引导、基础设施和打破有碍市场竞争机制的一切努力都将成为各区域政府竞争的主要方面。

二、区分乱为、无为及有为政府

笔者尝试通过某些变量来区分乱为政府、无为政府与有为政府乃至于区分有为政府中的弱式有为政府、半强式有为政府及强式有为政府。可以从政府政策的合理性、政府历史政策的执行力度及政府对社会的影响力三方面进行分析。在一定程度上，政府政策的合理性及政府历史政策的执行力度与政府对社会的影响力存在关系，即政府政策的合理性及执行力度越强，则政府对社会的影响力也越大。但是，由于它们之间的关系并不是线

---

① 参见陈云贤《市场竞争双重主体论——兼谈中观经济学的创立与发展》，北京大学出版社 2020 年版，第 64－68 页。

性的，因此仍然需要同时考虑这三个因素。实际上，这三个评估因素与"三类九要素"中的"三类"相对应，其中经济发展水平对应的是政府政策的合理性，经济政策措施对应的是政府历史政策的执行力度，而经济管理效率对应的是政府对社会的影响力。在经济发展水平方面，政府政策的合理性会直接影响经济的发展水平，同时提高财政收入及区域竞争力。在经济政策措施方面，执行力度越大，说明这部分经济政策措施落实越到位。而在经济管理效率方面，其效率越高，说明政府在各方面的管理和作为上越到位，因此对社会的影响力也会增大。

笔者首先需要明确通过何种数据表达政府政策的合理性。在本书中，笔者定义的政府政策包含产业经济调节政策、民生经济调节政策及城市经济调节政策，因此，政策的合理性评判标准需要同时包含这三种政策。

对于产业经济调节政策，其合理性在于能够在维持可经营性资源分配或结果的稳定的同时，考虑是否会因为政策过多而导致边际政策生产力比率达到极限。此外，产业经济调节政策也要确保可经营性资源保持最大化且企业数量在短期内不会发生太大的波动，并且最大化生产力——产值或产量。因此，对于产业经济调节政策，可以采用边际政策生产力、企业数量及生产力作为评判依据。

对于民生经济调节政策，其合理性在于在确保能够享用非经营性资源的个体最大化的同时，能够最大化社会群众的归属感。也可以表示为在提高社会公众满意度的同时，不会影响区域生产力。因此，可以使用非经营性资源的受益群体人数、社会公众满意度、失业率及非经营性资源的支出在生产力的占比作为评判标准。由于社会公众满意度在政府对社会的影响力这一项评估中会被使用到，因此在这里可以选择只采用另外几个作为参考数据。

而对于城市经济调节政策，其合理性在于合理的合约转让率及实际上所取得的城市建设效用收益最大化。因此，可通过合约转让率及边际GEP比率来评判城市经济调节政策是否合理。

以上评判依据都需要规定区域范围大小，例如，判定美国和中国在有为政府中的类别所采用的评判标准与广州和北京在有为政府中的类别所采用的评判标准有差别。由于产业经济调节政策中的生产力、总企业数量、民生经济调节政策的受益群体人数这几个因素与区域大小有关，因此这些评判标准只有在进行同等区域范围大小的政府类别比对时才会用到。

因此，笔者更多地考虑用边际政策生产力、失业率、非经营性资源支出占比、合约转化率及边际 GEP 比率来分析政策的合理性。值得注意的是，评判合理性的政策是"历史政策"而非刚刚发布或正在制定的政策，因为后者的实际效果并没有经过时间沉淀，所以不能轻易判断这类政策是否合理。当然，特殊情况下可以认为部分正在制定的政策不合理，这些正在制定的不合理的政策是违反认知的，譬如上文提到的乱为政府——乌干达政府在实施一些政策之前就已经可以判定这些政策是不合理的，即合理性是负数的。

乱为政府、无为政府及有为政府的政策合理性正负型分别为：恒定负数或大部分情况下为负，在 0 左右徘徊或根本没有政策，恒定为正数或极少情况下不为正数。

政策的合理性因为其数据的直观性，通常只能用来分类三大类政府，而很难分辨弱势有为、半强式有为及强式有为政府，因为这些政府的性质及自身情况都有所不同，单纯地通过政策的合理性来判断其归属并不合适。因此，笔者引用政策的执行力度及其对社会的影响力两方面进行评估。

三、弱式有为政府的衡量

政策总是在一定时空条件下被执行的，这意味着合适、高效的政策执行不仅需要执行主体的主观努力，还需要具备充足的执行资源，选择科学的执行工具，营造先进的执行文化。同时，政策本身又处于政策系统之中，政策之间协同与否对政策执行及其成效影响很大。在不同国家、不同区域，政府所面临执行政策是否到位的问题都是一致的——在政策取向上相互配合、在实施过程中相互促进、在改革成效上相得益彰，这是一个很现实的政策执行问题。因此，如何构建执行环境、执行资源、执行工具、执行文化的全方位保障体系，实现不同政策执行并行不悖，进而相互协同、互为促进，就成为提升政策执行力的重要路径。

因此，对政策的执行力度可以认为是在政策本身合理性较高的情况下，政府对其执行效率的高低。因为弱式、半强式及强式更多的是一个相对性的概念，因此在已知所属的更大范围的区域政府为有为政府的前提下，可以通过排行榜的形式来认定在同一区域范围内的较小范围的区域政府的类别。

可以将与政府效率相关的排行榜作为政策执行效率认定的标准之一。《中国地方政府效率研究报告》测度了中国内地所有地方政府,包括31个省级政府、333个地级市政府、1873个县级政府的效率,以及832个国家确定的脱贫县县政府预防返贫效率(简称"防贫效率")。

在该书中,排行榜分为省级、市级或县级,因此在这里需要明确一点,假如区域A归属于区域B,在两者都是有为政府的前提下,区域A在有为政府内的分类与区域B的分类需要区分开。例如,区域B的政府是弱式有为政府,并不代表区域A的政府一定是弱式政府,而如果区域B的政府是强式政府,那么也并不代表区域A的政府一定是强式政府,也有可能是弱式政府或半强式政府,即大区域范围的有为类别并不能代表其属下的区域政府是"齐头并进"的,有可能有"超常发挥"的,也可能有"拖后腿"的。

由于中国有31个省(区、市)被列入该书中的效率排行榜,因此可以初步将前十的省(区、市)作为"强式有为政府"的预选项,第11名至第20名作为"半强式有为政府"的预选项,而其余的被视作"弱势有为政府"的预选项。而对于333个地级市政府,则可以视作前111个、中间111个和最后剩余的分别为强势有为、半强式有为和弱式有为政府的待定选项。之所以设定其为待定选项,是因为需要通过对比其社会公众满意度及部分经济社会指标,从而得到其实际的分类。

由于在本节中笔者讨论的是弱式有为政府,因此采取该排行榜中排名后33%的省、市作为预选项。

而政府对社会的影响力方面,可以通过社会公众满意度来衡量。社会公众满意度或公众满意度是一个以公众为核心、以公众感受为评价标准的概念。公众满意的程度取决于公众接受某项产品或服务后的感知与公众在接受之前的期望相比较后的体验,比值越大,则公众越满意,即公众满意度越高。可用以下简单的函数来描述公众满意度:

$$PSI = \frac{q}{e} \tag{4-1}$$

式(4-1)中:PSI为公众满意度;q代表公众对服务的感知;e代表公众的期望值。PSI的数值越大,表示公众满意度越高;反之,其数值越小,表示公众满意度越低。当$PSI>1$时,公众满意度很高,表明政府行为超出了公众的期望,在此种情况下,公众会对政府表现出高度的信任和

忠诚，甚至产生一些依赖，这也表示政府的影响力较高；当 $PSI=1$ 时，公众满意度较高，表明政府行为的效果恰好吻合公众的期望，在此种情况下，公众会对政府表现出应有的热情和信任，这表示政府的影响力不低也不高；当 $PSI<1$ 时，公众满意度很低，表明政府行为的效果低于公众的期望，在此种情况下，公众会对政府表现出抱怨、冷漠、不满和不信任，也说明政府对社会的影响力较低，社会群众不会太配合政府的政策。基于此，可以认为政府服务的公众满意度就是指公众对政府服务绩效（效果）的感知与他们的期望值相比较后形成的一种或失望或愉快的感觉程度的大小。

公众满意度包含四个方面的内容：理念满意度、行为满意度、形象满意度及价值满意度。

理念满意度指公众对政府服务的指导思想、服务宗旨、价值取向等的满意程度，是政府服务的公众满意度的灵魂，引导和决定着公众对政府服务的满意程度。中国从"全心全意为人民服务"的宗旨到"三个代表"重要思想，再到"立党为公，执政为民""权为民所用，情为民所系，利为民所谋"，以及服务型政府、责任型政府、法治型政府、廉价效能型政府理念的确立，在完善政府管理、提高政府服务效率、密切政府与公众的联系、增强政府对公众的凝聚力、提升公众对政府的满意度等方面均起到极大的推动作用。

行为满意度指公众对政府服务的行为举止的满意程度，是理念满意度的具体体现和公众满意度产生的前提，也是政府行政能力、服务水平的直接反映。它的内涵要求政府规范自身行为，改变服务中主导者的角色定位，在服务过程中，认真倾听公众的呼声，真实反映公众的意愿，切实关注公众的疾苦，解决公众的实际困难，各项工作真正做到"急公众之所急，想公众之所想，谋公众之所求，解公众之所困"。

形象满意度指公众对政府服务的总体特征和实际表现的满意程度。在一定程度上，形象满意度是政府行为满意度的外在体现，是影响公众满意度的感观因素。近几年来，中国开始推动政府形象建设，促进了政府形象满意度的提升。在政府形象重塑的要求上，政府应优化服务的硬件环境，改变"门难进，事难办"的现象；加强服务的软环境建设，尤其是公务员队伍建设，建设一支精干、高效、服务能力强的公务员队伍，提高政府服务的质量，在公众与政府之间培养出"同呼吸，共命运"的情感，提高政府服务的形象满意度。

价值满意度是指公众在消费政府所提供的公共服务过程中所感受到的社会公正、公平，以及体验到的自我利益维护和实现等的满意程度。这是公众满意度的深层次的构成因素。虽然不同的公众因其年龄、文化程度、职业、社会地位的不同，对同一政府服务的价值满意度有所区别，但整体上具有趋同性，利益具有一致性。价值满意度要求政府在服务过程中，始终代表和实现好、维护好、发展好广大人民的根本利益，坚持公开、公正、公平、透明的原则，规范政府行为，保障公民权利，维护社会公平，增进公共利益；坚持正确的价值取向，在效率与公平之间"因时制宜"，适时调整，使政府服务既能满足广大公众的切实需要，又能真正拨动公众的心弦，实现政府服务的价值。

通过以上四个满意度内包含的具体含义，可以判断社会公众满意度充分体现了政府产业经济调节政策、民生经济调节政策及城市建设调节政策是否受到公众的喜爱，因此也可以等价为政府对社会的影响力。

"公共服务蓝皮书"系列中的《中国城市基本公共服务力评价》（以下简称《服务力评价》）涉及与满意度相关的统计及排行榜。该书在国情调研的基础上，以地方政府及其公共服务作为研究的突破口，旨在为更好地推进中国特色社会主义公共服务的理论研究、体制改革和创新探索路径，以利于建设服务型政府，加强和创新社会管理，为党和政府实现科学执政、民主执政、依法执政建言献策。该书构建了以公共交通、公共安全、住房保障、基础教育、社会保障和就业、基本医疗和公共卫生、城市环境、文化体育、公职服务水平等为主要内容的政府公共服务能力评估体系，提出了客观评价指标和主观评价指标相结合的地方政府基本公共服务力评价指标体系；对全国 38 个直辖市、省会城市、经济特区和计划单列市的公共服务现状进行系统评估，研究并发布了城市基本公共服务客观评价排行榜、城市基本公共服务满意度排行榜。虽然其统计的数据为公共服务满意度，但是其所采用的数据来源及占比等与社会公众满意度相似，因此可以视作与社会公众满意度等价。在 38 个城市中，有部分城市同属于一个省份，因此可以使用加权平均得到该省份的大致得分；而只有一个城市在榜的省份则将其视作该省的得分及排行。

从《服务力评价》中可以得到不同城市的公共服务满意度（社会公众满意度）的排行及具体分值。为了方便计算，可以直接通过排行榜判定其分类。在此之前进行细分时,需要用到在第二、第三章中提及的计算方式。由于《中国地方政府效率研究报告》及《服务力评价》中计算方式的侧重点不同,因此实际需要经过一系列运算得到第二章中有关非经营性资源相关计算需要的系数。

《中国地方政府效率研究报告》中,政府公共服务包括教科文卫服务等五个子因素,共 31 个指标,被赋予 0.6 的权重;政府规模包括地方一般公共预算支出等三个指标,被赋予 0.15 的权重,反映了政府人员、政府消费的相对规模,直接体现政府效率;居民经济福利包括农村居民人均可支配收入等四个指标,间接影响省级政府效率,被赋予 0.1 的权重;政府公开包括政务基本信息、政务实效等两个子因素,共 11 个指标,是测度省级政府效率的重要指标,被赋予 0.15 的权重。通过以上总共四个大项的指标的标准化值加权平均,得到其实际得分及排名,因为在大多数情况下,这些指标的评判具有个人因素,因此《中国地方政府效率研究报告》更加侧重的是排行而非分值。因此,笔者需要通过排行界定其大致的政策执行效率,见表 4-1。

表 4-1　2020 年政府效率排行榜中各名次的实际执行效率

政府(省、区、市)	排名	政策执行效率/%
上海	1	94.5
北京	2	93.0
浙江	3	91.5
广东	4	90.0
山东	5	88.5
海南	6	87.0
天津	7	85.5
河南	8	84.0
江苏	9	82.5
陕西	10	81.0
⋮	⋮	⋮

[资料来源:本表由笔者根据《中国地方政府效率研究报告(2020)》(社会科学文献出版社 2020 年版)数据制作而成。]

在表4-1中，笔者假定相邻名次的市政府执政效率相差1.5%。在这里，执政效率指的是该政策在落实之后所能达到的成果是预期的水平，1.5%指相邻的两个市级政府落实相同政策后的实际效果会与理论期望值相差1.5%。由于没有任何政府能够在一年内执行并落实所有政策且达到预期的效果，因此即使是排行第一的市级政府，其执行效率只能接近95%而不能完全达到100%。因此，通过表4-1的值得到第二章中计算的广州市的非经营性资源的执政效率。

而《服务力评价》中的评估方法则更为复杂，主要通过问卷的形式来统计总和，所有指标及询问内容见表4-2。

表4-2 城市基本公共服务力（社会公众满意度）评价指标体系（理论模型）

一级指标	二级指标	三级指标
公共交通	交通工具和设施	每万人拥有公共汽车数
		道路堵塞情况（问卷）
		公交便利情况（问卷）
		打车等待时间（问卷）
	舒适度	拥挤程度（问卷）
	整体满意度	整体满意度（问卷）
公共安全	财政投入	财政投入占GDP比重
		人均财政投入
	安全要素	政府应急宣传普及的效果（问卷）
		人身安全（问卷）
		财产安全（问卷）
		安全感（问卷）
		交通安全（问卷）
		食品安全（问卷）
		信息安全（问卷）
	整体满意度	整体满意度（问卷）

续表 4-2

一级指标	二级指标	三级指标
住房保障	住房拥有率	有房情况（问卷）
	保障性住房建设	经济适用房覆盖率指数
		廉价房货币补贴保障指数
		保障性住房覆盖（问卷）
		申请公平程度（问卷）
	宏观政策	房屋租赁监管（问卷）
		调控影响（问卷）
	整体满意度	整体满意度（问卷）
基础教育	财政投入	财政投入占 GDP 比重
		人均财政投入
	幼儿教育	学生教师比
		幼儿入托公平度（问卷）
	小学教育	学生教师比
		每千名小学生拥有小学数
		小学入学公平度（问卷）
	中学教育	学生教师比
		每千名中学生拥有中学数
		中学入学公平度（问卷）
	教育收费	乱收费情况（问卷）
	整体满意度	整体满意度（问卷）
社会保障和就业	财政投入	财政投入占 GDP 比重
		人均财政投入
	社会福利	每万人口拥有公办老年福利机构数
		每万人口拥有公办老年福利机构床位数
		每万人口拥有公办老年福利机构人员数
		每十万人口拥有公办儿童福利机构数
		每十万人口拥有公办儿童福利机构床位数
		每十万人口拥有公办儿童福利机构人员数
		社会保障贯彻情况（问卷）

续表 4-2

一级指标	二级指标	三级指标
社会保障和就业	社会救助	最低生活保障指数
		城市临时救济人数
	就业	弱势群体救助情况（问卷）
	养老	就业服务（问卷）
	政策扶持	养老服务（问卷）
	政策改革	扶持创业（问卷）
		养老保险的并轨（问卷）
	整体满意度	延迟退休
		整体满意度（问卷）
基本医疗和公共卫生	财政投入	财政投入占GDP比重
		人均财政投入
	医院、卫生院建设	每万人口拥有医院数
		每万人口拥有执业（助理）医师数
		每万人口拥有床位数
		等待时间（问卷）
		医疗费用（问卷）
		医院分布便利度（问卷）
		医院运营管理的有效性（问卷）
	防疫活动	每万人口拥有防疫站数
	政策改革	计划生育（问卷）
	整体满意度	整体满意度（问卷）
城市环境	财政投入	财政投入占GDP比重
		人均财政投入
	大气环境	可吸入颗粒物日均值
		空气质量适宜指数
		空气质量（问卷）
	水环境	城镇生活污水处理率
		工业废水排放达标率
		自来水质量（问卷）

续表 4-2

一级指标	二级指标	三级指标
城市环境	市容环境	工业固体废物综合利用率
		人均绿地面积
	城市建设	生活垃圾无害化处理率
	整体满意度	街道、市政管理、绿化情况（问卷）
		城市规模（问卷）
		整体满意度（问卷）
文化体育	财政投入	财政投入占 GDP 比重
		人均财政投入
	场馆设施	参与文化活动便利程度（问卷）
		参与体育健身活动便利程度（问卷）
	社区文体活动	政府文体活动提供（问卷）
		每万人口拥有社区服务中心单位数（无工商）
		每十万人口拥有社区服务中心职工数
		活动项目数
		活动人次数
	整体满意度	整体满意度（问卷）
公职服务水平	等待时间	（问卷）
	服务效率	（问卷）
	业务态度	（问卷）
	接待环境	（问卷）
	电子政务	政务网站与公众互动性（问卷）
	整体满意度	整体满意度（问卷）

［资料来源：本表由笔者根据《中国城市基本公共服务力评价（2019）》（社会科学文献出版社 2019 年版）数据制作而成。］

从表 4-2 中可以看出，社会公众满意度或者城市基本公共服务力不仅涵盖公众的满意度，还包括政府本身的属性及其可经营性资源、非经营性资源和准经营性资源的总量和分配方式。因此，在拥有充足的数据的基础之上，可以使用表 4-2 中的数据进行分析，得到各地的城市基本公共服务力并直接判断其政府制定的政策是否合理。从表 4-2 中就可以看出，得到的结果由于是部分实际存在且已证实的数值和部分由诸多个体填写问卷得到的主管意见,因此其偏重的点更多是在分值而不是排名。

以广东省为例,由于在该排名中同时有珠海、汕头、深圳及广州四个城市,因此需要对其求平均值即得到广东省的社会公众满意度。其中,珠海的城市基本公共服务力得分为69.81,排名第1;广州的得分为59.43,排名第35;汕头得分为66.56分,排名第8;深圳得分61.09,排行第29。因此,求平均值得到广东省的得分为64.222。①

由于并不是得分为满分的时候政府对社会的影响力最大,且没有哪个区域政府能做到城市基本公共服务力为满分,因此笔者假定得分为90分的时候政府对社会的影响力或社会对政府政策的号召响应程度为100%,因此广东省的影响力大约为70%,即大部分政策有涉及的受益的个体中70%的响应或支持。

而为了通过这两个数值进行综合评价得到政府的分类,需要统一单位,且由于较难统计有关政府执行力度或执行效率的得分,因此通过排名的加权来得到一个新的排行榜用以分类。例如,2020年黑龙江在《服务力评价》的评估排行上排名第25且在地方政府效率排行上排名第22,那么它的加权的分数为23.5。在这里,分数越低则表示其政府执行政策的效率越高或影响力越大。因此,黑龙江在全国省级城市中排名在后33.3%,可以被定义为中国范围内相对的弱式有为政府。

实际上,采取这种方法有一个既定前提,那就是这些区域政府在很长一段时间内的经济增长速度是相差较小的。以2019年中国各省(区、市)地区生产总值实际增速为例,增速最高的是贵州,其经济增长速度为8.3%,而排名最后的是吉林,增长速度为3.0%。虽然中国国内所有省份的经济增长速度都高于世界平均水平的3.0%,但是排名第一和最后的两个省份的经济增长速度差距较大。为了减少这种情况带来的误差,笔者假定经济增长速率长期低于区域范围内平均的为弱式有为政府。2019年全国的经济增长速度为6.1%,因此定义弱式有为政府有广西、陕西、海南、辽宁、山东、内蒙古、天津、黑龙江以及吉林。而其余的城市则通过平均两个数值的方法来评估究竟归属于半强式有为政府还是强式有为政府。在

---

① 参见钟军、刘昌勇、陈勇《中国城市基本公共服务力评价(2019)》,北京科学文献出版社2019年版。

此之前,笔者在本节中着重对弱式有为政府进行了分析。①

弱式有为政府并不是我们理解的介于无为政府与半强式有为政府之间的一种政府,其与无为政府有着极大的差距。无为政府有可能"不能"也有可能"不想"解决市场波动的问题,但是弱式有为政府是"可以"也"想要"解决市场波动的问题,仅仅是相较于另外两种有为政府,其解决市场波动所需要的人力物力多一点,需要的时间也要长一些。

从官方公布的数据中可以看出,以上几个被定义为弱式有为政府的经济增长速率常年低于全国平均经济增长速率。从经济结构看,这几个省份的服务业增加值比重在全国排名均倒数,譬如陕西省和内蒙古自治区的服务业增加值占比只有45.8%和49.6%,低于全国的53.9%的平均水平。而在进出口生产总值占比方面,其仍然低于全国的31.9%的平均水平,陕西省和内蒙古自治区分别为13.63%和6.37%,虽然其自身情况可能对进出口这项项目产生影响,但是与其他省份差距过大只能用政府执行政策效率不高及社会影响力较小来解释。在消费率方面,陕西省和内蒙古自治区的消费率分别为44.2%和52.6%,低于全国55.4%的平均水平。② 在城镇化率方面,几个弱式有为政府均低于全国平均水平。不仅如此,在宏观经济稳定方面的城镇登记失业率、财政赤字、公共债务在生产总值中的占比等都排在前列,这些数据也在《服务力评价》中表现得非常明显。至于自然资源、健康与医疗、教育、财政、金融市场、环境与可持续发展、人口与劳动市场、知识与创新等方面,除去部分与自身自然资源有关之外,均低于全国的平均水平。

从这些数据中可以得出,弱式有为政府在自然资源上可能其自身所处的地域优势并不在区域范围内的平均水平之下,但是由于长期的政策执行效率较低下且对社会的影响力较小,导致产生收益的可经营性资源总量、对民生有利的非经营性资源,以及与自身形象有关的城市建设大部分在全国平均水平之下。在全国范围内可以看出,大部分弱式有为政府在东北地区。东北地区经济在2017年触底反弹后,2018年和2019年基本实现平稳运行,但仍处在全国靠后位置。辽宁、黑龙江与吉林2019年经济增速分

---

① 参见中国民生银行研究院2020年12月发表的《中国各省级区域发展对比启示及政策建议》。

② 参见中国民生银行研究院2020年12月发表的《中国各省级区域发展对比启示及政策建议》。

别为5.5%、4.2%和3.0%；2020年新冠肺炎疫情中，辽宁与黑龙江受到了显著冲击，但吉林表现得较为稳健。整体来看，未来东北振兴政策还需持续加码，继续以转变政府职能、国有企业改革、民营经济发展为重点，优化地区投资营商环境；同时，深度融入"一带一路"建设，积极参与中蒙俄经济走廊建设，加快形成全方位对外开放新格局。

而在世界范围内也可以通过相似的方法判断哪些政府是弱式有为政府。通过数据得知世界的GDP增长速率水平为1.5%，因此一些增长速率低于该水平的国家即可认为是世界范围内的相对弱式有为政府。以希腊为例，其在2019年的GDP增长率为-3.213%，低于世界GDP增长水平，因此可以认定希腊政府为弱式有为政府。[①]

希腊拥有综合了资本主义经济以及占GDP一半左右的公共板块。旅游业是其支柱产业，占希腊GDP及外汇收入的很大一部分，是欧盟经济援助的主要受惠国，受欧盟援助的资金大约占希腊总GDP的3.3%。虽然在过去几年中希腊的经济稳步增长，但是其急需解决的问题包括降低失业率，进一步的经济重组，几个主要国有企业的私有化（只会增加官员盗卖国产之贪腐行为，无助于国家正常化），社会保障体系、税收体系的改革，以及官僚系统的部分缺失。20世纪80年代末之后，希腊经济发展缓慢，公共财政赤字和债务、通胀率居高不下。希腊政府推行严厉的紧缩政策，加大打击偷税漏税的力度，减少公共支出，加快私有化进程，以求摆脱多年来的经济困境。经过几年的努力，希腊的主要经济指标出现好转。1996年的经济增长率由前几年的1%左右上升为2.1%，通胀率由多年来的两位数下降到了8.3%。但目前，其GDP增长率仍然低于全球水平，通胀率高于希腊水平且失业率远超国际平均水平。这些事实进一步认证了其为弱式有为政府，即其想要且有能力将市场及国家区域范围内的经济调整至正常水平，但是需要的时间远超于半强式有为政府及强式有为政府。

综上所述，弱式有为政府由于产业经济的发展水平受限，其城市经济及民生经济的发展水平也会在很大程度上受到影响，而在这个阶段的区域政府需要在经济调节政策上倾斜于民生经济的同时，着手于产业经济及城市经济的发展。

---

① 参见世界银行数据库（https://data.worldbank.org.cn/indicator/NY.GDP.MKTP.CD）。

第二节 半强式有为政府

在分析了弱式有为政府之后,由于半强式有为政府及强式有为政府通过短期内经济增长速度比对的方法很难进行具体判断,因此可以通过两种方式来判断其是否有为。对于国家内的区域政府,可以通过对政府执政效率及基本公共服务力的评估进行具体的排行来判断。

一、中国区域内的半强式有为政府

对于中国国内的各个省份在去除了几个弱式有为政府后,对其进行重新排名,各省份的有为程度的综合得分排行见表4-3。综合得分是通过如下过程得到的。首先定义政府效率排行第一及公共服务力排行第一的省份为满分100分,第二名的省份为99分,之后每往后一名的省份得分少1分。假定政府效率在综合得分中的权重为2/3而公共服务力在综合得分中的权重为1/3。例如,广东省政府效率排行第三,公共服务力排行第一,则其在政府效率及公共服务力上的得分分别为98及100,综合得分为98.7,由此计算得出政府有为程度的综合得分排行。

表4-3 中国各省(区、市)政府有为程度综合得分(去除弱式有为政府所在省市)

省(区、市)	政府效率排行	公共服务力排行	综合得分
广东	3	1	98.7
上海	1	10	97.0
浙江	4	6	96.3
福建	6	4	95.7
青海	8	3	94.7
北京	2	16	94.3
江苏	5	13	93.3
安徽	7	14	91.7
江西	13	9	89.3
河南	9	21	88.0

续表 4-3

省（区、市）	政府效率排行	公共服务力排行	综合得分
山西	15	11	87.3
河北	11	19	87.3
湖南	12	18	87.0
新疆	16	12	86.3
宁夏	19	8	85.7
贵州	20	7	85.3
湖北	14	20	85.0
西藏	23	2	85.0
甘肃	22	5	84.7
四川	17	17	84.0
重庆	18	15	84.0
云南	21	22	79.7

[资料来源：本表由笔者根据《中国地方政府效率研究报告（2020）》（社会科学文献出版社 2020 年版）及《中国城市基本公共服务力评价（2019）》（社会科学文献出版社 2019 年版）数据制作而成。]

如果只根据表 4-3 的综合得分对半强式有为政府以及强式有为政府进行分类的话，就会出现一些问题。根据 2019 年中国各省（区、市）地区生产总值的实际增速来看，排在表 4-3 中最后的云南省经济增速为 8.1%，远高于全国经济增速的平均水平。而在表 4-3 中排名第一的广东省则只有 6.3% 的增长速率，并且近年来一直在全国经济增速的平均线上浮动。

可以从区域本身属性上解释该种情况。自 1989 年起，广东地区生产总值连续居全国第一位，成为中国经济第一大省，经济总量占全国的 1/8，已达到中上等收入国家水平、中等发达国家水平。广东省域经济综合竞争力居全国第一。广东珠三角九市联手港澳地区打造粤港澳大湾区，成为与纽约湾区、旧金山湾区、东京湾区并肩的世界四大湾区之一。2020 年，广东省实现地区生产总值 110760.94 亿元，比 2019 年增长 2.3%。①

---

① 参见 2021 年广东省统计局和国家统计局广东调查总队合编的《2021 广东统计年鉴》。

可以看出，作为一个发展较为超前的区域，广东省在开拓新的产业，挖掘更多新型资源（包括可经营性资源、非经营性资源和准经营性资源）的同时，已经对已有的产业资源有了较为成熟的分配方法且已有资源的总量变化并不会太大（大部分为成熟期产业），因此广东省政府更多的是通过经济调节政策再次完善资源分配，鼓励新型产业（形成期）并促进它们的发展。但是这个过程是长期的，因此在短期内广东省的经济发展速度会因为资源已经被充分利用及合理分配而放缓。

云南位于中国的西南边陲，2008年地区生产总值6016.6亿元，在全国排名第23位[①]，属中国西部经济欠发达的省区之一。近年来，云南坚持以科学发展观统领经济社会发展的全局，牢固树立抢机遇、促投资、强产业、扩消费、增动力、强民生、抓生态、保稳定的思想，充分利用云南气候条件优越、物质资源丰富、资源富裕度居全国各省区前列、有开发的雄厚物质基础、具有广阔的开发前景和巨大的发展潜力等先天条件，将云南的资源优势向经济优势转化，实现经济社会平稳较快发展。

云南拥有广袤的国土资源。全省国土总面积39.4万平方千米，占全国陆地面积的4.1%，居各省区的第8位。2008年年末全省耕地总面积607.78万公顷，常用耕地面积418.55万公顷，牧草地面积78.23万公顷，表明云南省在第一产业的开发上仍留有余地。云南还有对外交往的区位优势，因为它是中国通往东南亚、南亚的窗口和门户，地处中国、东南亚、南亚三大市场接合部。拥有国家一类口岸12个、出境公路20多条、边民互市的通道80多条。并且云南拥有丰富的自然资源，包括水资源、生物资源、矿产资源及旅游资源。

由于云南省在过去是较为贫困的地方，因此虽然拥有众多潜在的经济资源，但是缺少投资、缺少技术知识导致它没有能力将潜在的经济资源转化为经济资源，以带来经济的增长。现如今，科技的发达和国家的支持使云南省政府乃至整个云南省都有能力将没有开发的潜在的经济资源转化为经济资源，因此其经济增长速率是较快的。

虽然从经济增长速度上看云南省属于强式有为政府，但是由于其更多的是在别的省区已有的成熟技术基础上开发自身仍然富裕的潜在的经济资

---

① 参见国家统计局官网（https://data.stats.gov.cn/easyquery.htm? cn = E0103&zb = A0201& reg = 530000&sj = 2021）。

源,而实际上其民生经济及城市经济并没有赶上中国范围内强式有为政府所在区域的水准,因此需要通过表4-3来定义它仍然属于半强式有为政府。笔者定义表4-3中综合得分低于88.0的为半强式有为政府,那么,中国国内相对的半强式有为政府有山西、河北、湖南、新疆、宁夏、贵州、湖北、西藏、甘肃、四川、重庆、云南。

从官方公布的数据中可以看出,以上半强式有为政府的经济增长速率是居于全国的平均经济增长速率水平之上的,且均排在经济增速的前几名。从经济结构上看,这几个省区的服务业增加值比重均排名在全国的中等平均水平,譬如四川和云南的服务业增加值占比分别为52.4%和52.6%,基本位于全国的平均水平。[①] 而在进出口生产总值占比方面,这几个省区基本处于全国平均水平之下,四川和云南分别为14.52%和10.01%,虽然其自身情况可能对进出口这项项目产生影响,但是由于云南刚刚开始发展不久,因此成熟的进出口政策还没有完全落实,并且还没有吸引到足够多的投资者。在消费率方面,这几个省区同样处于全国平均水平附近,四川省和云南省的消费率分别为52.4%和64.2%。在城镇化率上,几个半强式有为政府基本与全国平均水平一致。不仅如此,在宏观经济稳定方面,城镇登记失业率、财政赤字、公共债务在生产总值占比方面都处于中游水平,这些数据也在《服务力评价》中表现得非常明显。至于自然资源、健康与医疗、教育、财政、金融市场、环境与可持续发展、人口与劳动市场、知识与创新等方面,除去部分与自身自然资源有关之外,基本与平均水平持平。

从以上数据可以进一步对半强式有为政府的定义进行补充。由于半强式有为政府刚刚寻找到适合自己的经济调节政策,并将自身的潜在的经济资源转化为经济资源,因此在经济上有很大的进步空间,通常其经济增长速率会远高于平均水平。但是由于其刚开始发展,没有时间或来不及完善非经营性资源和准经营性资源的分配及开发,因此失业率、教育等与民生经济有关的政策和绿化等与城市经济有关的政策还没来得及落实。准确来说,相较于弱式有为政府,半强式有为政府针对可经营性资源的产业经济调节政策处于正在完善的阶段,而弱式有为政府则处于正在制定的阶段。

---

① 参见中国民生银行研究院2020年12月发表的《中国各省级区域发展对比启示及政策建议》。

第四章 有为政府的分类

在民生经济调节政策及城市经济调节政策方面,半强式有为政府仍处于完善阶段,弱式有为政府也处于正在制定的阶段,虽然弱式有为政府的经济调节政策更多地倾斜于民生经济,但是由于时间较短,半强式有为政府还没来得及落实这些政策,因此该类政府的关于社会民生及城市建设的政策仍然处于弱式有为政府的状态或者介于弱式有为政府和强式有为政府之间的状态。

二、世界区域内的半强式有为政府

那么,在世界范围内,半强式有为政府也可以根据这种定义来寻找:经济增速或 GDP 增长速率远超世界平均值,曾经处于贫困或不富裕的状态且经济增速较慢,城市建设及社会民生水平并不符合该国的经济增速。

林毅夫曾经最看好两个非洲国家,一个是埃塞俄比亚,另一个是卢旺达。林毅夫谈到,他去其他非洲国家开会,往往约定 9 点开会,结果整个上午人都没到齐;只有到了卢旺达,说 9 点开会,到了 8:45,上至总统、下到各部门秘书就统统到齐了。可见卢旺达政府的办事效率比其他非洲国家高很多,已经能做到上传下达、令行禁止了。有了这样的组织纪律意识,那么搞经济建设工业化就容易多了。

在世界范围内以国家为区域的情况下,卢旺达就是半强式有为政府的一个样板。1994 年 4 月 6 日,载着卢旺达总统朱韦纳尔·哈比亚利马纳和布隆迪总统西普里安·恩塔里亚米拉的飞机在卢旺达首都基加利附近被击落,两位总统同时罹难。该事件立即在卢旺达全国范围内引发了胡图族人针对图西族人的血腥报复。7 日,由胡图族士兵组成的总统卫队杀害了卢旺达女总理、图西族人乌维林吉伊姆扎纳和三名部长。在当地报纸和电台的煽动下,事件不断升级,在此后三个月里,先后有 80 万至 100 万人惨死,卢旺达全国 1/8 的人口消失,这也被称为卢旺达种族大屠杀。这场事件给卢旺达带来了巨大灾难,令这个原本已贫困的国家雪上加霜,大批劳动力丧失,国家经济处于崩溃边缘。大屠杀还使这个国家的人口结构发生了很大的变化,全国 14 岁以下的少年儿童约占总人口的 40%,许多妇女成为寡妇,大量逃亡的胡图族极端分子渗入邻近国家,给这些国家的安定带来了负面影响。这段历史可以作为半强式有为政府在以前一段时间内并不发达乃至贫困的一个依据。

在此之后,卢旺达政府集中精力促进经济发展,2019 年,其 GDP 增

长速率为 7.46%，远高于国际平均 GDP 增长速率。

而造就其经济增长高速率水平的原因首先是其体量小。卢旺达整个国家的面积只有 2.63 万平方千米，人口 1200 万，只要引进几个大项目就可以拉动整个国家的 GDP。其次是卢旺达的起点低。卢旺达在经济高速发展前较为贫困，人均年收入只有不到 800 美元，不到世界平均水平的 1/10，也不到非洲平均水平的 1/2。为开发本国的资源，促进本国经济要素的集聚，卢旺达大规模开展了基础设施的建设。每年 1/10 的财政预算用于道路等基础设施建设，拉动了下游产业的快速发展。数据显示，中国路桥企业在该地区就承建了 40 个项目，累计修路 1200 多千米，占卢旺达现有公路的 70%。中国土木工程集团有限公司承建的 92 米高的"城市塔"，成为其首都基加利的最高地标建筑。

另外，卢旺达积极引进海外资本，主要出口咖啡、茶等农副产品和钽、钨等矿石，进口石油等燃料及机械设备。主要出口对象国是中国、德国、美国、巴基斯坦等，主要进口来源国有肯尼亚、德国、乌干达、比利时等。卢旺达积极鼓励吸引外资，成立投资促进机构，推行一系列引进外资的政策。2006 年卢旺达第三届投资大会宣布，卢旺达几年间共吸引内外投资总额约 4.5 亿美元。

某种程度上，接受大量来自世界各地的援助造就了今天的卢旺达。由于历史原因，卢旺达受到更多的关注，每年都会得到一定的欧美援助资金和中国的建设投资。1995 年，卢旺达接受援助国官方提供的发展援助资金 7.109 亿美元，其中，双边援助 3.781 亿美元，多边援助 3.732 亿美元。主要援助国和国际组织有美国、德国、英国、荷兰、比利时，以及联合国难民署、教科文组织和欧盟等。据非洲发展银行统计，1985—1997 年，卢旺达共接受各种外援 24.304 亿美元。由于卢旺达人口少，经济也不发达，这笔资金和援助相对来说能够起到一定的作用。而有着类似民族结构和政治局面的布隆迪得到的关注就相对少了许多，其经济更加落后。卢旺达已经成为各国着力打造的非洲样板国家。

最后则是政治稳定，这是经济发展的基础。现在卢旺达在境内已经取消了民族划分，统称"卢旺达人"，民族矛盾在一定程度上得到弥合，并且其国内腐败水平低，政府执行力强。

实际上，卢旺达拥有丰富的自然资源，但是在此之前只是作为潜在的经济资源而非经济资源。卢旺达拥有丰富的矿产资源、植物资源及动物资

源。其矿藏有锡、钨、铌、钽、绿柱石、黄金等,锡储藏量约有10万吨,泥炭蕴藏量估计有3000万吨,基伍湖天然气蕴藏量约有600亿立方米,尼亚卡班戈钨矿是非洲最大的钨矿。森林面积约为62万公顷,占全国土地面积的29%,是卢旺达重要的自然资源之一。卢旺达是非洲大陆40%哺乳动物的家园,哺乳动物物种达402种。

如今,卢旺达在工业、农牧业及服务业等方面有所发展,在这几个方面的可经营性资源总量增多且被更合理地分配到每个个体上。

在工业方面,截至2013年年底,卢旺达有各类工业企业220余家,除农畜产品加工厂外,还有卷烟、饮料、火柴等加工厂。绝大部分工业品依赖进口。卡吕吕马锡冶炼厂是非洲最大锡冶炼厂之一。1994年的内战使卢旺达的工业遭受巨大损失。之后,卢旺达实行新工业政策,加速私有化进程,促进投资,工业生产恢复较快。

在农牧业方面,卢旺达农牧业人口占全国人口的92%。全国可耕地面积约有185万公顷,已耕地面积有120万公顷。天然牧场占全国土地总面积的1/3。经济作物主要有咖啡、茶叶、棉花、除虫菊、金鸡纳等,大部分供出口。50%以上的农民拥有小于1公顷的土地,其余农民,尤其是战后归来的难民耕种国有土地,向国家纳税。1994年的内战使农牧业生产遭到破坏。之后,卢旺达政府采取新农业政策,增加农业投入,提高粮食产量,促进畜牧业发展,农牧业总产值已超过内战前水平。2011年,卢旺达渔业年捕捞量15526吨。4%的农民养蜂,年蜂蜜产量3500吨,其中,南方省占41%。2011年农业增长率为4.7%。①

在服务业方面,2011年卢旺达服务业占其GDP的46%。从业人员占劳动力总人口的6%。通信业发展迅速。无线通信市场共有MTN、TIGO和AIRTEL三家运营商,其中,MTN为卢旺达无线通信市场第一大运营商,市场份额超过59%。截至2013年年底,卢旺达手机普及率为42%,2016年12月上升至60%。卢旺达是东非地区手机普及率最低的国家之一。该国有互联网服务商11家、电信公司3家、手机用户660万户、网络用户70万户,信息通信技术产业年均收入约1.67亿美元。旅游业恢复较快,2011年,其旅游业创汇2.52亿美元。2012年,旅游业仍为卢旺达最大的外汇收入来源,访客近108万人次,收入达2.82亿美元,比2010

---

① 参见 https://baike.baidu.com/item/卢旺达/422809?fr=aladdin。

年增长17%。2011年卢旺达被世界经济论坛、世界银行、非洲发展银行评为最具旅游潜力的国家之一。

以上几个原因造就了卢旺达经济高速发展的现状。实际上,由于卢旺达从那场屠杀惨案中平缓过来才20余年,因此其在民生经济及城市经济上仍然需要完善。换句话说,卢旺达政府在分配非经营性资源方面仍然有很大的进步空间,并且在不影响产业经济的前提下可以扩大对这两方面资源的投入。在民生方面,卢旺达自创的多项民生政策的效果持续显现,如"一户一头奶牛"政策已向184000户家庭赠送了奶牛,减贫和改善国民体质效果卓越。在教育领域,小学、中学、大学入学率分别提高了7%、6%和10%;同时,政府优先发展职业教育,投入预算资金305亿卢郎,学生入学率提高了15%。在卫生领域,妇女入院生产率提高至86%,儿童死亡率下降了95%。

而在城市经济或准经营性资源方面,由于该国企业仍然需要发展,因此更多的是由卢旺达政府与他国政府或企业合资建设城市,或是他国援助建设。因此,卢旺达政府虽然在城市建设方面已有成效,但是实际上并不能很好地控制合约转让率这一因素,导致其在城市建设方面的效率仍然不高。

综上,半强式有为政府符合的条件基本可以定义为:经济增速远超平均值,曾经处于贫困或不富裕的状态且经济增速较慢,城市建设及社会民生水平并不符合该有的经济增速。当然,这个前提条件为该政府为有为政府,且经济增速远超平均值的时间较长。

值得注意的一点是,贫困或不富裕的状态、以前经济增速较慢、城市建设和社会民生水平并不符合该有的经济增速这几方面的条件是相对的。例如,中国区域范围内判定云南是有为政府的哪一类别的判定条件是相对于中国而言的,如果是在世界区域范围内判定云南是哪一类别的判定条件则是相对于世界而言的。因此,在中国区域范围内云南是半强式有为政府,而在世界区域范围内则有可能定义云南是强式有为政府。

在大多数政策稳定的情况下,弱式有为政府会逐渐转变为半强式有为政府,因为在政治稳定的情况下,政策具有一定的稳定性,那么随着时间的变化,弱式有为政府会逐渐找到适合自身情况的经济调节政策,或是通过参考别的半强式有为政府或强式有为政府的政策来促进自己的产业经济、民生经济及城市经济的发展。当然,在这三种经济中,弱式有为政府最优先发展的必定是产业经济，因为产业经济的多少，即可经营性资源的多少决定了该区域能够支撑的民生经济及所匹配的城市经济。并且产业经济相较于另外两种经济取得的效果更大且用时更短，给区域政府和区域本身带来的收益或效益也更大，因此，弱式有为政府在政局稳定的情况下会逐渐转变为半强式有为政府。在这个过程中，经济增长速率会逐渐提高直至超过更大区域范围内的平均水平，而其他方面，如失业率、城镇化比率等则会向平均值靠近，而不是突然发生剧烈变化。

半强式有为政府在政策上更多地倾斜于民生经济及产业经济，在城市经济方面，由于产业经济作为基础仍不足以支撑起政府同时在民生经济及城市经济的支出，因此半强式有为政府更关心民生经济及产业经济。

强式有为政府则是在半强式有为政府的基础上更进一步，在下节中笔者会详细谈到强式有为政府的优势，并分析从弱式有为乃至乱为政府转变为强式有为政府的过程及相关变化。

第三节　强式有为政府

一、中国区域内的强式有为政府

通过上节的表4-3，在去除笔者定义的中国区域范围内的半强式有为政府后，得到强式有为政府，见表4-4。

表4-4　中国国内强式有为政府综合得分

省份	政府效率排行	公共服务力排行	综合得分
广东	3	1	98.7
上海	1	10	97.0
浙江	4	6	96.3
福建	6	4	95.7
青海	8	3	94.7
北京	2	16	94.3
江苏	5	13	93.3

续表4-4

省份	政府效率排行	公共服务力排行	综合得分
安徽	7	14	91.7
江西	13	9	89.3
河南	9	21	88.0

[资料来源：本表由笔者根据《中国地方政府效率研究报告（2020）》（社会科学文献出版社2020年版）及《中国城市基本公共服务力评价（2019）》（社会科学文献出版社2019年版）数据制作而成。]

表4-4的综合得分只是用于对强式有为政府进行分类，而不是用来区别强式有为政府中哪个更有为，因为这些省（区、市）不同的属性导致其在不同的领域有不同的优缺点，所以并不能对其再进行细分。

从表4-4的数据可以看出，强式有为政府的经济增长速率是居于全国的平均经济增长速率附近的，例如，广东省和北京市2019年的经济增长速率分别为6.2%和6.1%，均位于全国平均水平6.1%的附近，且近年来这两省市的经济增长速率变化不大，即一直在全国平均经济增长速率水平附近波动。从经济结构上看，这几个省（区、市）的服务业增加值比重均在全国平均水平之上。例如，2019年广东省和北京市的服务业增加值占比分别为83.5%和55.5%，高于全国水平的53.9%。而在进出口生产总值占比方面，这几个省（区、市）基本处于全国平均水平之上，广东省和北京市分别为66.3%和81.05%。这些强式有为省（区、市）已经在进出口方面发展了很长时间，拥有成熟的进出口政策，并且有足够多的投资者参与其中。在消费率方面，这几个省（区、市）同样处于全国中上游水平，广东省和北京市的消费率分别为51.1%和60.1%。在城镇化率方面，这几个强式有为政府基本处于全国平均水平之上。而在宏观经济稳定方面，城镇登记失业率、财政赤字、公共债务在生产总值中的占比都处于下游水平，这些数据也在《服务力评价》中表现得非常明显。至于在自然资源、健康与医疗、教育、财政、金融市场、环境与可持续发展、人口与劳动市场、知识与创新等方面，除去部分与自身自然资源有关之外，由于强式有为政府拥有更加成熟的政策体系，因此这些系数基本处于平均水平之上。

在这里可以对弱式有为政府、半强式有为政府及强式有为政府各指标与全国水平做比较，见表4-5。

表4-5 中国弱式有为政府、半强式有为政府和强式有为政府各指标与全国水平的比较

一级指标	二级指标	弱式有为政府	半强式有为政府	强式有为政府
经济增长	经济增长速率	低于	基本相等	高于
经济结构	服务业比重	低于	基本相等	高于
	进出口占生产总值比重	低于	基本相等	高于
	消费率	低于	基本相等	高于
	城镇化率	低于	基本相等	高于
宏观经济稳定	通货膨胀率	基于该省市自身情况		
	城镇登记失业率	高于	基本相等	低于
	财政赤字率	较高	处于正常水平	基本较低
	公共债务占生产总值比重	高于	基本相等	低于
基础设施	人均年用电量	基于该省市自身情况		
	公路网密度	基于该省市自身情况		
	铁路网密度	基于该省市自身情况		
	人均民用航班旅客吞吐量	较低	基本相等	高于
	移动电话普及率	低于	基本相等	基本高于
自然资源	人均淡水资源量	基于该省市自身情况		
	人均耕地面积	基于该省市自身情况		
	人均能源储量	基于该省市自身情况		
	人均天然气储量	基于该省市自身情况		
	人均煤炭储量	基于该省市自身情况		
	人均铁矿石储量	基于该省市自身情况		
健康与医疗	预期寿命	低于	基本相等	基本高于
	万人医师数	低于	基本相等	基本高于
	万人病床数	基于该省市自身情况		

续表 4-5

一级指标	二级指标	弱式有为政府	半强式有为政府	强式有为政府
教育	万人专任教师数	基于该省市自身情况		
	高中及以上学历人口比重	低于	基本相等	基本高于
	万人在校研究生数	低于	基本相等	基本高于
财政	财政收入占生产总值比重	基本低于	基本相等	基本高于
	人均税收收入	低于	基本相等	高于
	非税收入占财政收入比重	基于该省市自身情况		
金融市场	金融行业增加值占生产总值比重	低于	基本相等	高于
	各项贷款余额与生产总值的比例	基于该省市自身情况		
	上市公司市值与生产总值的比例	低于	基本相等	高于
	保费收入与生产总值的比例	基于该省市自身情况		
环境与可持续发展	空气质量	基于该省市自身情况		
	万元生产总值用水量			
	万元生产总值电力消耗量			
	单位能耗下降率			
人口与劳动力市场	人口自然增长率	基于该省市自身情况		
	适量劳动人口比重			
	老年人抚养比			
	人均可支配收入	低于	基本相等	高于
	最低工资水平	低于	基本相等	基本高于

续表 4-5

一级指标	二级指标	弱式有为政府	半强式有为政府	强式有为政府
知识经济与创新	R&D 经费支出占生产总值比重	低于	基本相等	基本高于
	规模以上工业企业 R&D 人员全时当量	低于	基本相等	基本高于
	万人专利授权量	低于	基本相等	基本高于
	人均技术市场成交额	低于	基本相等	基本高于
	高新技术企业总收入占生产总值比重	低于	基本相等	基本高于

在表 4-5 中,"基本高于"指的是属于该类别的政府在大部分该数据上的大小高于全国的平均水平,有极少数区域的相关数据处于全国平均水平或略低于全国平均水平。

二、世界区域内的强式有为政府

可以定义国际上强式有为政府为:经济增速或 GDP 增速基本与平均值相等(并非硬性要求),曾经处于较为富裕或平稳的状态且经济增速变化不大,城市建设及社会民生水平符合该国的经济增速且已经较为完善。总而言之,该国政府的民生经济和城市建设已较为完善且并没有对产业经济造成影响即可以视为强式有为政府。

捷克作为符合以上条件的国家,可以视作强式有为政府,其 GDP 增长速度为 1.42%,接近世界水平 1.51%。①

在产业经济方面,捷克主要有机械制造、化工、冶金、纺织、制鞋、木材加工、玻璃制造和啤酒酿造等工业部门。捷克于 2006 年被世界银行列为发达国家。在东部欧洲国家中,捷克拥有高水平的人类发展指数。

---

① 参见世界银行数据库(https://data.worldbank.org.cn/indicator/NY.GDP.MKTP.CD?locations=CZ)。

捷克的出口对象是欧盟成员，尤其是德国。目前该国经济大多已经私有化，包括银行和电信业，这表示该国大部分准经营性资源已转变为可经营性资源。目前该国中央政府正计划继续私有化能源业和布拉格机场。2009年捷克经济协会针对捷克经济学家的一项调查表明，大多数经济学家愿意捷克大多数经济部门实现更多的自由化。捷克在东欧和中欧的新兴民主国家中是最为发达的。

捷克为中等发达国家，工业基础雄厚。2009年受国际金融危机影响经济下滑，2010年和2011年实现恢复性增长，2012年和2013年经济再次下滑。2014年以来实现缓慢复苏，近两年增长势头强劲。2016年GDP为1930亿美元，同比增长2.4%，人均GDP为18250美元。2017年GDP同比增长4.5%，通胀率2.5%，失业率4%。2018年第三季度，GDP同比增长2.4%。截至2018年10月底，通胀率2.2%，失业率2.1%。2019年GDP为2465亿美元，同比增长2.4%；进出口总额3716亿美元，其中出口1990亿美元，进口1771亿美元，通胀率2.8%，失业率2%。①

捷克原为奥匈帝国的工业区，奥匈帝国70%的工业集中在此。它以各种机床、动力设备、船舶、汽车、电力机车、轧钢设备、军工等机械制造和轻纺为主，化学、玻璃工业也较发达，纺织、制鞋、啤酒酿造均闻名于世。其工业基础厚，"二战"后，改变了原来的工业结构，重点发展钢铁、重型机械工业。工业在其国民生产总值中的比重较大。

在农业也就是第一产业方面，捷克2015年粮食产值74744百万克朗，畜牧业产值46007百万克朗。农业用地面积245.7万公顷，其中耕地面积140.3万公顷。森林覆盖率34%。农业人口14.8万，占全国劳动人口的3.0%。2015年粮食总产量为818.4万吨。

旅游也是捷克经济收入的重要来源。2001年，其旅游业的总收入达到1181.3亿克朗，占GNP的5.5%。旅游业雇用职员超过11万人，占全国人口的1%。②

对于捷克而言，其产业经济调节政策更加倾向于对外贸易。捷克首先实行贸易自由化政策，取消了外贸的国有垄断，放开外贸经营权，取

---

① 参见 https://baike.baidu.com/item/捷克/191121？fr=aladdin。
② 参见 https://baike.baidu.com/item/捷克/191121？fr=aladdin。

消进出口商品限制。根据捷克《贸易法典》,只要在其法院和工商部门注册的企业,都有外贸经营权;其商品和服务的进出口亦自由化,进口关税较低,对欧盟及与捷克签署贸易协定的国家提供最惠国待遇,对发展中国家(包括中国)提供普惠制待遇,对最不发达国家提供零关税进口待遇,出口不征税;积极支持世界贸易组织的自由化进程,并与欧盟签署了联系国协定,与波兰、匈牙利、斯洛伐克、斯洛文尼亚签署了中欧自由贸易协定(CEFTA),在这些协定中,对成员国彼此间商品和服务的市场准入都有更具体的规定;为了扭转过去过度依赖原经济互助委员会国家,特别是苏联的状况,捷克政府积极与世界各地区发展经贸关系。捷克贸易政策的中心是"面向世界,开展多样化贸易,重点在欧洲"。自经济转轨以来,捷克逐渐完成了贸易地区结构的转变,即从东方市场转向西方发达市场经济国家。对西方发达市场经济国家,特别是欧盟国家的贸易在捷克对外贸易总额中占有极大份额,2003年向欧盟出口占捷克当年出口总额的69.8%,从欧盟国家进口则占捷克当年进口总额的59%。此外,经过多年的谈判和努力,捷克等十国已于2004年5月1日正式加入欧盟,在对外经贸政策方面,执行欧盟的共同贸易政策,并成为欧盟统一市场的一部分。

通过以上政策,捷克在外贸上取得了巨大的进展。现如今,外贸在捷克经济中占有重要位置,其GDP的85%依靠出口实现。2015年,捷克对外贸易总额为2992亿美元,其中,出口1579亿美元,进口1413亿美元。

而在非经营性资源中的教育方面,捷克实行九年制义务教育。高中、大学实行自费和奖学金制,但国家对学生住宿费给予补贴。

根据捷克1990年颁布的有关法律,允许成立私立和教会学校。著名大学有查理大学、捷克技术大学、马萨里克大学、布拉格经济大学和帕拉茨基大学等。2015年,捷克共有69所大学,其中28所公立大学,41所私立大学。大学在校生32.7万,其中外国留学生4.2万。位于首都布拉格的查理大学是中欧最古老的学府,创办于1348年,现有17个院系(其中3个在外地)。

而在综合社会民生方面,2015年,捷克国内人均月工资为1131美元;平均每百家有全自动洗衣机101台、电冰箱111台、彩色电视机144台、个人电脑120台、手机205部、小汽车117辆、摩托车10辆,每256人拥有1名医生。

捷克首都布拉格的城市建设同样达到强式有为政府的平均水平。布拉格的规模较小，几乎所有的设施都在住宅区的近距离范围内。加上布拉格完善的交通网络，因此公共交通被广泛使用，每年总共有超过12亿人次乘坐。布拉格的地铁有3条（线路A、B和C），总长度超过60千米。布拉格电车系统仍然在广泛使用，每年有超过3.56亿乘客，这是仅次于布达佩斯的世界上第二大电车系统。

综上可以看出捷克在产业经济方面的各种调节政策均已成熟，因此，其对于市场波动调整得更为迅捷，且由于其实际的潜在的经济资源已经基本转化为经济资源，因此捷克的经济增长速度长期处于世界的平均水平；而在社会民生及城市建设方面，捷克处于世界强式有为政府的平均水平线上。由此，可以认定捷克政府为世界范围内的相对强式有为政府。

三、三类有为政府的具体表现差异

结合以上三节对弱式有为政府、半强式有为政府及强式有为政府的定义，笔者对其产业经济调节政策、民生经济调节政策及城市经济调节政策的效用性进行归纳，见表4-6。

表4-6　三类有为政府在不同经济调节政策上的效用性及具体表现

三类政策	弱式有为政府	半强式有为政府	强式有为政府
产业经济调节政策	政策相较于另外两类政府并不成熟，处于摸索阶段。在该阶段更多的是吸引投资者并且发展技术知识，因此经济增长速率低于平均水平，也会导致执政效率的相对低下	政策趋于成熟，并逐渐完善。在这个过程中，诸多在之前无法利用的潜在的经济资源转变为经济资源，因此可经营性资源总量增多且相关资源分配会趋向于合理，半强式有为政府开始逐渐关注产业经济调节政策且在这方面有所倾斜	经过多年对该政策的调节及补充，现有的产业政策基本能合理分配可经营性资源，同时增加可经营性资源的总量

续表 4-6

三类政策	弱式有为政府	半强式有为政府	强式有为政府
民生经济调节政策	政策不完善，由于经济水平没有跟上，为了可持续性发展，民生经济上的支出不能过多，导致社会公众满意度并不高。实际上，弱式有为政府在三类经济调节政策中更倾向于民生经济调节政策，但由于没有足够的产业经济基础，因此其民生经济的实际情况不尽如人意	政策处于完善阶段，虽然经济水平已经逐渐达到区域范围内的平均水平，但是政策的制定与实施存在滞后性，因此实际上民生经济的总量增加及分配方法的完善需要一定的时间，半强式有为政府也会持续关注民生经济	政策处于成熟阶段，虽然在某些非经营性资源的分配上及落实到每个个体上这两方面仍有进步空间，但是民生经济调节政策的基本框架已经完成，政府要做的是将其细致和具体化并落实到位
城市经济调节政策	政策不完善，由于经济水平低下，并不能满足相匹配的城市建设，为了可持续性发展，城市建设上的支出占比不能过高，导致社会公众满意度并不高。此阶段政府并不太注重城市经济的发展	政策处于完善阶段，虽经济水平已经逐渐达到区域范围内的平均水平，但是政策的制定以及城市建设需要一定的时间，因此实际上城市经济的总量增加需要一定的时间。此阶段政府可能意识到城市经济的重要性	政策处于完善或成熟阶段，虽然在某些准经营性资源的分配上仍有进步空间，但是城市经济调节政策的基本框架已经完成，政府要做的事是将其细致和具体化并落实到位；同时，由于强式有为政府拥有足够的经济支撑，因此能够使城市建设向现代化、智能化方向发展，增加城市经济的总量。此阶段政府有足够的经济支持及能力关注并建设城市经济
具体表现	需要更长的时间对市场波动进行反应并稳定，社会公众满意度并不高，政府对社会的影响力较低，政府执行政策效率低下	以正常时间稳定市场波动，社会公众满意度不高不低，政府对社会具有一定的影响力，政府具有一定执行政策的效率	能够在短时间内稳定市场波动，社会公众满意度较高，政府对社会具有强影响力，政府能够高效地执行政策

通过表4-6笔者发现可以从资源调配方面将三种有为政府定义如下：弱式有为政府在一定程度上会关注非经营性资源的调配及相关政策的制定，但是由于对可经营性资源缺乏合理的分配及开发，导致该类政府在产业、民生、城市经济三方面均没有太大的实际作为；半强式有为政府由于同时在非经营性资源及可经营性资源分配方面有所建树，因此在这两方面稍高于弱式有为政府，实际上更多地体现在可经营性资源对应的产业经济上，城市经济及社会民生需要一定时间才会有所进展；强式有为政府同时注重在三类资源上的分配及开发，因此在产业经济、社会民生及城市建设上都有较大的作为，其虽然有进步空间，但是进步速度会慢于半强式有为政府。

实际上，在一个区域政府所在区域政局稳定，政策具有延续性，自身有一定的潜在的经济资源且其所处环境并没有太大变化（没有重大灾害，没有战争等）的情况下，若其现在属于弱式有为政府，那么在一定时间后必定会找到合适且属于自己的产业经济调节政策，从而转变为半强式有为政府。在这个过程中，该区域的政府需要抓住一切机遇来发展产业经济。而这个时间的长短具有随机性，因此，现阶段世界上仍有很多国家属于弱式有效政府。

同样，在一个区域政府所在区域政局稳定，政策具有延续性且其所处环境并没有太大变化（没有重大灾害，没有战争等）的情况下，若其现在属于半强式有为政府，那么在一定时间后必定会将其拥有的潜在的经济资源完全转化为经济资源，进而促进经济增长，并且在这段时间内，其民生经济调节政策及城市经济调节政策在已经落实的条件下会促进非经营性资源和准经营性资源的总量增加，从而使该政府从半强式有为政府的性质转变为强式有为政府。且该政府在强式有为政府初期可能在可经营性资源、非经营性资源及准经营性资源三方面不如已经成为强式有为政府多年的区域政府，但是随着时间推移，这些政府同样会趋向于世界的平均水平，即大多强式有为政府的平均水平。

准确来说，一个区域政府真正下定决心在产业经济、社会民生及城市建设上做出努力之后，其性质就会逐渐从弱式有为政府转变为半强式有为政府，直至强式有为政府，甚至是从乱为、无为政府转变为有为政府。以现在的阿富汗政府为例子，由于现在其缺少政府人员或人才，因此很难通过其自身制定经济调节政策来减少市场波动，所以将其定义为无为政府。但是，在一段时间后，该国政府人员重新工作，社会上各方面人士也开始

各司其职，那么这个时候就可以认定其为有为政府中的弱式有为政府。

如果区域政府所在区域政局不稳，政策不具备延伸性且近期发生重大事件，其性质也可能逆向变化。以苏联解体前后为例。苏联在解体前10年至20年内，因为其政策的执行效率高效性及超前发展的经济水平，甚至被称为强式有为政府。

1980年，苏联经济实力达到美国的2/3以上，由于人口略多一些，人均的数字为美国的60%。考虑到当年俄国与美国之间的巨大差距，以及苏联在第一次世界大战、其国内战争和卫国战争中受到的巨大损失（1946—1950年，苏联国民收入为美国的20%，而沙俄时代这个数字还要小得多），与20世纪80年代相比，这实在是人类历史上从未有过的奇迹。

在苏联，工业产品中主要消费品有小汽车和棉织品。小汽车方面，苏联与美国差距比较大，这跟不同区域个体的消费结构层次有关系，苏联高档消费品相对较少，但中低档消费品很充足，即使是这样，能够达到美国的1/5也不是小数字。而在棉织品方面，苏联则远远超过美国。苏联轻工业占整个经济的比例相对美国还是要低一些，而且可能会有一些产品不对路，但是考虑到苏联的贫富差距远较美国为小，因此，总体上人们的生活水平与美国相差不会太大。

在农产品方面，苏联的肉和粮食分别为美国的56.2%和71.7%，但在当时苏联农业乃至第一产业并不很弱，考虑到苏联农业自然条件要比美国恶劣得多，从拖拉机和联合收割机的数量可以看出苏联农业机械化的水平比美国高，美国是主要的粮食出口大国，国内的粮食消费水平又很高，苏联人口与美国相当，因此苏联的粮食应该是能够满足国内日常生活的，而且人均数量也不少。至于奶、鱼和棉花，苏联的产量都远大于美国。因此，如果认定当时美国的第一产业很发达，那么苏联的第一产业也不落后。

但是，在整个20世纪80年代苏联经济停滞不前，80年代末到苏联解体后的几年更是一落千丈。在此阶段苏联政府的定位逐渐从强式有为政府降级到弱式有为政府，虽然其城市建设的基础仍在，但是产业经济及社会民生并不符合其该有的水平，因此认定其为弱式有为政府。

80年代末，苏联经济已出现了负增长，国家财政赤字、债务剧增。1990年财务赤字581亿卢布，1991年猛升到3000亿卢布，彼时苏联卢布与美元兑换尚为1卢布=0.9美元，也就是说，百万卢布富翁就是百万美元富翁。苏联解体后，卢布大幅贬值，原先可以买一辆汽车的卢布数额，到了后来只能买本杂志。这意味着苏联政府并不能及时稳定市场，以防止市场波动，同时，虽然其城市建设并没有太大变化，但是产业经济已经被拆分且社会民生也得不到保障，因此在解体之前，其尚为弱势有为政府。而在解体的过程中，其已经"没有能力"也"不想"制定政策，以确保市场的稳定，最终苏联卢布被取消，因此此段时间苏联政府或分裂出来的各个区域政府均可以被视作"无为政府"。但在这段时间内，这些政府并没有因为对个人私利的追求或其他政治的、社会的或文化的因素而加剧市场波动，因此不能认为是乱为政府。

总而言之，苏联之所以从强式有为政府变为无为政府，是因为虽然其政策在20世纪80年代之前是较为适合苏联的，也确实帮助其加快了经济增长速度，但是由于其体制僵化且政策在80年代后不具备延续性，导致国家政府分裂，因此直接由有为政府转变为无为政府。现在，大多数由苏联分裂出来的区域政府为有为政府，其中，俄罗斯属于强式有为政府，这同样证明无为政府可以逐渐转变为强式有为政府，并且由于俄罗斯继承了苏联大部分的城市建设基础及产业经济，其政局更加稳定且政策有强延续性，因此其恢复为强式有为政府所需要的时间远远短于其他区域政府。譬如，乌克兰现在在产业经济、社会民生及城市建设上的经济调节政策仍不完善，所以仍然属于弱式有为政府。

这里需要说明的是，各类型有为政府是在现代市场经济下的表现形式，计划经济不在本章的讨论范围内。因此，一些看似强式有为政府的国家，实质是背离市场规则的计划经济行为，一旦条件形成，必然会导致逆向变化的结果。而苏联正是由于背离市场规则的计划经济行为，并且受到一定的政治因素的影响，因此在有为政府类型中产生逆向变化。

现阶段新加坡政府也有逆向变化的趋势。2010年，新加坡的GDP年度增长率为16.48%，远高于世界平均水平；2011—2018年，新加坡的GDP年度增长率稳定在4.61%附近，基本与世界平均水平持平；但是在2018年后，其经济增长率突然下跌，甚至于2020年其GDP年度增长率为负值。[①] 在2010年前，由于新加坡的GDP年度增长率有峰值也有谷值，

---

① 参见世界银行数据库（https://data.worldbank.org.cn/indicator/NY.GDP.NKTD.CD&sj=2020）。

大多在平均水平上,因此被视为半强式有为政府;而在 2011—2018 年,由于其经济增长率与世界水平相当且在社会民生及城市建设方面较为完善,因此定义其为强式有为政府;但是从 2018 年至今,其经济政策并不能支撑其抵御新冠肺炎疫情带来的冲击,如果新加坡政府长期不对其产业经济调节政策进行调整和完善,那么其政府属性会发生逆向变化,即转变为半强式有为政府或弱式有为政府。虽然现阶段新加坡政府有进行逆向变化的趋势,但是实际上其计划经济行为并未过多地背离市场规则,更多的是基于现阶段的条件因素(新冠肺炎疫情),若是新冠肺炎疫情长期存在而新加坡政府并未对其产业经济调节政策进行调节,那么就符合背离市场规则的前提,新加坡政府就会真正转变为弱式有为政府。

✻ 本章小结 ✻

在本章中,笔者重点讨论了政府基于政策的分类:乱为政府、无为政府、有为政府(弱式有为政府、半强式有为政府及强式有为政府)。乱为政府、无为政府、弱式有为政府可以直接通过其经济增速或政策合理性进行分类:乱为政府经济增速长期为负值,无为政府经济增速长期在正负值之间徘徊,而弱式有为政府的经济增速长期是正值但是小于所属区域的平均经济增速水平。另外,乱为政府政策合理性长期为负值,无为政府政策合理性长期在正负值之间徘徊,而有为政府的政策合理性是正值。

对于中国国内的半强式有为政府及强式有为政府,可以通过政府效率及公共服务力(社会公众满意度)的综合得分来分类,并取其偏后的区域政府为半强式有为政府。这些半强式有为政府已经有了一定规模的经济水平且经济增速由于其自身原因远高于平均值水平,但是社会民生及城市建设方面,由于发展时间较强式有为政府短,因此仍需要完善,需要从政策方面督促这两方面的发展。而强式有为政府则在三方面均达到领先的水平。由于科技发展日新月异,因此政府在这三方面仍然有进步空间,只是较半强式有为政府进步速度慢,其经济增长速度始终徘徊于水平线上。究其原因则是弱式有为政府注重非经营性资源,半强势有为政府在此基础上多注重于可经营性资源,强式有为政府则在各方面均有建树。

而在世界范围内,则是参考政府的经济增速,以及社会民生、城市建设等方面的总体评价来判定其在有为政府中的归属。

随着时间的推移，在正常情况下，弱式有为政府会逐渐向强式有为政府靠拢，其变化所需要的时间则是基于其自身的情况。这种变化基于政局稳定、政策具有稳定性且区域没有遭遇重大事件影响的前提条件下。如果政局不稳、政策临时发生重大变化或区域遭受重大事件影响，则可能导致政府由强式有为政府降级为弱式有为政府甚至是无为政府。

总而言之，由于社会民生的完善及城市建设的健全基本是建立在产业经济充足的前提条件下，因此更多的是通过产业经济判定其大致类别，再通过社会民生和城市建设判定其具体归属。

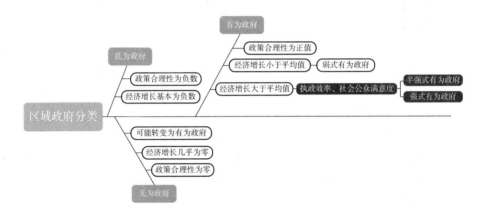

思考讨论题

1. 在美国范围内可以通过何种数据分析不同州在有为政府中的归属类别？请阐述原因。

2. 是否存在区域政府在该国中属于弱式有为政府，而在世界范围中属于半强式有为政府或强式有为政府的情况？请举例。

3. 是否有其他数值可以代替政策执行效率及社会公众满意度来分辨半强式有为政府与强式有为政府？如有，请说明。

4. 对比五类政府的各项政策，分析导致其经济发展不同的原因。

第五章　资源生成与经济发展阶段递进

在本书的第二章第三节中，笔者将准经营性资源定义为资源生成，也就是生成性资源，它包括原生性、次生性和逆生性资源三大类。次生性资源以城市经济作为对应主体进行分析（现实中是最普遍、最主要的，也是凯恩斯一直推崇运用，但在经济学理论上又未解决的问题），但次生性资源或城市经济并不是全部准经营性资源的概括，而只是其中的一个方面或一个领域。且准经营性资源作为新的资源生成领域，具有明显的动态性、经济性、生产性和高风险性四大特征。

笔者在第二章中把准经营性资源的描述重心放在如何求解准经营性资源或资源生成的量上，而在本章第一节中，笔者会将解释重心放在资源生成的过程。因此，虽然本章第一节与第二章第三节的标题有类似的含义，但是实际上描述的内容有所差异。

而在经济发展阶段递进方面，可以从三类经济资源进行解释，通过政策界定进行分类，也可以通过有为政府分类对其进行划分。并且经济增长速率作为评估经济发展阶段递进的一项指标，有不同的、新兴的经济资源或相关的经济政策可以促进经济增长速率的增加，也就是笔者定义的经济增长新引擎。

因此，在本章中，笔者将基于准经营性资源的四个特征对其作为资源生成的定义进行进一步的解释，同时将从三个方面对经济发展阶段进行分类，且通过分析近年来的经济增长新引擎的有效性来对不同的经济增长新引擎进行对比。

第一节 准经营性资源—资源生成—生成性资源

资源稀缺与资源生成是资源配置中的一对孪生儿。在过去，时代的发展进程限制了人们对"稀缺资源"的认识和实践。亚当·斯密1776年发表《国富论》时，英国的工业革命才刚刚开始，此时亚当·斯密所说的资源配置，指的仅仅是与商品生产、交换、消费相联系的产业资源中人、财、物的配置。而在1776年前后，英国的城市基础设施还相当落后，仅有简单的道路、桥梁、运河和港口等，根本无法像一百年后的凯恩斯时代一样，承担起缓解国家大量失业和经济萧条的重要作用，而道路、桥梁、运河和港口这些均属于准经营性资源也就是资源生成的范畴内。而时至今日，现代社会的现代化基础设施建设不仅包括系列硬件投资项目，还包括软件投资项目，乃至于进一步的智能城市开发与建设过程中的系列工程。这些现代化基础设施构成了促进一国经济增长的新的领域、新的资源，由此产生了"资源生成"问题。

资源生成，或生成性资源，即不是计划设定的产物，而是原已存在或随着时代进程的客观需要而存在，由静态进入动态、由非生产性进入生产性，并在其中形成经济效应的产物。"稀缺法则"是经济学研究的起点，中观经济学也不例外，但中观经济学并不仅是在"资源稀缺"的假定下搭建理论框架，还特指区域政府所掌握的"稀缺资源"在政府投资下如何创造性地形成一种新型的可供市场配置的资源。

在本节中，笔者基于资源生成、生成性资源或准经营性资源的特征，将描述的重心放在对其进行进一步的解释乃至于更细致的分类，以及具体资源生成的过程上。因此，笔者不在本节中对"资源稀缺"本身的定义及其与资源生成的具体关系上进行进一步的阐述。

在第二章中，笔者将准经营性资源、资源生成和生成性资源分成原生性生成性资源、次生性生成性资源及逆生性生成性资源三类。

一、原生性生成性资源的进一步分类及差异

原生性生成性资源指的是在自然界中一直存在（原生性）的准经营性资源，即由原生性资源直接生成的，之所以没有被归入可经营性资源，是

因为这些资源一直都被社会所知道且具有战略性意义，但是由于其前期投资过大，且短期内（至少10年）并不能创造实质性的价值，因此前期均为政府投资，在技术知识较为成熟且能创造一定价值后，个体才会介入投资。这部分资源也可以被定义为潜在的经济资源，但是由于其已经通过技术知识而发展且投资增多，可以推断出其在未来或长或短的时间内会逐渐转变为经济资源，因此将其定义为准经营性资源的一部分是合理的。

那么这里引出了一个问题，即从定义上看，准经营性资源对应的是城市经济调节政策，但是在第二章的可燃冰（其性质属于原生性生成性资源）例子中，由于其在前期投资过大且近年内不会创造实质性的价值，因此一开始就被定义为准经营性资源，但是对其产生实质性影响的经济调节政策大多是产业经济调节政策而非城市经济调节政策。虽然在定义上由于准经营性资源的特性，其可以同时被三类经济调节政策所涉及，但是由于大多属于准经营性资源的原生性生成性资源会在极大程度上受到产业经济调节政策的影响，且这类资源虽然现阶段属于准经营性资源，但是在未来会逐渐向着可经营性资源的方向转变，因此笔者需要对原生性生成性资源的定义有新的补充。即原生性生成性资源指的是自然界中一直存在（原生性），技术知识较为成熟且投资达到一定阈值后可能逐渐转变为可经营性资源的准经营性资源。

这也解释了为什么部分这类准经营性资源归属在产业经济调节政策的范围内，由于其未来可能会转变为可经营性资源，并且转变时间的多少有所差异，又由于其具有战略性意义且前期投资过大，区域政府会主动承担其初期的投资及技术知识发展，但与此同时，区域政府会积极通过产业经济调节政策引导投资者或个体介入投资，促使部分原生性生成性资源从准经营性资源向可经营性资源转变。

那么这里需要提到准经营性资源的四大特征：动态性、经济性、生产性和高风险性。在第二章中，笔者提及以上四大特征的解释，但是并没有具体解释这四种特征在三类资源中的变化趋势及准经营性资源整体四大特征的表现形式。

在第二章中，动态性指系统永远处于运动和发展过程的一种特性，在这里表示准经营性资源的总量永远处于变化的一种状态。而原生性生成性资源同样具备动态性，但是它的动态性不止表现在其作为准经营性资源的总量上，也表现在其性质的转变上。在技术知识并不成熟的情况下，也就是该类资源所属的产业仍处于形成期的情况下，由于其中的个人投资者或是企业投资者较少，因此需要区域政府进行大量投资且通过不同的产业经济调节政策来吸引更多的个人或企业投资者。而在这个过程中，原生性生成性资源相关的准经营性资源的动态性体现在其总量的增加，其性质仍归属于准经营性资源。而在技术知识成熟且投资已经足够的情况下，可分为两种情况。

在之前的章节中，笔者曾经提到准经营性资源能向可经营性资源或非经营性资源转变，但是在本节讨论时不考虑原生性生成性资源从准经营性资源转变为非经营性资源的可能性，是基于非经营性资源的种类的。同样在第二章中，笔者提到非经营性资源以各区域的社会公益产品、公共物品为主，包括经济（保障）、历史、地理、形象、理念、应急、安全、救助及区域的其他社会需求。可以看出，以上非经营性资源所包含的内容均不涉及原生性生成性资源，所以原生性生成性资源根据其动态性只能分为两种。

第一种即类似于可燃冰这种原生性生成性资源。该类资源虽然有一定的战略性意义，但是它的战略性意义大小相较于其他原生性生成性资源并没有那么重要，并且基于经济性、生产性及高风险性三方面的原因，社会上愿意投资该资源的个体能够承担区域内所有相关资源的开发及经营，即社会上愿意投资该类资源的所有个体的投资金额的总和大于或等于开发且运营区域内相关原生性生成性资源所需的金额。那么，区域政府在衡量该项原生性生成性资源从准经营性资源转变为可经营性资源所造成的影响后，才会将其所投资的那部分准经营性资源转让给社会上的投资者负责。而在合约转让率高于一定阈值之后，该类原生性生成性资源会从定义上的准经营性资源转变为可经营性资源。在这个过程中，该类原生性生成性资源的动态性表现在其性质的转变上：从准经营性资源转变为可经营性资源。那么，这种资源在经济性、生产性及高风险性上有一定的特点，通过这些特点可以将这类资源与不可以转变为可经营性资源的原生性生成性资源区别开，这些不同之处笔者会在之后提到。为了在之后更直观地描述这类原生性生成性资源，笔者将其称为一类原生性生成性资源。

第二种即类似太空资源这类原生性生成性资源。该类资源具有相当大的战略意义，并且同样基于经济性、生产性及高风险性三方面的原因，社会上愿意投资该资源的个体不能够完全承担区域内所有相关资源的开发及经营，即社会上愿意投资该类资源的所有个体的投资金额的总额少于开发且运营区域内相关原生性生成性资源所需的金额。区域政府在衡量该项原生性生成性资源转变为可经营性资源会导致诸多的负面影响后，会在很长的时间内将该项资源作为准经营性资源进行经济调控。而该项准经营性资源的合约转让率始终会介于非经营性资源与可经营性资源的临界值之间，因此该类原生性生成性资源会在定义上一直为准经营性资源。在整个过程中，该类原生性生成性资源的动态性仍然表现在其总量的变化上。为了在之后更直观地描述这类原生性生成性资源，笔者将其称为二类原生性生成性资源。

经济性指准经营性资源具有经济价值。经济性可以从两个层面上进行分类：从结果层面上看，资源生成的产物应当具有经济效益；从成本效益比来看，资源生成也应追求成本最小化，追求一定的投入产出比。那么，对于投资者来说，准经营性资源中经济性的不同意味着经济效益不同或投入产出不一致。因此，社会上的投资者在不同准经营性资源上投入相等的投资额度会得到不同的收益，而某种准经营性资源经济性差也意味着投资者在这类准经营性资源相关的投资得到的收益相较于其他资源的收益较少。因此，经济性差会导致愿意投资该类原生性生成性资源的投资者较少，也会导致社会上愿意投资该类资源的所有个体的投资总额少于开发且运营区域内相关原生性生成性资源所需的金额，也意味着这类原生性生成性资源是通过动态性分类的二类原生性生成性资源。因此可以推测，经济性较好的原生性生成性资源不一定属于一类原生性生成性资源（具体归类需要依据其生产性及高风险性进行判断），但是经济性较差的原生性生成性资源大部分属于二类原生性生成性资源。

生产性，也可以称为"创造性"，指具备增加产出的性质，同样是指非经济资源经过开发、转化与派生，成为可投入经济活动的生产要素。生产性是在经济性基础上，对生成性资源或准经营性资源在用途上的更详细的规定，即资源生成的成果应为生产要素，而非消费品；生产性也是在转化方向上的规定，非经济资源或者公共产品经过开发，转化为生产资源，进入要素市场进行流通。生产性低下可以理解为由于技术知识的不成熟或投资过少，这类资源虽然可以通过开发转化为生产资源，但是进入要素市场进行流通的量较少。那么，对于投资者来说，某种准经营性资源生产性差意味着投资者在这类准经营性资源相关的投资得到的收益相较于其他资源的收益较少。因此，生产性差会导致愿意投资该类原生性生成性资源的投资者较少，也会导致社会上愿意投资该类资源的所有个体的投资总额少于开发且运营区域内相关原生性生成性资源所需的金额，即二类原生性生成性资源。因此可以推测，生产性较好的原生性生成性资源不一定属于一类原生性生成性资源（具体归类需要依据其生产性及高风险性进行判断），但是生产性较差的原生性生成性资源大部分属于二类原生性生成性资源。

而高风险性则代表着准经营性资源风险较高。准经营性资源大多属于资本密集型行业，并且具有以下特点：第一，前期投资大；第二，建设周期长；第三，成本高，市场窄小；第四，投资可能失败；第五，受突发事件影响大；等等。总而言之，资源生成或准经营性资源的高风险性可以表述为：资源生成的结果可能出现与预期有很大差距的情况。同样，原生性生成性资源中的高风险性强的资源会劝退一部分社会上的投资者，从而导致愿意投资的金额总和少于所需的金额。因此，高风险性越高，该原生性生成性资源越可能是二类原生性生成性资源；反之，高风险性中的风险性越低的原生性生成性资源，其越可能是一类原生性生成性资源。

综上所述，原生性生成性资源中归属为二类的准经营性资源通常伴有低经济性、低生产性及较高风险性的特征，而一类原生性生成性资源则是通过排除法在所有原生性生成性资源中排除二类资源得到的那部分。两者的不同之处表现在其动态性的具体形式上。

需要注意的是，经济性、生产性及高风险性中，笔者提到的高或低并不是指其绝对值，而是指相对值，即在所有原生性生成性资源中，其经济性、生产性及风险相对较高或较低。同理，次生性生成性资源及逆生性生成性资源中以上三个特征所描述的高低也是这个意思。

二、次生性生成性资源的进一步分类及差异

次生性生成性资源指在原生性生成性资源的基础上进行二次或多次生成后得到的资源，该类资源没有归属到非经营性资源的原因是政府无法完全承担这部分资源的支出时，会将一部分该资源交由社会的不同个体负责，因此将其定义为准经营性资源。

同时，次生性生成性资源也是指城市经济中基础设施的投资、建设与开发。对此类资源，原有经济学理论称其为公共产品，由政府来提供。但在现实的经济发展中，它不断地由国内外投资者共同参与，由此转化成被

市场接受并可经营的物品。

次生性生成性资源不仅包括公路、铁路、机场、通信、水煤电气等硬件公共设施,而且包括教育、科技、医疗卫生、体育、文化等软件公共基础设施,伴随着城市现代化的进程,还包括更进一步的智能城市的系列开发和建设等。

那么,这里出现了与原生性生成性资源同样的问题,即从定义上看,准经营性资源对应的是城市经济调节政策,但是部分次生性生成性资源对产业经济调节政策或民生经济调节政策的响应更为明显。例如,文化方面的准经营性资源(娱乐行业)在服从城市经济调节政策的前提下,其发展趋势或发展速度更多受到产业经济调节政策的影响。在定义上,准经营性资源的特性导致其可以同时被三类经济调节政策所涉及,但是由于大多属于准经营性资源的次生性生成性资源会极大程度地受到不同经济调节政策的影响,且这类资源虽然现阶段属于准经营性资源,但是在未来会向不同的资源类型方向转变,因此笔者需要对次生性生成性资源的定义进行新的补充,即次生性生成性资源指在原生性生成性资源的基础上进行二次或多次生成后得到的资源,且这类资源在未来有可能转变为三类资源中的其中一种(可经营性资源、非经营性资源、准经营性资源)。

这里也需要从准经营性资源的四大特征讨论次生性生成性资源应该如何细分。

在第二章中,动态性指系统永远处于运动和发展过程的一种特性,在这里动态性表示准经营性资源的总量永远处于变化的一种状态。而对于次生性生成性资源,它同样具备原生性生成性资源的动态性特征,这意味着它的动态性不仅表现在其作为准经营性资源的总量上,也表现在其性质的转变上,并且其动态转变的类型相较于原生性生成性资源多了一种。在技术知识并不成熟或相关政府投资及政府补助不足的情况下,由于其中的个人投资者或企业投资者较少并且政府的财政收入能够支撑区域范围内的社会民生支出,该类次生性生成性资源的归属是非经营性资源,这时候该次生性生成性资源的合约转让率低于阈值。而在这个过程中,次生性生成性资源相关的准经营性资源的动态性体现在其性质的转变上,即从非经营性资源转变为准经营性资源。需要注意的是,并不是所有次生性生成性资源都需要经历从非经营性资源转变为准经营性资源的过程,而是大部分该类资源会经历这个过程,且会在准经营性资源阶段保持比较长的时间。笔者

对次生性生成性资源在期望时间内会转变成的资源类型进行更细致的分类。

第一种，与体育行业相关的次生性生成性资源。该类资源有一定的战略性意义，区域范围内该行业的发展未来有一定的局限性，并且基于经济性、生产性及高风险性三方面的原因，社会上愿意投资该资源的个体能够承担区域内所有相关资源的开发及经营，即社会上愿意投资该类资源的所有个体的投资金额总和大于或等于开发且运营区域内相关次生性生成性资源所需的金额。区域政府在衡量该项次生性生成性资源从准经营性资源转变为可经营性资源所造成的影响后，才会将其所投资的那部分准经营性资源转让给社会上的投资者负责。而在合约转让率高于一定阈值之后，该类次生性生成性资源会从定义上的准经营性资源转变为可经营性资源。在这个过程中，该类次生性生成性资源的动态性表现在其性质的转变上：从准经营性资源转变为可经营性资源。笔者称这种资源为一类次生性生成性资源。

第二种，类似于铁路、公路这类次生性生成性资源。该类资源具有相当大的战略意义，并且基于经济性、生产性及高风险性三方面的原因，社会上愿意投资该资源的个体不能够完全承担区域内所有相关资源的开发及经营，由于投资额过大，政府不能独立承担所有该类型资源的投资或补助，即社会上愿意投资该类资源的所有个体的投资总额小于开发且运营区域内相关次生性生成性资源所需的金额，同时，政府愿意投资的金额也小于营运相关次生性生成性资源所需的投资金额。区域政府在衡量该项次生性生成性资源如果转变为可经营性资源或非经营性资源则会导致诸多的负面影响后，会在很长的时间内将该项资源作为准经营性资源进行经济调控。而该项准经营性资源的合约转让率始终会介于非经营性资源与可经营性资源的临界值之间，因此该类次生性生成性资源会一直被定义为准经营性资源。在整个过程中，该类次生性生成性资源的动态性表现在其总量的变化上。为了在之后更直观地描述这类次生性生成性资源，笔者将其称为二类次生性生成性资源。

第三种，与教育相关的次生性生成性资源。该类资源具有相当大的战略意义，并且基于经济性、生产性及高风险性三方面的原因，社会上愿意投资该资源的个体有可能不能够完全承担区域内所有相关资源的开发及经营，且区域政府有能力独立承担所有该类型资源的投资或补助，即政府愿意投资且可以投资的金额大于或等于营运相关次生性生成性资源所需的投资金额。区域政府在衡量该项次生性生成性资源从准经营性资源转变为非经营性资源所造成的影响后，会逐渐降低合约转让率，以使区域政府在该资源的投资占有更大比例。而该项准经营性资源的合约转让率始终会低于非经营性资源的临界值，因此该类次生性生成性资源的定义会从准经营性资源转变为非经营性资源。在整个过程中，该类次生性生成性资源的动态性表现在其资源类型的变化上。为了在之后更直观地描述这类次生性生成性资源，笔者将其称为三类次生性生成性资源。

经济性指准经营性资源具有经济价值。社会上的投资者在不同的准经营性资源投入相等的投资额度会得到不同的收益，而某种准经营性资源经济性差也意味着投资者在这类准经营性资源相关的投资得到的收益相较于其他资源的收益较少。因此，经济性差会导致愿意投资该类次生性生成性资源的投资者较少，也会导致社会上愿意投资该类资源的所有个体的投资总额少于开发及运营区域内相关次生性生成性资源所需的金额，这类次生性生成性资源是通过动态性分类的二类或三类次生性生成性资源。因此可以推测，经济性较好的次生性生成性资源不一定属于一类次生性生成性资源（具体归类需要依据其生产性及高风险性进行判断），但是经济性较差的次生性生成性资源大部分属于二类或三类次生性生成性资源。

在生产性方面，对于市场中的投资者来说，某种准经营性资源生产性差意味着投资者在这类准经营性资源相关的投资得到的收益相较于其他资源的收益较少。生产性差会导致愿意投资该类次生性生成性资源的投资者较少，也会导致社会上愿意投资该类资源的所有个体的投资金额总额少于开发及运营区域内相关次生性生成性资源所需的金额，这类次生性生成性资源是二类或三类次生性生成性资源。因此可以推测，生产性较好的次生性生成性资源不一定属于一类次生性生成性资源（具体归类需要依据其生产性及高风险性进行判断），但是生产性较差的次生性生成性资源大部分属于二类或三类次生性生成性资源。

而高风险性则代表着准经营性资源风险较高。次生性生成性资源中的高风险性强的资源会排斥一部分社会上的投资者，从而导致愿意投资的金额总和少于所需的金额。因此，高风险性越高，该次生性生成性资源越可能是二类或三类次生性生成性资源；反之，高风险性中的风险性越低的次生性生成性资源，其越可能是一类次生性生成性资源。

综上所述，次生性生成性资源中归属为二类或三类的准经营性资源通常伴有低经济性、低生产性及较高风险性的特征。而一类原生性生成性资源则是通过排除法在所有次生性生成性资源中排除二类及三类次生性生成性资源得到的那部分。

其中，二类和三类次生性生成性资源的不同之处更多地体现在其动态性的不同，而很难通过经济性、生产性及高风险性来区分这两类资源。而二类和三类次生性生成性资源的动态性不同，究其原因是区域政府的政策及愿意投资的金额多少不同。准确来说，三类次生性生成性资源是在二类次生性生成性资源的基础上，由于政府愿意且能够投资的金额可以满足整个资源运营及开发的需求，并且区域政府自愿且希望将该类资源转变为非经营性资源，以增加社会中的每个个体可享用的非经营性资源的总量，从而使得社会群众满意度提升。即这两类资源的分类不仅基于准经营性资源的四个特征（区分一类与二类、三类次生性生成性资源），还需要基于政府针对该项资源的政策、态度及区域政府的财政能力。

三、逆生性生成性资源的特征分析

逆生性生成性资源指原为不可利用的资源（原生或次生资源），在经过一系列操作后变成存在经济性的资源。这类资源不能归属于可经营性资源或非经营性资源，因为主导这些不可利用资源转变的主体是政府，而社会个体对这种资源的交易使其具备一定的经济性，因此将这类资源定义为准经营性资源。逆生性资源的生成，实际上是一种负外部性成本化的过程。外部性亦称为"外部成本"或"外部效应"，指一个人或一群人的行动和决策使另一个人或一群人受损或受益的情况，也即个体的经济活动对他人和社会造成的非市场化的影响，但造成这种影响的成本与后果不完全由行为人承担。逆生性生成性资源具体包含的准经营性资源在第二章中以表格的方式进行了描述，而实际中，主要的逆生性生成性资源是碳排放交易资源。

逆生性生成性资源与次生性生成性资源及原生性生成性资源的不同之处在于，另两者中包含的部分资源对其产生实质性影响的经济调节政策是产业经济调节政策或民生经济调节政策而非城市经济调节政策，而绝大部分或现阶段全部逆生性生成性资源均为准经营性资源，且受到城市经济调节政策的影响更大。

因此，不用对逆生性生成性资源进行进一步的分类，因为其大部分资源具有相同的动态性、经济性、生成性及高风险性。

逆生性生成性资源同样具备动态性，但是它的动态性几乎全部表现在其作为准经营性资源的总量上，而非像另外两种准经营性资源那样，表现在性质转变上。相较于另外两种资源，逆生性生成性资源之所以不能转变为可经营性资源或非经营性资源，是基于其本身的形成因素。在定义上，由于需要个体的经济活动对他人或社会造成的非市场化影响所需要的成本和后果不完全由行为人承担，因此逆生性生成性资源不能转变为可经营性资源；由于该类资源是一种负外部性成本化的资源，因此完全产业经济化会导致该类资源越来越多但是需求者越来越少。以碳排放交易资源为例，在完全产业经济化后，每个企业都试图出售更多的碳排放交易权，而实际上希望购入碳排放交易权的个体会越来越少——该类资源在没有由区域政府限定数量的情况下，会对区域环境造成严重的不可逆的影响，并且在没有限定数量的情况下没有人会购买碳排放权，因为其已经不再拥有价值。同理，当市场上的投资者全部变为区域政府，该资源也不再具备价值——该资源的产生是为了减少负外部性影响，同时增加区域财政收入，当投资者全部为政府时，就导致相关产业全部被禁止且区域财政收入不增加。因此，逆生性生成性资源总会是准经营性资源，但其总量永远处于"运动"状态：逆生性生成性资源的定义、统计及总量是由区域政府决定的，同时，投资者则为社会上的不同个体及区域政府。由于在部分情况下，投资者并不包含区域政府，因此这里需要补充一点：不能通过合约转让率区分逆生性生成性资源与可经营性资源和非经营性资源，而是基于其定义得到其分类为准经营性资源。

经济性指准经营性资源具有经济价值。对于逆生性生成性资源的投资者来说，该经济性的不同意味着经济效益不一致，与另两类资源的不同之处在于逆生性生成性资源的经济性不同，归根结底在于区域政府处理负外部性所需的成本不同（技术知识的进步可能会导致处理该类资源的成本下降），且市场上对不同逆生性生成性资源的需求不同，而非投入金额得到的收益的不同。导致逆生性生成性资源拥有经济性的主体包含政府及社会上对该类资源有需求的个体。

逆生性生成性资源的生产性在定义上与另两类资源相同但是在本质上有所差异。前两者的生产性更多的是基于社会和政府的投资综合及技术知识的发展程度，而逆生性生成性资源的多少或生产性在理论上的上限为无穷大而下限为零，因此其生产性的高低取决于政府对其制定的城市经济调节政策而非基于相关投资或技术知识。

而高风险性则代表着准经营性资源风险较高。造成逆生性生成性资源高风险性的原因主要为价格及突发事件等。由于价格原因的波动有可能是城市经济调节政策造成的，因此可以得知逆生性生成性资源的高风险性主要由突发事件引起，且由于其并不存在投资周期及成本等因素，因此准经营性资源的其他四个特点（前期投资大，建设周期长，成本高、市场窄小，投资可能失败）对其并不适用。

综上所述，准经营性资源可以分为三大类资源，其中总共可以分出六小类资源。三大类资源除了可以从定义上加以区分，也可以通过其所属小类的总数进行区分，且逆生性生成性资源相较于另外两类资源具备更特殊的特性。从总体上看，动态性的区别是"果"，而导致其动态性区别的经济性、生产性及高风险性是"因"。当然，对于次生性生成性资源及逆生性生成性资源，其"因"还有区域政府针对该项资源的决策，包括政策、投资等方面。笔者从动态性中又分出六小类资源，即从原生性生成性资源、次生性生成性资源中分别区分出两小类、三小类资源，而逆生性生成性资源不可进行具体的细分。原生性生成性资源和次生性生成性资源可以通过经济性、生产性及高风险性判断如何进行分类；次生性生成性资源中的二类和三类资源需要通过政府的具体措施进行分类；逆生性生成性资源的经济性、生成性及高风险性在定义上与前两者一致，但是在具体内容上具有不同的意义。

虽说准经营性资源也可以被称为"资源生成"或"生成性资源"，但是资源生成这一过程更多地体现在其动态性上，经济性、生产性及高风险性是伴随资源生成这一过程而体现的准经营性资源的特点或特征。因此，一类原生性生成性资源与一类次生性生成性资源、二类原生性生成性资源与二类次生性生成性资源具有相似的资源生成过程。而逆生性生成性资源由于其特殊性，资源生成过程与其他几类资源均有所差异。

另外，二类资源（包括原生性或次生性）是有可能转变为一类或三类资源的，因为二类资源在区域政府预期的时间内会一直保持准经营性资源的状态，受城市经济调节政策管理，因此，在区域政府内发生重大变化的时候（如政府财政收入大幅增加、技术知识有了阶段性的重大突破等），该类资源可能转变为一类或三类资源。

第二节 经济发展阶段递进

既然涉及经济发展阶段递进，那么笔者可以从产业经济、民生经济及城市经济三个政府经济职能及三类资源等方面进行阐述，还可以对这三类经济的调节政策进行描述，更可以通过有为政府的分类对经济发展阶段递进进行详解。以下笔者就用这三个方法对经济发展阶段递进进行描述。

一、区域经济发展四阶段

笔者在第一章和第二章中提到有关产业经济发展中产业的几个阶段：形成期、成长期、成熟期及衰退期。另外，按照迈克尔·波特（Michael Porter）提出的钻石模型及在《国家竞争优势》一书中提出的观点，他将一个国家（或地区）的经济发展分为要素驱动、投资驱动、创新驱动、财富驱动四个阶段。但是，通过以上两种四个阶段只能描述区域范围内部分经济的发展阶段，而不能描述所有经济方面的发展阶段：全部产业经济（可经营性资源）、一类原生性生成性资源与一类次生性生成性资源，以及部分二类原生性生成性资源和二类次生性生成性资源。总而言之，以上四个经济发展阶段仅能描述全部产业经济及部分准经营性资源的经济发展阶段递进。因为笔者在第一章已经对产业的几个阶段进行了详细的描述，所以这里笔者将对《国家竞争优势》一书中的四个阶段进行概述并将其与产业各阶段联系起来。

在要素驱动阶段，任何产出都需要资源的投入，各种资源的不同配置路径决定了产出效率的不同。在产出过程中，资源一般以生产要素的形式出现，生产函数一般被定义为：在生产技术给定的条件下，一定时期内生产要素的各种投入组合与产品最大产量之间的物质数量关系，它是生产过程中存在投入与产出之间的关系在技术上的说明，可以表示为：

$$Q = f(L, K, E, N) \tag{5-1}$$

式（5-1）中，Q 代表产量，L 代表劳动，K 代表资本，E 代表以土地为首的各种自然资源，N 代表企业家才能。

在产业经济发展的最初阶段，技术水平较低且长期内不会有显著提高，资本也缺少有效积累，常常显得不足，所以经济增长更多依靠劳动、土地、自然资源等生产要素在投入数量上的简单扩张来获得和维持发展动力。这种经济增长驱动方式比较简单易行，短期效果也比较显著，但长期来看，必然很快遇到资本、技术等发展瓶颈，导致边际生产率下降，发展潜力非常有限，难以获得经济发展的持久驱动力。这里对应的是产业的形成期，即具有生产规模较小，成本过高，产业内仅有一个或少数几个企业，产品的技术还不成熟，产品还没有形成完整的产出、供应、销售体系等特点。处于要素驱动阶段，意味着社会中的绝大部分产业仍处于形成期，只有极少数产业可能处于成长期或成熟期，更不用说处于衰退期。现阶段的每个发达国家及部分发展中国家都曾在其某个产业经济发展的历史时期经历过生产要素驱动阶段。此阶段，政府关注的主要是区域的产业竞争力。

投资驱动型经济也可以称为"效率驱动型经济"，是以投资形成的资本来带动经济增长的一种模式。资本也是生产要素之一，之所以将投资驱动从要素驱动中抽离出来，是因为在经济发展过程中，带动经济增长的力量逐渐从资源禀赋的优势转移为资本的优势，相对于其他生产要素而言，资本的驱动能力更为突出，且不受时空的限制，成为主宰经济发展的关键因素，而且这里所探讨的投资驱动型经济也更多的是从投资效率的角度出发，是有效率的投资驱动模式。

长期来看，在资本投入量基本不变的情况下，单纯地扩张自然资源和劳动力资源的投入，必然会遭遇资本瓶颈而导致边际生产率的下降，所以资本投入（K）必须与劳动投入（L）保持一定的配比，共同增长，这样的生产函数被称为"长期生产函数"，即：

$$Y = F(L, K) \quad (5-2)$$

所谓长期生产函数，就是假定技术水平给定，并且经营管理良好，一切投入要素的使用都是非常有效的，为实现长期内的最大产出，资本必须与劳动等要素配合投入，配置的最优路径应该是两者组合而成的等成本线和等产量线一系列的切点的连线，也被称为"生产扩展线"。

在处于投资驱动阶段期间，国家竞争优势以政府与企业积极投资的意愿和能力为基础。该阶段的投资以固定资产、技术与基础设施投资为主，目的在于在更精密和更高端的产业环节获取竞争力。这个阶段最大的问题在于整个国家的原始创新能力不足，所使用的技术大多是从国外引进的成熟技术,并不能像原创技术一样获取超额利润。从长期生产函数的角度来说,此时经济的发展或者国际竞争优势的获得主要来自在资本边际收入较低时资本投入的大量增加,技术仅是通过资本投入获取的生产要素的一部分,对于全要素生产率提升并不十分明显。处于投资驱动阶段,与之相关的产业处于形成期或成长期初期的阶段。在这个阶段,技术知识并没有很大的进步,但是资本的投入及劳动人口的增多会导致实际产出或产值的增长,符合全部形成期产业的特点,并且符合部分成长期产业的特点:生产规模扩大,产品进一步细分,技术工艺、品种、门类众多;该产业的产出在国民经济中的比重增大,该产业内的企业数量增多;该产业与国民经济中其他产业的联系加强,对其他产业的影响较大;该产业的技术水平相对于其他产业较高,代表产业结构转换的新方向;形成了独立的生产经营管理手段。因此,在该阶段,区域政府关注的主要是投资增长率。

创新驱动是围绕全要素生产力的增长展开的。20世纪50年代,诺贝尔经济学奖获得者罗伯特·M.索洛提出了"全要素生产率"这一概念。

考虑如下的投入-产出函数:

$$Y_t = A_t F(K_t, L_t) \quad (5-3)$$

式(5-3)中,与之前的假设类似,Y_t 表示 t 时期总产出,A_t 表示 t 时期的技术水平,K_t 表示 t 时期资本存量,L_t 表示劳动力投入量,t 表示时间。将式(5-3)对时间求偏导数并除以 Y_t,可得:

$$\frac{\dot{Y}_t}{Y_t} = \frac{\partial Y_t}{\partial K_t} \frac{K_t}{Y_t} \frac{\dot{K}_t}{K_t} + \frac{\partial Y_t}{\partial L_t} \frac{L_t}{Y_t} \frac{\dot{L}_t}{L_t} + \frac{\dot{A}_t}{A_t} \quad (5-4)$$

可以看到,等式左边为产出的增长率,等式右边为资本、劳动的产出弹性乘以其增长率加上技术进步的增长率。由于资本和劳动的产出弹性在实际经济生活中无法直接观察到,因此需要寻找其他路径来刻画它,以在经济实践中能够应用。根据宏观经济学的微观基础,要素投入的报酬应等于其边际产出,因此有:

$$\frac{\partial Y_t}{\partial K_t} = \frac{r_t}{p_t}, \frac{\partial Y_t}{\partial L_t} = \frac{\omega_t}{p_t} \quad (5-5)$$

式(5-5)中,r_t、ω_t 和 p_t 分别表示资本、劳动和产出的价格。将式(5-5)代入式(5-4),可得到:

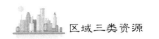

$$\frac{\dot{Y}_t}{Y_t} = \frac{r_t}{p_t}\frac{K_t}{Y_t}\frac{\dot{K}_t}{K_t} + \frac{\omega_t}{p_t}\frac{L_t}{Y_t}\frac{\dot{L}_t}{L_t} + \frac{\dot{A}_t}{A_t} \qquad (5-6)$$

式（5-6）中，$\frac{r_t}{p_t}\frac{K_t}{Y_t}$、$\frac{\omega_t}{p_t}\frac{L_t}{Y_t}$ 可以分别看作资本和劳动的要素报酬在总收入中所占的份额。为了更方便书写与表达，可以将式（5-6）改写为：

$$GY = GA + aGL + bGK \qquad (5-7)$$

式（5-7）中，GY 是经济增长率，GL 是劳动增加率，GK 是资本增加率，a 为劳动要素报酬在总收入中所占的份额，b 为资本要素报酬在总收入中所占的份额。GA 就是索洛所说的"被忽略的因素"，也称为"索洛余值"或"全要素增长率"。所谓全要素生产率，实质是指技术进步率，是除所有有形生产要素（劳动、资本、土地等）以外的纯技术进步带来的生产率的增长。

全要素生产率的增长就是在所有的有形生产要素的投入量保持不变时，那些无形资源的变动带来的生产量的增加。全要素生产率的"全"是指经济增长中不能归因于有形生产要素增长的那部分，特指技术进步等无形资源带来的生产效率的增长，属于经济长期增长来源的重要组成部分。所谓纯技术进步包括知识、教育、技术培训、规模经济、组织管理等方面的改善，但不是指高级资本设备的更多投入、高技术劳动的更多增加和土地的更大扩张等，因为这种投入仍然是属于资本、劳动、土地等有形的生产要素的增加，即要素驱动时期的主体。

在理论层面，可以利用索洛模型讨论技术进步率为何重要。索洛模型关注的四个变量分别为：产出 Y_t、资本 K_t、劳动 L_t，以及知识或者劳动的有效性 A_t。由此可以得到生产函数：

$$Y_t = F(K_t, A_t L_t) \qquad (5-8)$$

式（5-8）中，$A_t L_t$ 被称为"有效劳动"。以劳动力增加的形式引入技术进步被称为"劳动增加型技术进步"，或者称为"哈罗德中性"。索洛模型假设生产函数满足三个条件：每种生产要素边际产出为正且递减；规模报酬不变，即 $F(\lambda K_t, \lambda A_t L_t) = \lambda F(K_t, A_t L_t)$；满足稻田条件，即 $\lim_{K \to 0} F_K = \lim_{K \to 0} F_K = \infty$，$\lim_{K \to \infty} F_K = \lim_{K \to \infty} F_K = 0$。

满足这三个条件的生产函数被称为"新古典生产函数"，因此，索洛模型又称为"新古典增长模型"。

根据规模报酬不变的性质，将式（5-8）两边同时除以 $A_t L_t$，可得：

$$\frac{Y_t}{A_t L_t} = F\left(\frac{K_t}{A_t L_t}, 1\right) \tag{5-9}$$

令 $y = \frac{Y_t}{A_t L_t}$，表示单位有效劳动的产出；令 $k = \frac{K_t}{A_t L_t}$，表示单位有效劳动的资本，这样可以得到式（5-9）的集约化形式：

$$y = f(k) \tag{5-10}$$

接下来可以看出投入的要素是如何变化的。先给出劳动增长率与技术进步率的定义：

$$\eta = \frac{\dot{L}_t}{L_t}, \; g = \frac{\dot{A}_t}{A_t} \tag{5-11}$$

式（5-11）中，η 表示劳动增长率，由于在索洛模型中假定所有人口都参与劳动，因此这个指标也可以用人口增长率来代替；g 表示技术增长率。

资本受新增投资和折旧两个因素的影响。其中，新增投资取决于产出与储蓄率，用 s 表述储蓄率，则新增投资可表示为 sY_t，它对资本存量为正向影响；折旧则取决于存量资本和折旧率，用 δ 表示折旧率，则折旧部分可表示为 δK_t，其对资本存量为负向影响。由此可以得到资本在某段时间的变化：

$$\dot{K}_t = sY_t - \delta K_t \tag{5-12}$$

然后，需要讨论这个模型是如何运转的。将式（5-12）两边同除以 $A_t L_t$，并将 $y = f(k)$ 代入，可得：

$$\frac{\dot{K}_t}{A_t L_t} = s\frac{Y_t}{A_t L_t} - \delta\frac{K_t}{A_t L_t} = sy - \delta k = sf(k) - \delta k \tag{5-13}$$

对单位有效劳动的资本 k 对时间 t 求微分，可得到：

$$\frac{\dot{K}_t}{A_t L_t} = \dot{k} + \eta k + gk \tag{5-14}$$

显然，式（5-13）与式（5-14）等式左边相同，于是，等式右边也相等，合并后，可以得到：

$$\dot{k} = sf(k) - (\delta + \eta + g)k \tag{5-15}$$

此时单位有效劳动的资本的变动由单位有效劳动的储蓄或者投资与其他要素增长所必需的单位有效劳动的资本的差值所决定。考虑 $\dot{k} > 0$ 的情形，即 $sf(k) > (\delta + \eta + g)k$，此时单位有效劳动的资本大于其他要素增长所必需的资本,出现投资过热和资本过剩,资本的收益率下降,人们将减少投资,使得 $\dot{k}$ 下降;再考虑 $\dot{k}<0$ 的情形,即 $sf(k)<(\delta+\eta+g)k$,此时单位有效劳动的资本小于其他要素增长所必需的资本,出现投资不足,资本的稀缺使得其收益率提高,人们将增加投资,从而使得 $\dot{k}$ 上升;在 $\dot{k}=0$ 的情况下,此时单位有效劳动的资本恰好等于其他要素增长所必需的资本,经济能够稳定地运行,这种情况称为"稳态"。根据前述分析,只要满足索洛模型假设,无论经济目前处于何种情况,均能够收敛于稳态。此时最优的单位有效劳动的资本 k^* 满足以下公式:

$$sf(k^*)=(\delta+\eta+g)k^* \qquad (5-16)$$

在稳态的情况下,单位有效劳动的资本收敛于 k^*,单位有效劳动的产出收敛于 $y^*=f(k^*)$,其变动率也为0。由 $y^*=\dfrac{Y_t}{A_tL_t}$,可得 $Y_t=y^*A_tL_t$。两边取对数,则有 $\ln(Y_t)=\ln(y^*)+\ln(A_t)+\ln(L_t)$,两边关于时间 t 求微分,则可得到总产出变化率的表达式:

$$\frac{\dot{Y}_t}{Y_t}=\frac{\dot{L}_t}{L_t}+\frac{\dot{A}_t}{A_t}=\eta+g \qquad (5-17)$$

可以看到,经济增长率仅取决于人口增长率与技术进步率。应用同样的方法,可以得到资本增长率、人均资本增长率、人均经济增长率等指标的取值。在索洛模型中,人口增长率与技术进步率都是给定的,但是在现实中,人口增长率相较而言更为稳定,而技术增长率可以通过政策引导、机制改革等方式进行调节。此外,储蓄率并不在影响经济增长率的因素中,根据索洛模型的结论,储蓄率只会影响经济达到稳态的速度和稳态时的经济水平,并不影响经济增长率。因此,索洛模型能够与经济发展阶段联系起来,用来解释为什么单纯靠投资无法实现持续的发展。

投资驱动阶段的经济实际上是未达到稳态时的经济运行状况,资本存量远未达到其他生产要素所必需的数量,此时进行投资,将使国家经济不断向稳态迈进,呈现出强劲的发展势头,而且经济水平越低,发展速度越快。而经济达到稳态后,再追加投资已经无法促进经济发展了,只会使得投资过热、资本过剩,此时会出现经济泡沫,导致大量投资失败,经济再次回到原来的稳态。在影响经济增长率的两个因素中,人口增长率相对稳定,即使采取一定的人口政策,也不一定能够很快见效,因此只能够从技术进步率着手。在这里,技术进步率不能仅仅理解为技术的创新,而应该理解为全要素生产率的提升,即能使经济更有效率地运行的改进都应包括在内。投资驱动阶段的对应产业是处于成长期及部分成熟期的产业,这部分成熟期产业具有如下特点:产业规模很大,产品的普及度高,其产值在国民经济中占较大的比重,产业内企业数量较多,经济效益好;技术先进、成熟;产品成形,其性能、式样、工艺等已经被市场认可,市场需求量大。而通过该特点与成长期产业的特点进行对比可以发现,投资驱动阶段正是处于成长期且部分已过渡到成熟期的产业的阶段,并且此阶段政府关注的是技术进步率或全要素生产率。

在创新驱动型经济后期,不仅经济发展速度会减缓,而且经济发展不一定会带来社会福利的增加。生态经济学家 Manfred Max Neef 的"门槛假说"(threshold hypothesis)理论阐述了这样一种经济增长的状态:"每个国家都存在一个特定的阶段,该阶段经济增长带来生活质量的改善将达到一个门槛点,超过此点后的经济增长反而可能带来生活质量的下降。"① 这个假说实际上对经济增长的意义提出了质疑,也就是说,当经济增长引起了过大的环境和社会压力时,这一区域就会从生态盈余转向生态亏损,社会福利会随着经济增长而下降,违背经济增长的初衷。

但是在这个阶段,一个国家或地区的经济也有其优势,主要表现为经济增长速度虽然减缓,但是经过多年的发展和积累,已经拥有了庞大的经济总量和较高的财富水平,并且存量的财富使得人们拥有了更高层次、更多样化的需求,从而不断推动新的经济发展模式的诞生。而好的经济发展模式应该是经济规模与社会福利不断增加,在经济发展到一定阶段,共享驱动模式成为一种可行的方法。

在共享驱动模式下,资源的配置以经济增长与社会福利的同步提升为目的,将社会发展的动力定位为人们对美好家园、幸福生活的不懈追求,将财富的内涵进一步扩大为除了经济利益之外的生命体验和人本价值的回归,也就是人的幸福体验感——效用最大化将成为资源配置的主要目的。冯·诺依曼和摩根斯坦(Von Neumann and Morgenstern)在公理化假设的基础上所建立的效用函数理论可以用于建立共享驱动阶段的资源配置

---

① M. Max-Neef, "Economic growth and quality fo life: a threshold hypothesis". *Ecological Economics*, 1995, 15 (2), pp. 115 – 118.

函数：

$$U(X) = E = P_1 u(x_1) + P_2 u(x_2) + \cdots + P_n u(x_n) \quad (5-18)$$

式（5-18）中，$U(X)$ 表示共享驱动下的效用函数，X 表示共享驱动阶段投入的物质和精神资源，E 表示关于随机变量 X 的期望效用，P 为概率且有 $\sum_{1}^{n} P_n = 1$。

共享经济的本质是闲置资源使用权的流通，在所有权不发生改变的前提下进行使用权在时间和空间上的再次分配。在共享经济中，让渡使用权的机构或个人获得一定的收益，租用使用权的主体获得效用，对于社会整体来说是一次帕累托改进，能够促进资源配置和使用效率大幅度提高，并推动社会整体福利的提升。在这个阶段，政府不能仅仅关注区域的产业竞争力、投资增长率、技术进步或全要素生产率，而是要关注且全面推动"三类九要素"竞争力，该阶段区域内部与产业相关的企业、个体或政府向着从竞争到竞争合作再到竞争共享或合作共赢的方向推进。

综上所述，以上内容中与产业相关的四个阶段及四个经济发展阶段只是区域范围内部分经济发展的阶段分类方法，因此需要通过三类经济的调节政策及有为政府的分类来对区域经济发展阶段递进进行进一步的解释。其中，需要对非经营性资源及准经营性资源进行阶段递进的分析。

二、区域经济发展四阶段的衡量

四种驱动型经济发展阶段仅仅能描述区域内可经营性资源的发展阶段，但需要注意的是，该阶段并没有考虑准经营性资源转变为可经营性资源的情况。即从整体上看，由于准经营性资源转变为可经营性资源占总的可经营性资源的比例较小，因此使用以上四个阶段解释区域内产业经济的发展并不会有太大的误差，然而，其并不能精确地描述每一个产业的经济发展且没有定性地对区域产业经济发展阶段进行分类。因此，笔者基于产业的四个阶段（形成期、成长期、成熟期和衰退期），对区域产业经济发展阶段进行分类。

在定量分析产业经济的发展阶段之前，笔者需要对四个驱动阶段及产业阶段进行分析。在要素驱动阶段，形成期产业占据了所有产业中的较大一部分比例。在投资驱动阶段，大部分产业处于形成期或成长期初期阶段。在创新驱动阶段，几乎全部产业都处于成长期后期并有部分产业处于成熟期阶段。在财富驱动阶段,几乎所有产业都处于成熟期阶段并伴随有部分产业处于衰退期阶段。

而区分四个产业阶段需要通过一段时间内相关产业产值或产量的增速以及相关产业经济调节政策来进行判断。若该产业在较长一段时间内(二至五年)的产值或产量增速持续保持较高的水平,那么该产业处于成长期;若该产业在较长一段时间内的产值或产量增速持续保持平稳且并不高的增速,那么该产业处于形成期或成熟期;如果其增速长时间内在零左右徘徊甚至是负增速,那么该产业处于衰退期。而其增速水平的高低取决于其与区域产业平均增速的比较。通过产业经济调节政策可以区分形成期产业和成熟期产业:形成期产业相关的经济调节政策更多是促进技术知识的发展和吸引更多的投资,成熟期产业相关的经济调节政策则更多是基于现有的技术知识发展来对产业资源进行更合理的分配。

通过以上方法,可以得到区域内产业经济中产业的总数,以及各类型产业的个数。其关系如下所示:

$$N_T = N_F + N_G + N_M + N_D \qquad (5-19)$$

式(5-19)中,N_T 表示区域范围内产业经济中产业的总数,N_F、N_G、N_M、N_D 分别表示形成期(formative period)、成长期(growth period)、成熟期(maturation period)及衰退期(decline period)的产业数量。其中,N_T 的数量大小可能会随着时间发生变化。这意味着该区域内有部分准经营性资源转变为可经营性资源而导致产业数量增多,或随着技术知识的发展有更多的产业被发掘,同时某些产业会被取缔。N_F、N_G、N_M 及 N_D 同样会随着时间推移而发生变化。这意味着随着技术知识发展及相关投资的增多,产业在不同阶段会发生改变。然而,判断区域范围的产业经济阶段递进只需要统计某一时刻的产业数量而非某一时间段内的产业数量变化。

在要素驱动阶段,因为形成期产业占据了所有产业中的较大一部分比例,这代表着 N_F 占据了 N_T 的极大比例。在投资驱动阶段,此时大部分产业处于形成期或成长期初期阶段,这意味着 N_F 和 N_G 占据了 N_T 的极大部分比例。在创新驱动阶段,几乎全部产业都处于成长期后期阶段并有部分产业处于成熟期阶段,此时,N_G 和 N_M 在 N_T 的占比较大。在共享驱动阶段,近乎所有产业都处于成熟期阶段并有部分产业处于衰退期阶段,此时,N_M 占比比较大,且 N_D 的占比不再为零。

可用下列公式表示要素驱动阶段产业在各阶段的数量的关系：

$$\frac{N_F}{N_T} \sim 1 \qquad (5-20)$$

在要素驱动阶段，区域内几乎所有产业处于形成期，成长期、成熟期及衰退期产业数量近似为零，因此可以得出式（5-20）。

可用下列公式表示投资驱动阶段产业在各阶段的数量的关系：

$$\frac{N_F + N_G}{N_T} \geqslant \eta_H \qquad (5-21)$$

$$N_F > N_M \qquad (5-22)$$

式（5-21）中，η_H 表示一个固定值，是用于评判占比为"极大比例"的一个固定系数，其大小会在后文提及。因为投资驱动阶段处于要素驱动阶段的后一阶段，同时位于创新驱动阶段的前一阶段，在已知创新驱动阶段是成熟期产业及成长期产业占据大比例的前提下，需要同时满足式（5-21）和式（5-22），才可以认定为投资驱动阶段，否则仅能判断该区域处于投资驱动及发展更优秀的其他驱动（创新驱动、共享驱动）阶段。

同理，可用下列公式表示创新驱动阶段产业在各阶段的数量的关系：

$$\frac{N_G + N_M}{N_T} \geqslant \eta_H \qquad (5-23)$$

$$N_F < N_M, N_G > N_D \qquad (5-24)$$

因为创新驱动阶段处于投资驱动阶段的后一阶段，同时位于共享驱动阶段的前一阶段，在已知共享驱动阶段是成熟期产业及衰退期产业占据大比例的前提下，需要同时满足式（5-23）和式（5-24），才可以认定为投资驱动阶段，否则仅能判断该区域处于创新驱动或共享驱动阶段。

可用下列公式表示共享驱动阶段产业在各阶段的数量的关系：

$$\frac{N_M + N_D}{N_T} \geqslant \eta_H \qquad (5-25)$$

$$N_G < N_D \qquad (5-26)$$

因为共享驱动阶段处于创新驱动阶段的后一阶段，需要同时满足式（5-23）和式（5-24），才可以认定为共享驱动阶段，否则仅能判断该区域有处于创新驱动的可能性。

通过上述关系可以判断出某特定区域在某时刻所处的产业经济阶段为四阶段中的哪一个。然而，这里需要对两个地方加以解释：为何使用产业数量来进行比较而非统计其产值或产量；η_H 的取值应该基于什么条件，应该取多大的值。需要注意的是，统计出以上四个阶段的产业数量之后，是利用相邻阶段之和中最高的一项来判断，例如，不能取成熟期和形成期的产业数量求和，即使其可能是四个值中两两相加的最高值。

  针对第一个问题，笔者需要考虑某些极端情况，以此作为论据。假设在区域 A 内拥有 100 个形成期产业及 100 个成长期产业，同时拥有一个成熟期产业，该成熟期产业的产量及产值大于其他 200 个产业的产量及产值的总和。那么，在使用产值作为 N 的情况下，通过式（5-20）至式（5-26）可以判断出该区域属于创新驱动阶段而非投资驱动阶段。但是，区域政府在产业经济上追求的是产业的全面发展带来的社会效益最大化，而非仅仅追求产值及产量的增多。在这种情况下，如果区域 A 采用创新驱动阶段的政策来促进经济，势必会导致区域政府仅仅对成熟期及成长期的产业结构进行完善，以促进其发展，然而，其他大量的形成期产业因不会被政策过多涉及，导致增长及发展速率减慢。从短期来看，使用创新驱动阶段适用的产业经济调节政策来促进产业经济发展并不会造成太大的影响且区域产值及产量会有所增长；但是从长期来看，由于形成期产业长时间内无法发展至成长期产业，且现有大多数政策涉及的产业均为成熟期产业，因此产业的单一化的缺点会逐渐显现。产业的过于单一化会导致区域市场产生区域系统性风险的概率增加，因此现阶段大多数区域政府在自身条件允许的情况下，会全面发展区域内所有产业而非仅仅发展部分现有的对区域能产生更多效益的产业。综上，通过产值和产量的总和来评估某时刻区域的产业经济发展阶段会导致该区域政府对其所应该采取的产业经济调节政策措施进行错误的修正，或是会制定不合适的产业经济调节政策措施，从而使得很长一段时间内市场中的形成期产业得不到发展，导致出现区域系统性风险的概率上升。因此，只能使用产业数量来作为 N，而非产量或产值。

  η_H 的取值首先可以肯定的是大于 0.5，即大于 50%。如果 η_H 小于 0.5，会导致不能准确判断区域所处的产业经济阶段。假设通过前面的公式及 $\eta_H = 0.4$ 判断出该区域现阶段属于共享驱动阶段，但是实际上其形成期和成长期的产业数量总和大于成熟期与衰退期的产业总数，那么该区域仍处于要素驱动阶段。为了避免这类情况发生，η_H 的取值必须大于 0.5。但是存在另一种情况，即 η_H 的取值需要避免两个相邻阶段的产业数量总和，或是形成期产业的数量同时小于 η_H，否则会导致无法判断该区域的类型（在这种情况下，区域同时拥有要素驱动、投资驱动、创新驱动及共享驱动的特性，因此政策会同时涉及这些阶段的产业。本节中仅讨论处于单一产业经济发展阶段的区域）。因此，η_H 也不应过大而导致无法判断区域产业的经济发展阶段。其具体取值应该基于不同区域自身的情况进行判断，在大多数情况下，η_H 可以取 0.51。这种情况等同于利用前面的公式可以判断相邻两个阶段的产业数量相加的总和是四种情况中最大的。

而对于非经营性资源及相关的民生经济，同样可以通过发展阶段进行分类。由于民生经济与产业经济有着很强的相关性，即笔者在之前几章中提到的非经营性资源的总量与可经营性资源的产值的比例不能超过某个既定的值，否则会导致区域内的总产出有较大一部分用在民生经济上而延缓区域内产业经济的发展速度。因此，同样可以依据四个产业经济阶段区域应有的产值或产量对民生经济的发展阶段递进进行分析。

在要素驱动阶段，由于各类资源，包括土地资源等并没有被充分利用，因此在该阶段，区域政府会将重心放在提高区域的要素的利用率上。这也意味着在这段时间内区域中的大部分要素的利用率会较低，包括与群众的温饱问题息息相关的第一产业，极有可能导致区域范围内极大一部分人的温饱问题受到影响。这时期的非经营性资源总量较低，政府的民生经济调节政策的主要方向是解决社会中大部分人的温饱问题。最典型的案例即是巴西。2017 年，巴西的经济实力居拉美国家首位，世界第八位。其农牧业发达，是多种农产品的主要生产国和出口国。工业基础雄厚，门类齐全，石化、矿业、钢铁、汽车工业等较发达，民用支线飞机制造业和生物燃料产业在世界上居于领先水平。服务业产值占其 GDP 的近六成，金融业较发达。根据其产业数量及现阶段其产业的发展进度，可定义巴西的产业经济正处于要素驱动阶段。然而，巴西民众的贫富差距极大。数据显示，在巴西 1.6 亿总人口中，10% 为富裕人口，其家庭收入占全国家庭总收入的 50%；而贫困人口占总人口的 40%，其家庭收入只占全国家庭总收入的 10%。巴西贫困人口的总收入和富裕人口的总收入相差 28 倍。2021 年巴西的基尼系数为 0.521，超过 0.5（基尼系数介于 0.5 和 0.59 之间表示指数等级高，即贫富差距较大），同样验证了巴西民众的贫富差距过大。资料还显示，近年来，巴西一直是世界上贫富差距最大的国家。尽管有超过两成的巴西人还挣扎在温饱线上，但是从宏观数据来看，巴西社会的天平并没有向贫困人士倾斜,巴西富人们靠着他们的财富压住了天平的另一端。在这个阶段中,由于巴西有足够的经济基础用以支撑民生经济,因此巴西政府此时的民生政策应当倾斜于解决温饱问题。此时的民生阶段即可用"解决温饱问题作为首要目标"来作为判断其是否处于第一阶段的依据。笔者将这一阶段的民生经济定义为第一阶段的民生经济。

在投资驱动阶段,由于区域未达到稳态时的经济运行状况,资本存量远未达到其他生产要素所必需的数量,此时进行投资,将使国家经济不断向稳态迈进,呈现出强劲的发展势头,而且经济水平越低,发展速度越快。但是在该阶段,区域已经有了足够的经济实力解决区域内大部分个体的温饱问题,因此这时候的民生经济调节政策的倾向转为提高社会民众的生活水平,即提高非经营性资源的总量。民生经济在该阶段会迅速增长,主要体现在各方面,包括医疗、教育、国防等。在2005年之前,中国仍处于投资驱动阶段,在之后一段时间从投资驱动阶段逐渐转变为创新驱动阶段,现如今中国已处于创新驱动阶段。以2005年的中国为例,自1998年至2005年,科技对中国经济增长的贡献有所下降,经济增长主要是靠投资拉动的,产业技术的进步基本靠引进,本土的科技能力未能给国家发展提供有效的支撑。为此,中国政府提出要大幅度提高科技创新能力,逐步实现从要素驱动型增长与投资驱动型增长向投资与创新驱动型共同增长的转变。而在社会民生中最重要的温饱问题方面,1984年以来,中国人均占有粮食量相对稳定,由于动物性食品增加较多,人民的营养水平明显改善,平均每人每天获取的热量达到2727卡路里,蛋白质和脂肪分别达到70克和52克,高于同等人均国民生产总值的国家,基本达到世界平均水平,因此可认为在1984年后中国已不存在温饱问题。此时中国的基尼系数为0.47,略小于0.5但是高于0.4,这代表着有一定的贫富差距但是差距并不大。因此,在投资驱动阶段,中国政府的民生政策应当倾斜于在"确保温饱问题不再出现"的前提下"完善民生政策",如公共医疗等方面。笔者将这一阶段的民生经济定义为第二阶段的民生经济。

在创新驱动阶段,有可能会出现经济发展速度减缓,而且经济发展不一定会带来社会福利增加的情况。这代表着现有的民生经济已经得到了充分的政府补助及政府投资,达到饱和,其总量不会持续快速增长。但是,这不意味着民生经济已经被社会上每个个体同时且同量地享有,因此该阶段政府的民生政策的侧重也会有所不同。区域创新驱动阶段的国家案例笔者选取韩国。20世纪60年代,韩国经济开始起步。70年代之后,持续高速增长,人均国民生产总值从1962年的87美元增至1996年的10548美元,创造了"汉江奇迹"。1996年加入经济合作与发展组织(OECD),同年成为世界贸易组织(WTO)创始国之一。1997年亚洲金融危机后,韩国经济进入中速增长期。韩国产业以制造业和服务业为主,造船、汽车、电子、钢铁、纺织等产业产量均进入世界前10名。大企业集团在韩国经济中占有十分重要的地位,主要大企业集团有三星、现代汽车、SK、LG等。然而,根据其产业数量及现阶段其产业的发展进度,定义韩国的产业经济正处于投资驱动阶段。2020年韩国的基尼系数为0.33左右,小于0.5,这代表着韩国的贫富差距并没有过大,且通过数据可以认为韩国大部分人的温饱问题已经解决。这意味着在创新驱动阶段的韩国政府在"确保温饱问题不再出现"的情况下,在"完善民生政策"及"缩小贫富差距"(即社会共同富裕)两方面都有所发展,因此,笔者定义这一阶段的民生经济为第三阶段,在该阶段,区域政府政策侧重点在于让社会上所有个体公平公正地享有尽可能等量的非经营性资源。

共享驱动阶段将社会发展的动力定位为人们对美好家园、幸福生活的不懈追求,将财富的内涵进一步扩大为除了经济利益之外的生命体验和人本价值的回归。这意味着非经营性资源或民生经济的总量在该阶段也会有新的进展。相较于创新驱动阶段的民生经济,区域政府在此阶段的与社会民生相关的经济调节政策重心又从"缩小贫富差距"及确保社会每个个体享有其应有的非经营性资源转变为增加非经营性资源总量或民生经济总量上。而实际上,在投资驱动阶段所属的第二阶段的民生经济中,其总量基本达到饱和,但这仅仅表示现有的已发掘的非经营性资源总量的饱和。因此,在共享驱动阶段之下的第四阶段的民生经济发展过程中,区域政府应当制定更多新的、具有开创性的民生经济调节政策,以增加非经营性资源的总量,从而提高社会群众归属感或满意度。实际上,世界上并没有哪个区域已经完全达到共享驱动阶段,更多的是处于创新阶段且存在着向共享驱动阶段发展的趋势,因此笔者在这里无法通过例子详细描述第四阶段的民生经济中区域政府所应该采取的措施。

总结前四章的内容可以得知,民生经济总量的多少与区域内可经营性资源的总量即产业经济的发展成正比关系。因此,结合区域经济发展从要素驱动逐渐转变为投资驱动、创新驱动乃至共享驱动的过程是产业经济的发展过程,笔者定义民生经济的发展也遵循从第一阶段至第二、第三乃至第四阶段的递进过程。如若区域政府在理应遵循低阶段的民生经济调节政策的时候选择采用更高阶段的民生经济调节政策(如产业经济处于要素驱动阶段的区域政府采用第三阶段的民生经济调节政策),则会出现区域政府在社会民生上投入过多的情况,可能会导致社会中部分个体出现怠惰的情况,使得产业经济进一步受到负面影响,并且会导致政府出现财政赤字的情况。

同理,与城市建设相关的准经营性资源也与区域内的产业经济发展有着密切的关系,因此笔者将其对应的四个产业经济发展阶段的城市建设分类为第一至第四阶段。同样,城市建设处于这四个不同阶段的区域政府在城市经济调节政策上也应该有不同的重心。

在第一阶段,其对应的是要素驱动阶段的产业经济及以"解决温饱问题"为重心的第一阶段的民生经济,因此该阶段区域政府的城市经济调节政策重心应当放在解决社会中大部分个体的"住"和"行"的问题上。在"住"的方面,政府应当制定相关的政策,以确保社会中的房屋数量能够满足全部个体有房可住的需求。在"行"的方面,政府应当确保道路设施等基础设施乃至水电等方面能够满足社会中全部个体的生存需求。

在第二阶段,其对应的是投资驱动阶段的产业经济及以"确保温饱问题不出现"和"完善民生政策"为重心的第二阶段民生经济,因此该阶段区域政府的城市经济调节政策重心应当放在进一步完善社会中大部分个体的"住"和"行"的问题上。在"住"的方面,政府应当制定相关的政策,以确保社会中的房屋数量能够持续满足全部个体有房可住的需求。在"行"的方面,政府应当确保道路设施等基础设施乃至水电等方面能够满足社会中全部个体的生活需求。值得注意的是,在"行"的方面,生活需求代表个体对更高的生活质量的需求,而生存需求代表个体生存所需要的城市建设的总量。

在第三阶段,其对应的是创新驱动阶段的产业经济及以"确保温饱问题不出现""完善民生政策"和"缩小贫富差距"为重心的第三阶段民生经济,因此该阶段区域政府的城市经济调节政策重心不应当仅仅放在进一步完善社会中大部分个体的"住"和"行"的问题上,而要转向"环境保护",也就是准经营性资源中的逆生性资源及其相关的衍生物方面。

在第四阶段,其对应的是共享驱动阶段的产业经济及以"进一步增加

民生经济总量"为重心的第四阶段民生经济,因此该阶段区域政府的城市经济调节政策重心不应当仅仅放在进一步完善社会中大部分个体的"住"和"行"的问题上,而要转向尽可能完善"环境保护"方面。第三与第四阶段的城市经济不同之处是,第三阶段的城市经济调节政策在于"减少",而第四阶段的调节政策在于"最小化"。

以上四个阶段的城市经济并不一定会对应其应有的产业经济阶段。例如,部分政府的城市经济及民生经济在其产业经济刚开始进入创新驱动阶段的时候仍属于第二阶段,它们的城市经济及民生经济需要经过一定的时间,由政府采取第三阶段应有的政策后才能开始转变。同样,也存在部分区域政府在低阶段产业经济时采用了更高阶段城市经济及民生经济的经济调节政策。

实际上,产业经济的阶段是通过实际情况判断的,民生经济的阶段需要结合实际情况及政府所采用的政策进行判断,而城市经济的具体阶段则是通过产业经济、民生经济的阶段及政策综合进行判断。

与政府有为程度不同,以上政府经济发展阶段递进是基于区域的经济实力及产业结构等事实判断的,属于绝对性的判断方式,而政府的有为程度在考虑这些事实的基础上还需要额外考虑相较于其他区域的经济实力及社会个体对政府的看法等方面的内容,因此有为程度是相对性的判断,两者在定义及判断方法上截然不同,且两种判断方法在用处上也有所不同。经济发展阶段递进的判断更大程度上是让该区域政府意识到自己区域的经济发展水平并明确该区域的经济发展方向,通过对经济调节政策的修改完善或制定新的经济调节政策使该区域更快地步入下一个经济发展阶段,促进经济快速发展;而政府的有为程度不仅是让区域政府意识到自己存在的不足之处,而且是让区域政府意识到自己在更大的区域范围内所施行政策的优劣性(相较于其他区域),并促进该区域政府参考其他区域的实际政策案例,从而提高其政府有为程度,让社会个体对政府更满意。

第三节 经济增长新引擎

从上一节中可以推测出世界各国的经济发展(产业经济发展)均遵从由要素驱动阶段到投资驱动阶段,再到创新驱动阶段及共享驱动阶段的路径。许多石油、天然气、矿产、农业等自然资源丰富的经济体且以土地、劳动力等有形要素驱动经济增长的国家已经发展到极致并呈现出不可持续性。因此，不同区域要在21世纪实现经济增长需要新的引擎。

在确定区域处于"有为政府+有效市场"构成的现代市场体系的前提下，发动供给侧结构性新引擎将在竞争中充分发挥企业对产业资源、政府对城市资源的配置作用。这类供给侧结构性新引擎中包含了有形和无形要素的投资引擎、创新引擎和规则引擎。

在构建投资新引擎方面，需要采取以下四个方面的措施。

第一个方面即是推进供给侧进行结构性改革，其中又可以细分为两个方面：推动新型工业化及加快农业现代化。在推动新型工业化方面，需要涉及三个方面：扶持、引导传统产业改造、提升。例如：将消耗资源和环境的旧工业改造为循环发展的新型工业；扶持、配置战略性新兴产业和高技术产业，各区域政府应当着重扶持培育企业核心和关键技术的研发创新、成果转化及产业化，并且配置优势产业和主导产业，从而构建完整的产业链和现代化服务网络；借助市场竞争推动企业兼并收购及整合重组，淘汰旧工业，推动新兴工业发展。在加快农业现代化方面，各区域政府应运用现代化发展理念，将农业发展与生态文明建设进行结合，将落后的传统农业转化为符合当代发展需求的具有先进生产力水平的生态农业；同时，各区域政府应当引导农民实现有文化、有技术和会经营的转变。此外，各区域政府应当促进适度规模经营、适度城镇化，推动农业工业技术教育职业化等。

第二个方面即是在加大基础设施投资建设方面，可以细分为三个方面：推动新型城镇化、推进基础设施现代化及推动智能城市开发建设。在推动新型城镇化方面，其宗旨不仅在于城乡统筹、城乡一体、产业互动、节约集约、和谐发展，也在于大中小城市、小城镇、新型农村社区协调发展、互促共进。在推动基础设施现代化方面，包括能源、交通、环保、信息和农田水利等基础设施的现代化。而在推进智能城市开发建设方面，包括基础设施的智能化（智能交通、智能电力、智能建筑、智能环保及智能安全等）、社会生活的智能化（智能医疗、智能教育、智能家庭等）及社会生产的智能化（智能企业、智能银行及智能商店等）三方面的内容。

第三个方面为加大科技项目投入，区域政府加大科技项目的投入能整合人才、企业、社会机构的创新资源，引导产业的研发方向，促进产业提

升发展。

第四个方面为提升金融配套能力，各国不仅需要通过配套政策引导金融行业服务于实体经济，还需要通过政策创新，推进金融、科技及产业三者的融合。

在构建创新新引擎方面，需要采取以下四个方面的措施。

第一个方面为推动思想性公共物品及理念的创新。该类措施要求各区域政府不仅仅要应对可经营性资源（产业经济）的配置实施规划、引导、扶持、调节、监督和管理，还需要对非经营性资源（社会公共物品）基本托底，确保公平公正、有效提升，同时需要对准经营性资源（城市资源）的配置进行调节并积极参与竞争。

第二个方面为推进物质性公共物品的创新，也可以视作技术的创新。区域政府应当通过建设结合了有形因素与无形因素的智能城市，向社会提供智能化的公共交通、城管、教育、医疗、文化、商务、政务、环保、能源和治安服务，为社会经济与民生事业提供良好的发展环境。

第三个方面推进组织性公共物品的创新，即管理的创新。现代城市的发展需要科学规划的组团式布局，组团式的城市发展架构能有效解决传统的城市管理带来的系列问题，如红绿灯失效、公路堵塞、交通不畅、效率低下等问题。

第四个方面为推进制度性公共物品的创新，即规划的创新。现阶段国家的建设有概念规划、城乡规则和土地规则三位一体的规则系统，以及在此框架下形成的各层次细分的具体方针。而面对当今的新形势，区域政府需要创新经济增长理念和相关制度性规则，促进财政、货币的结构性改革，保持经济发展、劳动、就业和社会政策的一致和相互配合。

在构建规则新引擎方面，需要采取以下三个方面的措施。

第一个方面为和平和稳定（国际安全秩序规则），这项规则是国际公共物品供给体系的基本保障。该项规则新引擎的措施要求世界各国各区域共同努力，加强国际安全合作，维护国际关系的基本准则，营造和平、稳定、公正、合理的国际安全秩序。

第二个方面为公平和效率（国际经济竞争规则），这是世界各国产业资源配置体系中企业竞争的基本准则。例如，"促进竞争并改善商业环境"指导原则，包括强化及落实竞争法律，减少开办企业和扩大经营的行政及法律障碍，促进公平的市场竞争，实施高效的破产程序，减少妨碍竞争的限制性规定，减少额外的监管合力负担，并对监管政策进行有效监督，加强法治、提高司法效率、打击腐败等。

第三个方面为合作和共赢（国际共同治理规则），这是城市资源配置体系中政府竞争所需要遵循的基本准则。在有形和无形的两类城市资源中，新型城镇化、智能城市开发对以能源、交通、环保、信息和水利等为主体的基础设施现代化的投资成为世界各区域经济增长的新引擎。同时，各区域城市化进度、政策举措以及制度安排不一，会导致各区域投资驱动增长的效果及其竞争力有所不同，引起区域政府间的竞争。但是，这类竞争应当是合作竞争，是具有可持续发展的特性的，因为其基本原则是合作共赢。

以区域为整体来看，以上三种经济增长新引擎对不同经济发展阶段的区域的作用均有所不同，因此不同区域政府所采用的经济增长新引擎是根据其自身区域所处阶段决定的。投资引擎虽然涉及社会民生及城市建设，但是主要作用于区域的产业经济。而创新引擎同样涉及三类区域经济资源，但是主要涉及的是公共资源即社会民生。规则引擎则是涉及全部的区域经济资源，由于其作为"规则"或"政策"会全面影响三类经济资源，因此并没有明显的侧重，但是该引擎是否有效会影响投资引擎及创新引擎的适用性，即规则引擎是作为另外两种经济新引擎的基础，决定着另外两种新引擎的作用上限。

对于要素驱动阶段的区域（第一阶段民生经济及第一阶段城市经济），虽然政府需要同时采取三类经济增长新引擎以帮助其经济有所增长，但是由于处于要素驱动阶段，即处于向着投资驱动阶段发展的阶段，该区域的产业经济水平会高速上升，因此区域政府需要更加注重投资引擎是否符合该区域的情况以及规则引擎是否合理。投资引擎不适合该区域，意味着该区域政府现阶段所采用的产业经济调节政策、部分民生经济调节政策和城市经济调节政策不符合该区域的情况（即该国国情），会导致该区域的经济增长速率不能如预期一般，且极有可能导致该区域无法从要素驱动阶段转变为投资驱动阶段。规则引擎不合理则会导致该区域的对外贸易情况与理论上的有所不同，极有可能导致该区域的企业竞争力相较于其他区域的竞争力更低。部分不合理的规则引擎（如不合理的贸易政策）也会导致外商对该区域投资的信心缺失，进一步减缓该区域发展为投资驱动阶段的步伐，即减少投资引擎的作用效果。

对于投资驱动阶段的区域（第二阶段民生经济及第二阶段城市经济），虽然政府同样需要同时采取三类经济增长新引擎，以帮助其经济有所增长，但是由于其仍处于投资驱动阶段，即处于向着创新驱动阶段发展的阶段，因此其需要注重的是创新引擎是否符合该区域的情况以及投资引擎是否依旧能帮助该区域的产业经济增长。之所以仍需要关注投资引擎，是因为投资驱动阶段的政府需要向着创新驱动阶段发展，在这个过程中，投资对经济发展的帮助会逐渐减小，但是投资引擎不仅代表着投资，也包括技术的更新换代等，因此仍然对经济增长有所帮助，该区域政府仍需要注重投资引擎。而创新引擎不适合该区域意味着现阶段该区域政府所采用的民生经济调节政策及部分城市经济调节政策或部分产业经济调节政策不符合该区域的情况（即该国国情），会直接导致该区域的民生经济无法跟上经济增长的速率，并且极有可能导致该区域在产业经济方面步入创新驱动阶段的时候其民生经济和城市经济仍属于第二阶段，即该区域无法完全从投资驱动阶段转化为创新驱动阶段。在要素驱动阶段，之所以创新引擎中的民生经济部分的重要性不强，是因为定义中第一阶段的民生经济中政府需要解决的问题是"温饱"，而创新引擎中的民生经济内容并不太符合，因此要素驱动阶段中创新引擎的重要性不及规则引擎和投资引擎。而在投资驱动阶段，由于"温饱问题"已经有了足够的经济基础支撑而得以解决，为了获得更高的社会群众满意度，即提升社会个体的幸福感，区域政府需要在城市建设及社会民生上有所作为，而为了适应新时代，规则引擎和创新引擎对民生经济和城市经济的帮助会促使该区域三类经济资源的总量呈现匀速增加的态势，而非仅仅是产业经济有所增长。

对于创新驱动阶段的区域（第三阶段民生经济及第三阶段城市经济），政府同样需要同时采取三类经济增长新引擎，以帮助其经济有所增长。由于其仍处于创新驱动阶段，即处于向着共享驱动阶段发展的阶段，因此需要同时注重创新引擎是否符合该区域的情况，投资引擎是否依旧能帮助该区域的产业经济增长以及规则引擎是否合理。之所以仍需要关注投资引擎，是因为创新驱动阶段的政府需要向着共享驱动阶段发展。在这个过程中，投资对经济发展的帮助会愈发减小，但是仍然有所帮助，并且民生经济及城市经济的发展需要产业经济的增长作为基础，因此创新驱动阶段的区域政府仍需要注重投资引擎。同时，三种经济增长新引擎同样对民生经济以及城市经济有所影响。创新驱动阶段的区域与共享驱动阶段的区域在经济增长上其实并没有太大的区别，但是其民生经济及城市经济存在一定的差异，区域政府为了让区域的综合经济达到共享驱动阶段的水平，需要同时对三种经济增长新引擎进行更贴合区域自身情况的设计。

而实际上，三种经济新引擎的作用在于使该区域的经济发展阶段得以递进，即其最大的长期作用在于使区域的经济发展阶段能够递进，其短期内的作用可能仅仅在于使经济增长速率（包括产业经济、民生经济及城市经济）保持稳定或稍微提高。因此，当区域政府认定短期内该区域的经济阶段并不会发生改变时，不用对投资引擎、创新引擎及规则引擎在政策上进行过多的修改（在不发生区域性风险事件的情况下）。规则引擎在国际形势并没有发生过多变化及区域本身与其他区域往来关系并没有发生过大变化的情况下，并不需要对其进行政策上的修正，即从要素驱动阶段发展到共享驱动阶段的时间内，与规则引擎相关的经济调节政策不会发生过多的变化。而投资引擎及创新引擎则会随着区域经济发展阶段的递进有相当明显的变化。同理，国际形势的变化也会对投资引擎及创新引擎的效用产生影响。因此不同区域在国际情况发生变化时需要对这两种引擎的具体内容进行修改。

以 2020 年为例，当年发生了诸多国际性事件，无论是对以国家为单位的区域还是对以省份为单位的区域来说，均需要对投资引擎、创新引擎及规则引擎进行一定程度上的调整。

以中国为例，在三大经济增长新引擎方面可能会有如下的政策改变倾向。

开拓外需与扩大内需共振，扩大内需战略以改革开放为主要抓手：在开拓外需方面，需要通过出口转内销与多元化出口来缓解货物贸易顺差的下降，同时需要通过改革提高服务业供给进而缩小服务贸易逆差；在扩大内需方面，短期可通过投资与消费的需求侧政策，如专项债、消费券等托底经济，从长期来看需要通过改革带动消费增长，收入分配机制改革可能是 2020 年起的 5～10 年内的工作重点。这里涉及投资引擎部分第四个方面的有关金融配套的能力。

在服务贸易方面，短期内施行人员"少出去"，长期内施行服务"多出去"。从短期来看，改善国内服务供给或将减少服务贸易进口，实现服务内循环，譬如在旅游方面推动国内高质量旅游供给的形成，从而引导旅游向国内市场转向，在医疗方面推动医疗改革以"三医联动"为基本盘吸引境外就医需求回流。从长期来看，存在技术服务、金融服务及数字服务三方面的发展方向，从而可以增加服务贸易出口，同时加大服务外循环。在技术服务方面，"一带一路"沿线的服务贸易出口潜力巨大，推动以铁路、水电和通信工程建设等为重点的技术出口可以大幅收窄服务贸易逆差。在金融服务方面，在加速推进金融服务业双向开放的大背景下，金融服务贸易的进口与出口均有增加，且在"一带一路"倡议的帮助下，金融服务随实体企业同步走出去有助于逆差适度收窄。在数字服务方面，数字服务（如大数据、云计算、人工智能、软件服务、数字影音、线上教育和医疗等）出口或将成为最大的亮点，可以改变中国国际贸易领域话语权较弱的局面。这里同样也涉及投资引擎、创新引擎及部分规则引擎方面的内容。

在收入分配机制方面，初次分配是收入分配改革的重点，而这方面也涉及民生经济及产业经济，通过其本质可以初步推测在这方面的改革与规则引擎有关。实际上，优化初次分配结构能够激发劳动、科技、土地等要素活力，而优化二次分配能够缩小贫富差距。以上这些均与三种经济增长新引擎有着较强的直接关联。

在城镇化方面，区域政府需要使其下属区域协调发展，以城市群带动新兴城镇化，如新时代的西部大开发、成渝双城经济圈、海南自贸港等。并且区域政府需要在城乡融合发展中将土地要素改革作为重要发力点。以上具体措施均与三种经济增长新引擎有关，特别是与投资引擎有着很强的相关性。

除了以上这些笔者提及的政策改变倾向，还有很多能够促进中国经济发展阶段递进的经济增长新引擎没有被提及，而这也意味着经济增长新引擎只有在大环境不变且区域政府认为短期内该区域经济发展阶段不变的情况下才不会有太大的改变。但实际上，新时代的大环境日新月异，并且随着世界各国之间的经济竞争愈发激烈，各国政府都期望自己的国家能在较短的时间内向着更高的经济发展阶段递进，因此，即使经济增长新引擎的大致内容不会在短期内发生太大的变化（各国或各区域政府为了其可持续性发展，并不会完全弃用一类经济增长新引擎或突然新增一类经济增长新引擎），但是其具体的细节内容会随着时间的推移发生或多或少的变化。

✱ 本章小结 ✱

在本章第一节中，笔者讨论了关于准经营性资源的四大特性，即动态性、经济性、生产性及高风险性，并且分析了它们之间的关系，即经济性、生产性及高风险性的具体情况影响了准经营性资源的动态性的具体表现形式。同时，根据准经营性资源的动态性的具体表现形式将其进行更细致的分类：一类及二类原生性生成性资源，一类、二类及三类次生性生成性资源，逆生性生成性资源。分类的标准为在预期的时间内该项准经营性资源是否会转变为可经营性资源、非经营性资源或保持准经营性资源。在第一节中，笔者还分析了经济性、生产性及高风险性造成其动态性不同的具体内容。

在本章第二节中，笔者描述了通过不同阶段的产业数量来判断区域的产业经济的具体发展阶段——要素驱动阶段、投资驱动阶段、创新驱动阶段及共享驱动阶段，并且通过若干公式表示出这些阶段过程中影响产业经济的主体。同时，也通过具体案例分析了这些阶段中区域政府在社会民生及与城市建设相关的经济调节政策中应有的倾向，四个产业经济发展阶段下同样拥有四个阶段的民生经济及城市经济。这里需要注意的是，产业经济的发展阶段递进是根据区域的具体事实进行分析判断得到的，属于客观事实。民生经济的发展阶段递进不仅需要根据区域的具体事实进行分析判断，还需要结合该区域政府现下施行的民生经济调节政策进行分析判断，同时具有客观事实及主观判断的性质。而城市经济的发展阶段递进很难通过区域的具体情况进行分析判断，因此需要结合该区域现阶段的产业经济、民生经济及部分城市经济调节政策综合分析，同样具有客观事实及主观判断的性质，但其主观判断的性质更大。

而在本章的第三节中，笔者描述了三类经济增长新引擎——投资引擎、创新引擎及规则引擎，并描述了其更细致的分类以及具体内容。其中，规则引擎是投资引擎及创新引擎拥有足够效用的基石，并且以上三个经济增长新引擎对不同经济发展阶段的区域有着不同的作用，因此区域政府需要根据其经济发展水平在不同新引擎上有所侧重。同时，大环境的变化也会诱导区域政府对其新引擎进行内容上的具体修正。

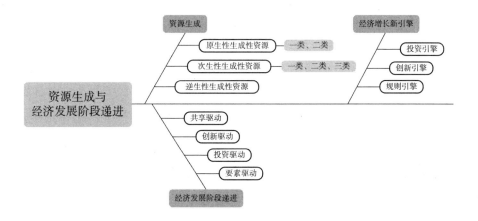

思考讨论题

1. 准经营性资源可以分为原生性生成性资源、次生性生成性资源及逆生性生成性资源。那么，通过准经营性资源的什么特性可以将其进一步细化？导致该特性不同的原因是什么？

2. 如何判断一个区域产业经济、民生经济及城市经济的发展阶段？各阶段的关系是什么？

3. 基于问题2，分析部分区域政府产业经济发展阶段先于民生经济及城市经济的发展阶段的原因。

4. 三类经济增长新引擎在政府经济发展阶段递进过程中充当了什么样的角色？

参考文献

[1] 包小忠. 20 世纪 90 年代日本产业政策衰微的原因分析:关于日本产业政策的最新回顾 [J]. 世界经济研究, 2001 (4): 64-68.

[2] 北京师范大学政府管理研究院, 江西师范大学管理决策研究中心. 中国地方政府效率研究报告 (2020) [M]. 北京: 社会科学文献出版社, 2020.

[3] 蔡昉. 中国改革成功经验的逻辑 [J]. 当代中国史研究, 2018, 25 (3): 120.

[4] 陈云贤. 超前引领: 对中国区域经济发展的实践与思考 [M]. 北京: 北京大学出版社, 2011.

[5] 陈云贤, 顾文静. 经济新引擎: 兼论有为政府与有效市场 [M]. 北京: 外语教学与研究出版社, 2019.

[6] 陈云贤, 顾文静. 中观经济学 [M]. 2 版. 北京: 北京大学出版社, 2019.

[7] 陈云贤, 顾文静. 中观经济学: 对经济学理论体系的创新与发展 [M]. 北京: 北京大学出版社, 2015.

[8] 陈云贤. 论政府超前引领 [J]. 财经界, 2017 (25): 29-33.

[9] 陈云贤, 邱建伟. 论政府超前引领: 对世界区域经济发展的理论与探索 [M]. 北京: 北京大学出版社, 2013.

[10] 陈云贤. 市场竞争双重主体论: 兼谈中观经济学的创立与发展 [M]. 北京: 北京大学出版社, 2020.

[11] 陈云贤. 中观经济学: 教与学辅导指南 [M]. 北京: 北京大学出版社, 2021.

[12] 陈云贤. 中国特色社会主义市场经济: 有为政府 + 有效市场 [J]. 经济研究, 2019, 54 (1): 4-19.

[13] 陈志勇, 陈思霞. 制度环境、地方政府投资冲动与财政预算软约束

[J]．经济研究，2014，49（3）：76-87．

[14] 陈重，韩志国．八十年代的日本产业政策［J］．现代日本经济，1983（1）：14-18．

[15] 甘韵矶．在中国做生意"越来越简易"：《全球营商环境报告2020》显示中国营商"软实力"持续增强［N］．南方日报，2019-10-25．

[16] 古小东，夏斌．生态系统生产总值（GEP）核算的现状、问题与对策［J］．环境保护，2018，46（24）：40-43．

[17] 顾阳．发挥重大区域战略性增长极效应［N］．经济日报，2020-8-13（12）．

[18] 国纪平．新时代，共享未来［N］．人民日报，2020-11-3．

[19] 韩贤旺．产业政策之争：政府和市场的关系［N］．上海证券报，2016-11-14（002）．

[20] 胡晨光，程惠芳，俞斌．"有为政府"与集聚经济圈的演进：一个基于长三角集聚经济圈的分析框架［J］．管理世界，2011（2）：61-69，80．

[21] 扈文秀，孔婷婷．政府投资对民间投资的影响效应：基于中国经济的实证研究［J］．国际金融研究，2014（11）：87-96．

[22] 黄颖川，戴晓晓，昌道励，等．粤打造具世界竞争力的现代产业体系［N］．南方日报，2018-12-14．

[23] 江飞涛，李晓萍．产业政策中的市场与政府：从林毅夫与张维迎产业政策之争说起［J］．财经问题研究，2018（1）：33-42．

[24] 江飞涛，李晓萍．当前中国产业政策转型的基本逻辑［J］．南京大学学报（哲学·人文科学·社会科学），2015，52（3）：17-24，157．

[25] 江飞涛，李晓萍．改革开放四十年中国产业政策演进与发展：兼论中国产业政策体系的转型［J］．管理世界，2018，34（10）：73-85．

[26] 江飞涛，李晓萍．直接干预市场与限制竞争：中国产业政策的取向与根本缺陷［J］．中国工业经济，2010（9）：26-36．

[27] 靳乐山，刘晋宏，孔德帅．将GEP纳入生态补偿绩效考核评估分析［J］．生态学报，2019，39（1）：24-36．

[28] 经济日报编辑部．站在"十三五"与"十四五"的交汇点上［N］．经济日报，2020-10-26（12）．

[29] 景维民,王鑫. 城镇化:经济可持续增长的新引擎:基于人力资本积累的角度[J]. 经济问题,2015(4):39-45.

[30] 李凤祥. "广东制造"加速向"广东智造"跃升[N]. 南方日报,2019-09-24.

[31] 李文,尹来,等. 广州市社科院联手南都发布两大报告,聚焦营商环境优化:大湾区营商环境有哪些变化?政府"端菜"如何变为群众"点菜"?[N]. 南方都市报,2019-12-05.

[32] 李小鹏. 加快建设交通强国[N]. 人民日报,2020-12-17.

[33] 李晓萍,罗俊. 欧盟产业政策的发展与启示[J]. 学习与探索,2017(10):105-112.

[34] 李正军. 面向新发展格局打好产业链现代化攻坚战[N]. 经济日报,2020-10-20.

[35] 梁恒通. 政府投资对产业集群发展的影响研究[D]. 沈阳:辽宁大学,2017.

[36] 林毅夫. 产业政策与我国经济的发展:新结构经济学的视角[J]. 复旦学报(社会科学版),2017,59(2):148-153.

[37] 刘鹤,杨焕昌,梁均平. 我国产业政策实施的总体思路[J]. 经济理论与经济管理,1989(2):14-19.

[38] 刘嫚. 政府投资应以非经营性项目为主[N]. 南方都市报,2019-05-06.

[39] 刘元春. 深入理解新发展格局的科学内涵[N]. 人民日报,2020-10-16.

[40] 柳时强. 广佛超级都会区呼之欲出[N]. 南方日报,2021-01-12.

[41] 苗圩. 提升产业链供应链现代化水平[N]. 经济日报,2020-12-09.

[42] 南方日报编辑部. 奔腾的力量,奋进的广东[N]. 南方日报,2019-09-27.

[43] 欧阳志云,林亦晴,宋昌素. 生态系统生产总值(GEP)核算研究:以浙江省丽水市为例[J]. 环境与可持续发展,2020,45(6):80-85.

[44] 彭亦菲. 工信部部长肖亚庆谈2021年工业通信业发力点:把推进产业链现代化放重要位置[N]. 南方日报,2021-01-05.

[45] 人民日报评论员. 加快行程新发展格局[N]. 人民日报,2020-8-

16（8）.

[46] 宋昌素，欧阳志云. 面向生态效益评估的生态系统生产总值GEP核算研究：以青海省为例［J］. 生态学报，2020，40（10）：3207-3217.

[47] 孙晶，粤工兴. "1+20"广东"十四五"产业集群发展密码定了［N］. 羊城晚报，2020-09-29.

[48] 王彪. 战略产业，粤进全球［N］. 南方日报，2020-12-29.

[49] 王东京. 构建新发展格局的理论逻辑与目标取向［N］. 经济日报，2020-09-02.

[50] 王鹊峰. 以新型基础设施建设培育经济增长新引擎［N］. 中国信息化周报，2020-07-20（16）.

[51] 王克敏，刘静，李晓溪. 产业政策、政府支持与公司投资效率研究［J］. 管理世界，2017（3）：113-124，145，188.

[52] 王勇，华秀萍. 详论新结构经济学中"有为政府"的内涵：兼对田国强教授批评的回复［J］. 经济评论，2017（3）：17-30.

[53] 王跃生，吕磊. "一带一路"建设、全球结构重建与世界经济增长新引擎［J］. 中国特色社会主义研究，2016（4）：23-28.

[54] 王志军. 发展战略性新兴产业［N］. 经济日报，2020-12-10.

[55] 吴哲. 构建新格局，开创新局面［N］. 南方日报，2019-09-27.

[56] 肖文舸. 民生之本：实施就业又想抓住"六稳"之首［N］. 南方日报，2021-01-13.

[57] 张纪南. 强化就业优先政策［N］. 人民日报，2021-1-19.

[58] 张军扩，龙海波. 把新发展理念贯穿发展全过程各领域［N］. 人民日报，2020-10-14.

[59] 张儒波. 抓好交通强国试点，建设人民满意交通［N］. 南方日报，2021-01-11.

[60] 郑联盛，朱鹤，钟震. 国外政府产业引导基金：特征、模式与启示［J］. 地方财政研究，2017（3）：30-36.

[61] 钟华林，崔颖. 成都高新区以产业功能区为抓手推动高质量发展：提升产业链上每个企业的竞争力［N］. 经济日报，2020-10-24.

[62] 钟军，刘昌勇，陈勇. 中国城市基本公共服务力评价（2019）［M］. 北京：社会科学文献出版社，2019.

[63] 朱斌,李路路. 政府补助与民营企业研发投入[J]. 社会,2014,34(4):165-186.

[64] 朱富强. 如何保障政府的积极"有为"?:兼评林毅夫"有为政府论"的社会基础[J]. 财经研究,2017,43(3):4-16.

[65] 卓贤. 增强韧性是保产业链供应链稳定的关键[N]. 经济日报,2020-10-20.

后　　记

　　本书作为"中观经济学"系列教材之一，既有较强的理论性，同时也有较好的实用性，既可以作为高校各层次学生的学习教材，也可以作为各级区域政府如何加强理论自信，在实践中更好地发挥超前引领作用，提高区域竞争力等方面的行动指南，从而更好地为区域经济发展服务。

　　本书是在陈云贤教授的指导下完成的，陈教授在编撰的前期提供了本书的中心思想、核心理论及主要结构框架，后期的修正也给出了很多指导性建议。本书是顾浩东基于陈云贤教授在《市场竞争双重主体论——兼谈中观经济学的创立与发展》中的理论基础及其他重要意见，对诸多现有的传统经济学和中观经济学理论进行总结归纳，并通过对数据及案例的采集分析最终编撰而成的。同时，本书也得到了王顺龙、李建平博士研究生的帮助，他们在数据处理方面提供了重要的意见，中山大学黄秋诗老师对本书成稿亦有贡献，在此一并表示感谢。

顾浩东

2022 年 2 月 26 日